文物行政执法案例选编与评析

（第二辑）

国家文物局　主编

文物出版社

封面设计：周小玮

责任印制：张道奇

责任编辑：张晓曦

图书在版编目（CIP）数据

文物行政执法案例选编与评析．第二辑／国家文物局主编．
—北京：文物出版社，2013.1
ISBN 978 - 7 - 5010 - 3581 - 6

Ⅰ.①文…　Ⅱ.①国…　Ⅲ.①文物保护—行政执法—案例—中国
Ⅳ.①D922.165

中国版本图书馆 CIP 数据核字（2012）第 237726 号

文物行政执法案例选编与评析

（第二辑）

国家文物局　主编

*

文 物 出 版 社 出 版 发 行

（北京东直门内北小街 2 号楼）

http：//www. wenwu. com

E-mail：web@ wenwu. com

北 京 京 都 六 环 印 刷 厂

新 华 书 店 经 销

787×1092　1/16　印张：19

2013 年 1 月第 1 版　2013 年 1 月第 1 次印刷

ISBN 978 - 7 - 5010 - 3581 - 6　定价：120.00 元

序

为提升文物行政执法水平，保障文物事业健康发展，国家文物局自 2006 年以来连续举办全国文物行政处罚执法案卷评比活动，并通过对文物行政处罚案卷的研究，总结我国文物行政执法的经验，发现和分析文物行政执法中存在的问题及其成因，促进我国文物行政执法规范化水平的提高。

本书以参加国家文物局 2006~2008 年全国文物行政处罚案卷评比的 66 个案卷为分析依据，具体内容分为上、下两篇。上篇为文物行政执法的一般理论及对参评案卷的整体评析，共分五章。第一章《文物行政执法的一般理论》，从分析行政执法的核心要求及其意义入手，重点介绍了文物行政执法的基本要求，以及提升文物行政执法水平的具体途径；第二章《文物行政执法的程序》，在介绍行政程序及行政程序法治化的基本原则和基本制度的基础上，对文物行政执法程序的具体规则和主要内容进行了分析和研究；第三章《文物行政执法证据》，着重从司法审查的高度，对文物行政执法中证据的收集、提交等进行了讨论；第四章《文物行政处罚决定书的形式研究》和第五章《文物行政处罚决定书的内容研究》，分别从行政处罚决定书的名称、文号、格式、当事人、处罚机关的表述等形式，以及法律责任、法条援用等内容方面，对参评案卷进行了归纳、分析和总结，并就如何进一步完善文物行政处罚决定书的形式和内容提出了建议。下篇为案卷分析，共六章，具体从行政处罚的基本原则、证据、程序、实施、法律规范适用以及行政处罚决定书的规范化等六个方面，对参评案卷进行了有针对性的分析和点评。

本书在编写过程中，始终坚持理论与实际相结合的原则，并以案例研究为主线。本书的出版不仅可以为文物行政执法人员学习、培训提供有益参考，而且对于提升我国文物行政执法规范化水平、促进文物保护工作的发展，具有十分重要的理论和实践意义。

目　　录

上　篇

第一章　文物行政执法的一般理论

一　文物行政执法的一般理论

（一）行政执法与文物行政执法

对于行政执法的内涵，目前我国法学界与实务界认识存在不同认识。有的将之等同于行政行为，即行政执法乃行政行为的全部，有的将之作为行政行为的一部分以区别于行政行为概念。而对于行政执法作为行政行为一部分之大小，又有不同说法，有的仅指行政行为中的行政处罚，有的指行政监督检查加行政处罚，有的指行政监督检查加行政处罚加行政强制执行，还有的认为行政许可亦为行政执法的范畴。

行政执法是指行政机关基于法定职权和法定职责对社会进行管理、依法作出影响相对人权利义务的行为，即我们通常所讲的具体行政行为。除了具体行政行为以外，广义的行政执法还包括行政机关制定规范的行为即抽象行政行为。从我国行政执法的实践及其关注的重点来看，行政执法主要关注的是具体的执法活动。我们通常所讲的依法行政，主要地就是针对狭义的行政执法活动而言的。这是因为，狭义的行政执法具有非常重要的现实意义：行政执法是使静态的法律条文转化为人们现实的行为规范的根本途径，是使公民权利从"应然"变成"实然"的基本方式之一，也是社会秩序从静态设计转化为动态建构的重要途径①。

依法行政是现代法治的主要内容，也是人类文明进步的一个重要成果。依法行政要求行政机关坚持法律至上的原则，在宪法和法律范围内行使行政权力和承担责任，以实现管理国家的职能，保护公民的合法权益。法律是行政机关活动的依据，也是人们评价政府行为的标准。

根据我国依法行政的实践和最新研究动态，依法行政的基本内涵主要包括以下几方面：（1）行政主体必须依法设立并具有相应资格，即依法享有行政职权，能够以自己的名义对外行使该项权力并对行为后果承担法律责任；（2）行政活动必须依据法律，权责统一。一方面，行政机关的职权及其范围，法律必须明确规定，即法无授权不得行；另一方面，行政机关的权力是一种职权，它不同于既可行使又可放弃的公民个人权利，它只能履行，不能不作为，即法有授权必须行；（3）行政行为必须符合法定程序，即行政行为必须在法律规定的时间和空间范围内按照法定程序实施。行政行为的方式要做到公开化和民主化，行政行为的步骤要有程序性，行政行为的时间要有明确的期限等等；（4）违法行政行为必须承担相应的法律责任。行政行为没有法定依据、或者超越法定职权范围、或者违反法定程序而侵犯相对人合法权益的违法行政行为，必须依法承担相应的法律责任。

文物行政执法是指各级文物行政执法机关依照国家文物管理法律规定，在法定职责权限范围内依法对文物保护、文物管理、文物使用以及对各种文物违法行为依法进行处理的活动总称。我国文物行政执法的主要依据是《中华人民共和国文物保护法》（以下简称《文物保护法》)②、《中华人民共和国

---

① 姜明安主编：《行政执法研究》，北京大学出版社2004年版，第15页。

② 1982年11月19日第五届全国人民代表大会常务委员会第二十五次会议通过。根据1991年6月29日第七届全国人民代表大会常务委员会第二十次会议、2002年10月28日第九届全国人民代表大会常务委员会第三十次会议、2007年12月29日第十届全国人民代表大会常务委员会第三十一次会议修正。

文物保护法实施条例》①、《文物行政处罚程序暂行规定》②。此外，部分省、自治区、直辖市人民政府颁布了文物保护法实施办法，如《山西省实施〈中华人民共和国文物保护法〉办法》、《四川省实施〈中华人民共和国文物保护法〉办法》，还有些地方主管部门出台了文物执法相关的规范性文件，这对于推动文物执政执法的规范化，提升文物行政执法依法行政水平具有十分重要的意义。

（二）行政执法的核心是规范行政权力

目前我国法学界和实务界对于行政执法内涵的认识还不完全统一，即有广义和狭义之别，但是无论持何种学术观点，规范和控制政府权力是行政执法的核心已经成为共识。

1. 政府权力的演变

政府的权力即行政权是一个含义不稳定的概念，现代行政权与资本主义初期的行政权有很大的不同。具体地说，行政权发展大体经历了限权、授权、控权和分权等阶段。

限权。在资本主义发展初期即自由资本主义时代，自由经济与个人主义备受推崇，它要求政府是管理最少的政府，是"守夜人"式的政府，因而对行政权采取严格限制的态度。因此，在西方资产阶级建国初期，行政权力的行使范围一般仅限于秩序、外交、军事、税收等狭小领域，例如，如今管理着巨量行政事务并拥有庞大职能机构和工作人员的美国政府，在建国初期只有四个部门——国务院、财政部、陆军部和司法部，而将绝大部分社会公共事务交由公民自己去管理和解决。这是属于限权阶段。美国总统亚当斯曾经

---

① 2003 年 5 月 13 日国务院第八次常务会议通过，自 2003 年 7 月 1 日起施行。

② 2004 年 12 月 16 日文化部部务会议审议通过，自发布之日起施行。

这样形象地表达这一阶段政府的权力，给我一张办公桌，桌子每隔抽屉里放着各部门的文件，全部的行政工作就是这些。

授权。19 世纪末期，资本主义国家开始进入垄断资本主义时期，随着福利国家的形成，特别是资本主义国家日益严重的经济与社会问题及危机的出现，促使政府开始在更大范围内、更深的程度上加强了对社会与经济的干预。一方面，伴随工业化而来的人口剧增与都市化趋势加速了公众生活需求的扩张，各种复杂的基础性设施、道路的修建、污水的处理、城市规划、教育投资、环境污染的防治等与公众生存利害相关的事务不可能由单个的市场主体来完成，这就需要政府出面来帮助解决。另一方面，自由市场的发展，使得有产阶级占据了社会、经济上的统治地位，促成了有产阶层和无产阶层的形成和对立。这种阶层的不平等直接导致了大量社会矛盾的激发。可以说是社会的共同需求和阶层的不平等这两个因素，导致了将国家（政府）直接推到了解决社会急需、协调利益冲突的第一线。这时，行政权力大幅度扩张，旧的限制行政权力范围的主题不再适应社会发展的需要。大多数资本主义国家进入授权阶段，许多原来不属政府管理范围的事务越来越多地纳入到政府权力范围之中，同时赋予政府的自由裁量权也日益扩大。根据我国学者的归纳，渗入社会领域的行政权可以分为五类。一是行政权直接控制和干预经济活动，以弥补市场自然垄断、过度竞争等缺陷（2010 年 5 月七部委的房产新政，抑制虚高的房价）。二是对自由市场所带来的不良影响进行抑制和监控。比如工业化产生的环境生态问题、贫富悬殊等问题，无法通过私人交易的方式解决，而需要一个以社会共识为基础、具有公众权威机构对此进行监督、控制和惩处。通过公共费用，政府担当此任。三是将原属于家庭领域的事务纳入了政府的统一计划之中，比如对婴儿的出生（母婴保健、人口与计划生育）、养育子女（义务教育、政府担当起教育提供的责任、禁止雇佣童工）、赡养父母等。四是对传统的公共服务领域进行了改革，扩大了公共服务的范围，增加了许多新的服务项目（除了传统的修桥铺路、安装照明设备等外，公用运动休闲场所的兴建、廉租房的兴建、疾病的防控等）。五是行政机关越来越干预了许多原本属于社会团体和自治组织的领域，如设立相应的机构制定相应的法律来保护消费者、提供职业安全和职业标准等（如产品质量认证、企业等级论证、许可：市场准入问题）。正因为如此，托马斯·戴伊在其《谁掌管美国》一书中宣告："如果说，政府的权力曾一度受到限制的话，那个时刻早已过去。"

控权。政府职能的扩张一方面满足了自由市场发展到一定阶段而产生的社会共同需求，即解决了那些单凭社会个体力量无力控制、需要集合起来共同面对的问题，另一方面也缓和了市民社会自身无法调和的矛盾，消除了一些阶层之间存在的极度不平等的现象，尽可能地达至社会公平。但权力增长的同时也使权力的滥用日益猖獗。因此，为了在保证政府拥有足够权力进行行政管理的同时，又能控制庞大的行政权不至被滥用而侵犯到公民合法权益，各资本主义国家都加强了对司法审查和行政程序的研究与立法，期望通过司法权力及程序约束来控制行政权的合法行使。这是以程序为手段的控权阶段（授权与控权阶段在时间上相差不大，即在授权的同时就认识到控权的必要性，因而在许多国家的法律规范中，一方面授予行政机关越来越多的管理权力，另一方面又通过程序来限制其权力的行使）。1889 年西班牙制定了世界上第一部行政程序法，1925 年奥地利制定《一般行政程序法》，掀起了制定行政程序法的第一次高潮，这次高潮以规范行政权力、提高行政效率为主要目的；1946 年美国制定《联邦行政程序法》，掀起第二次高潮，其主旨在于如何保障公民在行政权力运行中的权利成为立法的中心；20 世纪 90 年代产生了行政程序立法的第三次高潮，主要在亚洲尤其是东亚，这次高潮的主题是保障行政公开、透明，保护公民在行政程序中的权利。我国 1996 年的《行政处罚法》、2003 年的《行政许可法》、2011 年的《行政强制法》等，都将程序作为立法的重要内容。

分权。20 世纪中期以后，现代行政的民主化要求在行政管理过程中加强政府与社会的合作，充分利用各种社会主体资源，进行民主行政。在这种席卷全球的政府机构改革过程中，各国都逐步进行了减政放权，把行政权越来越多地以各种方式（如授权、委托等）下放给非政府的社会组织来行使，而将有限的政府资源用于从事最根本、最基础的宏观管理。这样，既提高了政府的工作实效，同时也充分发挥了社会各公共组织的真正作用。这表明行政权开始进入其发展的第四个阶段——分权阶段。我国《行政许可法》第十三条规定，凡是公民、法人或者其他组织能够自主决定的，市场竞争机制能够有效调节的，行业组织或者中介机构能够自律管理的，行政机关采用事后监督等其他行政管理方式能够解决的，可以不设行政许可。该规定充分体现了市场优先、自治优先、自律优先、事后优先等观念，可以说是对近年来我国立法经验的一次科学总结和提升，第一次鲜明地体现了有限政府的观念，它不但对于以后的行政许可设定具有规范意义，而且对于我国整个立法工作和政府管理工作的科学化也具有重要的指导意义。如在 2004 年颁布的国务院《全面推进依法行政实施纲要》中得到了进一步明确的表述。《纲要》明确规定，"凡是公民、法人和其他组织能够自主解决的，市场竞争机制能够调节的，行业组织或者中介机构通过自律能够解决的事项，除法律另有规定的外，行政机关不要通过行政管理去解决"。这种观念变化对于两千多年来习惯了当"父母官"的政府机关而言，无疑是一场深刻的革命，它对政府与公众的长远影响会在实践中逐步得以体现。

2. 规范和控制行政权力的必要性

权力是一种中性的，或潜藏着若干可能性的影响力或支配力。它既可为善，亦可作恶。"一切有权力的人都容易滥用权力，这是万古不易的一条经验。有权力的人们使用权力一直到遇有界限的地方才终止。"从这个意义上讲，所有的权力都应加以控制。但是，相比较而言，控制政府的权力更为必要，也更有意义。这主要是由政府权力所具有的执行性、裁量性等特点所决定的。

执行性。大家知道政府的权力是一种执行性的权力，即把普遍性（法律）适用于行政关系上的特殊性事物。因此，政府权力能否合法行使，直接关系我国法治建设的成败。相比较而言，立法权高高在上，与老百姓距离较远，并且不直接产生影响，另一方面其制定有一套严格规则，如2000年全国人大通过的《立法法》、2001年国务院发布的《行政法规制定程序条例》、《规章制定程序条例》，这些法律法规规定，国家立法应当通过座谈会、论证会、听证会等多种形式听取各方面的意见，重要的法律案要组织全民讨论；政府起草法规规章要深入调查研究，征求专家或全社会的意见等等；司法权虽然与公众的联系较直接，但是因其所具有的被动性，不会主动损害公民合法权益。

裁量性。行政事务的繁杂性和紧迫性，要求行政机关必须强调办事速度，强调行政效率，并给予行政机关在行使职权时以较大的自由裁量权，即法律法规规章只是对行政权的行使条件、方式作原则规定，或者有一定的幅度，行政主体在具体运用时可以在法定的原则或幅度内，按自己的意志作出处理决定，加上行政权具有鲜明的层级性，这就使得政府权力具有一种自我膨胀的特性：行政权力在运作过程中总是呈现出自上而下的放射状结构，每经过一层级，这种放射状态总会有所扩大。加之权力本身能够直接给其拥有者带来物质上或精神上的利益，因而权力主体常常又会自发产生扩大权力的本能冲动，使行政权具有一种无限延伸的动力。

因此，对行政权的控制成了法学家和政治学家共同关注的一个课题。通过对行政权的控制，使行政权在设定的空间里合法高效地运行，维护相对人的合法权益，促进社会公益的发达。否则，行政法治将成为一句空话。正因为如此，党的十六大报告进一步明确提出，要全面建设小康社会就必须"加强对执法活动的监督，推进依法行政"。

（三）规范行政权力的意义

规范行政权力即依法行政是法治政府建设的基本内容，也是建设社会主义政治文明内在要求。2011年3月28日，中共中央政治局就推进依法行政和弘扬社会主义法治精神进行了第二十七次集体学习，中共中央总书记胡锦涛在主持学习时强调，全面推进依法行政、弘扬社会主义法治精神，是坚持立党为公、执政为民的必然要求，是推动科学发展、促进社会和谐的必然要求。我们必须增强全面推进依法行政、弘扬社会主义法治精神的自觉性和主动性，加快建设社会主义法治国家①。可见，依法行政与依法治国的关系非常密切。依法治国由依法立法、依法行政、依法司法和依法监督等内容组成。在这些内容中，依法行政是依法治国的核心和重点。这是因为一个国家的整个管理活动，不是靠立法机关、司法机关和军事机关，而主要是靠各级人民政府进行的。只有各级行政机关都能依法行使职权，依法进行管理，依法治国才会有基本保证。依法行政在依法治国中的这种特殊地位和作用集中体现在这样几个方面：

第一，依法行政是社会主义法治原则的题中之意。法治是和人治相对立的。自亚里士多德提出法治的定义以来②，其内涵不断扩充和深化，但其两个基本要素是不可缺少的：普遍地服从法律和良好的法律。1959 年在印度德里召开的“国际法学家会议”通过的《德里宣言》，提出了法治的三大要件（或称三大原则）：立法机关制定良法（维护人权）、行政法治（防止行政权滥用且使政府有效地维护法律秩序）、司法独立和律师自由③。就各国的法治实践来看，虽然提法有别但其基本内容或要素则是共同的。其中，制定良法是法治的基础，司法独立和律师自由是法治的保障，依法行政才是法治的关键。就我国现阶段法治建设的具体情况而言，以宪法为核心的社会主义法律体系的框架已基本形成，强化严格执法，努力做到有法必依，执法必严，违法必究，应当成为比立法更为迫切和艰巨的任务。要树立法律的权威，使法

---

① 参见《人民日报》2011 年 3 月 29 日。

② 亚里士多德认为，“法治应包含两重意义：已成立的法律获得普遍的服从，而大家所服从的法律又应该本身是制定得良好的法律”。引自亚里多德：《政治学》（中译本），商务印书馆 1983 年版，第 199 页。

③ 参见王人博等：《法治论》，山东人民出版社 1989 年版，第 131 页。

律能够在国家和社会生活的各个方面得到切实遵守和贯彻，关键在于依法行政。据统计，改革开放以来，全国人大及其常委会制定了 280 多部法律，国务院制定了 700 多部行政法规，地方政权机关制定了 4000 多部地方性法规，其中大约 80% 的法律法规是要由行政机关去贯彻落实的。依法行政搞好了，就抓住了依法治国的大头，就会从整体上推进依法的开展。因此，依法治国能否取得成效，主要取决于能否依法行政。所以在我国当前的法制建设中，必须以依法行政为突破口和重心，使各级领导干部在日常公共事务中严格做到依法办事，政令畅通，执法如山，有令必行，有禁必止。这样，依法治国的原则才可望通过政府行为落实到社会生活的各个领域，社会主义法治才能实现。

第二，依法规范公共权力，特别是行政权的取得及行使是依法治国的核心。如果说法治的核心是有效地约束公共权力，依法治国的重点是依法治权的话，那么治权的重点就在于治行政权力，确保依法行政。同其他国家权力相比，行政权力有其自身鲜明的特点：第一，行政权力来源于法律的设定和权力机关的授权。为了保证国家各方面的有效管理和社会的协调发展与稳定，促进国民经济的迅速发展，国家不得不授予行政机关很大的权力，如行政立法权、管理权、处罚权和强制权等，即这些权力不受法律的约束就有可能走向专横、滥用，甚至腐败。同时，我国的行政机关是国家权力机关的执行机关，是法律的执行机关，因此必须执行国家法律的规定和权力机关的意志，行政权的运用必须对权力机关负责，对人民负责。因此，行政权力的行使必须在国家法律规定范围内行使，不能越权。第二，行政权力属于国家公共权力，具有强制性和单方面性。行政机关在行使行政权力时，只能依照国家法律、法规规定，依法作出各种行政行为，这些行政行为都是行政机关单方面的意志表示，不需要同行政相对人协商。行政决定一旦作出，行政相对人就具有服从义务，其他国家机关就具有协助的职责，而且是以国家强制力作保证的。如果行政管理相对人不履行法定义务或行政决定，行政机关有权采取强制措施或强制执行，强迫其履行。第三，宪法赋予国家行政机关极其广泛的权力范围，特别是由于现代科学技术的发展和政府管理任务的繁重，现代行政权力呈急剧膨胀趋势，逐步介入了各个领域，甚至已经越来越多地介入国家的刑事、民事问题。如有的国家出现了"行政刑罚"现象。在我国，像轻微的违法犯罪行为，不构成刑事处罚的，由政府部门的劳动教养委员会批准劳动教养。行政司法、行政调解、行政仲裁、行政合同等都在急剧增加。在这种情况下，如果不对行政权力的行使加以规范和制约，那么，行政权力不仅必然会走向专横、独裁、滥用和腐败，甚至会影响到国家的前途和命运。第四，行政机关在行使行政权力时，享有很大的自由裁量权。国家为了保证行政管理的效率性，赋予行政机关在行使行政权力时，享有很大的和较宽幅度的自由裁量权。自由裁量权是属于行政权的一部分，是提高行政效率的重要措施，但行政机关及其工作人员在行使自由裁量权时，存在着某种扩张性和随意性。这就要求行政机关在行使行政权力时，不仅要依照国家法律、法规的规定，依法行政，而且还要根据依法行政原则拓展到自由裁量领域，即依据法的精神和立法目的来行政。行政机关作出行政行为的内容要客观、适度，要符合立法目的，作出的处理决定要合情合理，不能畸重畸轻。正是由于行政权力的这些特点，各级行政机关在行使国家权力时，只能依法行使，不能违法或越权。否则，就会侵犯行政管理相对人的合法权益，甚至造成损害，进而危及社会主义法治建设。

第三，依法行政是社会主义民主法治建设的必然要求。建设社会主义法治国家是党的十五大确定的我国民主政治建设的目标。只有在整个社会范围内形成一个知法、懂法、守法的社会氛围，领导干部依法办事，公民依法尽义务保护自己的合法权益，使法律法规能够在国家和社会生活各个领域得到普遍切实的遵守，才能实现依法治国。而要做到这一切，关键还在于依法行政。我国是社会主义国家，是人民当家做主的国家，国家的一切权力属于人民。宪法规定，我国行政机关是人民代表大会的执行机关，也就是执行人民意志的机关。只有将各级政府的行政行为纳入法制化的轨道，才能从根本上体现宪法和法律的要求，巩固社会主义法制的基础；才能充分发扬人民民主，按照人民的意志管理好国家事务；才能保证行政机关更好地体现为人民服务的宗旨。另一方面，政府的管理范围，涉及政治、经济、文化、社会等各个领域，通过领导干部对整个社会生活的规范的文明的依法管理，不仅能使法律法规在全社会得到全面落实和普遍遵守，有助于树立起法律权威，同时也能在全社会起到很好的尊重法律，执行法律和遵守法律的示范作用，有助于公民的法律意识普遍提高。所以，只有首先实现行政法治化，各级政府和领导干部严格依照表现为法律形式的人民意志来治理国家，才能促进法律在国家和社会生活的各个方面得到普遍的切实遵守，真正实现依法治国，建设社会主义法治国家的宏伟目标。

第四，依法行政是保持党和政府政策连续性和稳定性的重要前提。改革开放初期，党中央从实现跨世纪宏伟目标的高度出发，提出必须坚持"一个中心、两个基本点"的基本路线一百年不动摇。这就需要以法律作保障，将党的路线方针政策用法律的形式规范起来，在各级政府机关的行政行为中贯彻落实，保证国家各项工作都依法进行，逐步实现社会主义民主制度化、法律化，使这种制度不因领导人的改变而改变，不因领导人看法和注意力的改变而改变。建国60多年来的实践证明，只有依法行政才能避免各自为政，政出多门，朝令夕改，保证党和国家的方针政策得到长期正确的贯彻执行，促进经济的发展与社会的繁荣，从而维护国家的统一和稳定。

第五，依法行政是发展社会主义市场经济的客观需要。从某种意义上来说，市场经济就是法治经济。现代市场经济的发展必然会引起宏观管理的思维方式、组织结构和管理方式发生重大变化。各级行政机关要规范调节经济发展，确定市场竞争的规则，调控、干预、管理市场主体的活动，解决社会发展中出现的各种矛盾和问题，都需要统一的法律规范，都必须依靠法律的强制力。各级行政机关在发展社会主义市场经济的过程中，必须清醒地意识到政府不是消极的旁观者，而是积极的组织者协调者；政府的职能不是减少了，而是要大力加强。但是必须从传统的计划经济管理思维模式中解脱出来，增强法治观念，运用法律的手段，通过价格杠杆和竞争机制的作用，在提高经济效益、改善产品质量、增强企业效益、优化资源配置、奠定微观经济基础方面起着积极作用，实现优胜劣汰，促进生产和需求的及时协调与持续发展。

文物是人类社会活动中遗留下来的具有历史、艺术、科学价值的遗物和遗迹。可以说，它是历史上物质文化和精神文化的遗存，具有历史、艺术、科学价值，是重要的文化遗产。根据我国《文物保护法》第二条的规定，文物大体上具有以下特点：第一，文物一般具有历史、艺术、科学三个方面的价值。具体到每一件文物，不一定都具有三个方面的价值，但至少要具有其中一方面的价值，否则就不能称其为文物；第二，文物应是重要的、有代表性的实物。不具备这一点，也不宜作为文物保护；第三，国家保护的文物具有广泛性，应是反映历代社会制度、社会生产、社会生活、文化艺术、科学技术等方面的有代表性的实物。各个方面的文物之间具有广泛和密切的联系。只有全面保护各个方面的文物，才能使文物的价值不受损害。可见，加强对文物的保护，提高文物行政执法水平，对于继承中华民族优秀的历史文化遗产，促进科学研究工作，进行爱国主义和革命传统教育，建设社会主义精神文明、物质文明和政治文明，具有十分重要的理论与实践意义。

二　文物行政执法的基本要求

近年来随着我国对外交往的加强和法治水平不断提高，党和政府高度重视依法行政工作。例如在1999年以来，国务院多次专门召开全国依法行政工作会议，在1999年下发了《关于全面推进依法行政的决定》，为适应推进依法行政的需要，在国务院绝大多数部门减编的情况下，国务院法制办和各部委的法制机构得到了普遍加强。2001年6月，经党中央国务院批准，中共中央组织部、国务院法制办、国家行政学院共同举办了为期6天的省部级干部依法行政专题研究班，强调领导干部都要带头依法行政，加强监督管理，不断提高服务水平；各级政府的职能是："依法行政、加强监管、提供服务"，为经济发展、社会进步创造良好的法制环境。党的十六大提出"加强对执法活动的监督，推进依法行政"，对依法行政提出了新的更高要求。为贯彻落实党的十六大精神，适应新形势提出的新要求，进一步全面推进依法行政，经国务院领导同意，由国务院法制办于 2003 年 8 月召开了全国依法行政理论研讨会，主题是：以邓小平理论和"三个代表"重要思想为指导，深入学习、贯彻党的十六大精神，总结近几年来依法行政的实践经验，从理论上研究、探讨依法行政实践中的突出问题。2004 年 3 月 22 日，国务院发布了《全面推进依法行政实施纲要》（以下简称《纲要》），明确指出和系统规划了未来十年我国建设法治政府的目标，任务和措施，明确规定了我国依法行政的基本理念。此后，国务院又发布了《关于加强市县政府依法行政的决定》（国发〔2008〕17 号）、国务院《关于加强法治政府建设的意见》（国发〔2010〕33 号）。依据上述文件，我国依法行政原则对于包括文物行政执法在内全部行政执法提出了以下六个方面的基本要求：合法行政、合理行政、程序正当、高效便民、诚实守信、权责统一。

（一）合法行政

合法行政理念是行政法中最古老、最基本的理念，也是建立法治政府的最根本理念，是依法行政的最低底线，在行政法中是一条不可动摇的原则。

我国合法行政理念孕育于改革开放之初，1978 年中共十一届三中全会会议公报指出："为了保障人民民主，必须加强社会主义法制，使民主制度化、法律化，使这种制度和法律具有稳定性、连续性和极大的权威，做到有法可依，有法必依，执法必严，违法必究。"第一次将民主与法制提到重要的位置，也为我国行政法制建设提供了发展的社会背景。紧接着，1979 年通过的《中华人民共和国地方各级人民代表大会和地方人民政府组织法》，将地方各级革命委员会改为地方各级人民政府，详细规定了地方各级人民政府的组织、职权和工作方式。

宪法作为国家的根本大法，具有最高的法律效力，是一切法律、法规的立法依据和基础，所以合法行政首先是合宪行政，即在宪法规定的范围内行政。1982年12月4日，现行宪法颁布，重新确认和发展了作为行政法制基础的人民主权原则、"法律至上"为核心的行政法治原则、一定的职权划分和制约原则，重新确定了国务院和地方各级人民政府的性质、地位，固定了中央和地方各级政府的基本职权。同年，也对《地方各级人民代表大会和地方人民政府组织法》作了第一次修改，并通过了《中华人民共和国国务院组织法》，又明确规定了国务院的组织、职权和工作方式等，将国务院的组织和活动纳入法制轨道。这两部法律对我国行政法制建设起到了很好的推动作用。1989年通过的《中华人民共和国行政诉讼法》（以下简称《行政诉讼法》），明确规定其立法目的之一是维护和监督行政机关依法行使行政职权（第一条），以及具体行政行为合法性的审查标准（第五条），极大促进了政府树立合法行政的理念。随后，1990年颁布的《行政复议条例》又明确规定了行政复议合法原则（第六、七条）。1993年，八届人大一次会议通过的政府工作报告正式以政府文件的形式确认了依法行政的原则："各级政府都要依法行政，严格依法办事。一切公职人员都要带头学法懂法，做执法守法的模范。"同年颁布施行的《国家公务员暂行条例》，规定了国家公务员的权利、义务、录用、考核等，为国家公务员合法行政提供了法律依据。1994年通过的《国家赔偿法》，明确规定其立法目的之一是维护和监督行政机关依法行使行政职权（第一条），以及对违法具体行政行为造成的损害要承担行政赔偿责任（第二章），进一步促进了政府树立合法行政的理念。1996年颁布实施的《行政处罚法》明确规定了行政处罚法定原则（第二、三条），这是行政法定原则在行政处罚领域的具体体现，具有在单行行政行为立法中明确规定行政法定原则的开创性意义。1997年施行的《中华人民共和国行政监察法》（以下简称《行政监察法》）也明确规定了行政监察法治原则（第三条）。1999年颁布实施的《中华人民共和国行政复议法》（以下简称《行政复议法》）也明确规定了行政复议合法原则（第四条）。2000年国务院政府工作报告又明确提出"全面推进依法行政，从严治政。"2003年通过的《行政许可法》中也明确规定了行政许可法定原则（第三、四条）。

合法行政的最核心的含义就是职责法定，即强调行政机关为行为时必须要有法律依据。《纲要》在肯定这一点的基础上，还有了新的发展。根据《纲要》规定，合法行政的具体要求为"行政机关实施行政管理，应当依照法律，法规、规章的规定进行，没有法律，法规、规章的规定，行政机关不得作出影响公民、法人和其他组织合法权益或者增加公民、法人和其他组织义务的决定"。可见，《纲要》将行政行为区分为有利于人民的授益行为和对人民不利的侵益行为两种。在此基础上，提出了合法行政的两项基本的要求：第一，行政机关对相对人作出不利决定的，必须要有法律依据。第二，只要符合人民利益需要，并且法律没有禁止和限制的，行政机关应当在法定职责范围内予以积极处理。

依照合法行政的要求，文物管理部门在行政执法时，首先必须清楚自己的职责权限范围。《文物保护法》第八条规定，"国务院文物行政部门主管全国文物保护工作"。"地方各级人民政府负责本行政区域内的文物保护工作。县级以上地方人民政府承担文物保护工作的部门对本行政区域内的文物保护实施监督管理"。"县级以上人民政府有关行政部门在各自的职责范围内，负责有关的文物保护工作。"

（二）合理行政

合理行政理念是现代行政法的又一核心理念，它不仅要求行政行为符合形式正义，而且要求符合实质正义，是现代行政法对控制行政自由裁量权滥用的有力回应，它来源于合法行政理念，又独立于合法行政理念，并且其地位随着行政法的发展而不断凸现。

1982年12月4日，我国现行宪法颁布，第三十三条第二款明确规定："中华人民共和国公民在法律面前一律平等。"这就从宪法的角度对行政机关的合理行政提出了基本的要求。接着，1989 年通过的《行政诉讼法》第五十四条第四款明确规定："行政处罚显失公正的，可以判决变更。"赋予了人民法院一定程度上的具体行政行为合理性的审查标准（第五条），促进了政府树立合理行政的理念。此后，1990 年颁布的《行政复议条例》第七条明确规定"复议机关依法对具体行政行为是否合法和适当进行审查"。1996 年颁布实施的《行政处罚法》首次明确规定了行政处罚公正原则（第四条），1999年颁布施行的《行政复议法》也明确规定了行政复议公正原则（第四条），2003 年通过的《行政许可法》中也明确规定了行政许可公平公正原则（第五条）。

《纲要》将合理行政规定为："行政机关实行行政管理，应当遵循公平、公正的原则，要平等对待行政相对人，不偏私、不歧视。行使自由裁量权应当符合法律目的，排除不相关因素的干扰；所采取的措施和手段应当必要、适当；行政机关实施行政管理可以采取多种方式实现行政目的的，应当避免采用损害当事人权益的方式。"据此，合理行政可以具体化为以下几项具体要求：（1）权力的行使应当符合法律目的。行政权要以维护和增进公共利益为依规，一切行政活动都要以此为依归。凡是背离该种目的的行政权的行使都不符合合理行政原则要求。（2）排除不相关因素的干扰。在行政执法活动中，行政机关及其工作人员应当考虑相关因素、不考虑不相关因素，否则就是有违合理性原则要求。这一点实际上也为我国《行政处罚法》所强调，例如，该法第四条规定，"处罚以事实为依据，与违法行为的事实、性质、情节以及社会危害程度相当"。从行政实践来看，行政机关在行政执法活动普遍制定裁量基准的行为就是考虑相关因素、不考虑不相关因素的自觉行动。（3）同样情况同样对待，不同的情况区别对待。（4）比例原则。比例原则要求行政机关在行使裁量权时，应在其所追求的目的和为追求该目的所采取的手段给私人的权利、自由与利益所造成的损害之间进行适当的平衡。具体地说，比例原则有三个要求：一是妥当性原则，即行政权的行使必须适合于实现行政目的；二是必要性原则，即行政权力对私人利益的影响不得超过实现行政目的所必要的程度，换句话说就是，为了达到行政目的，行政机关有多个手段可以选择时，行政机关必须选择一个给私人利益造成最小损害的手段；三是狭义比例原则，强调行政机关的行政活动的产出应当大于行政成本的投入，也就是要运用成本与收益的方法分析行政活动，通俗地说就是，不能"用大炮打蚊子"。该原则在我国行政立法已经有所体现，例如《行政许可法》第十三条规定，"本法第十二条所列事项，通过下列方式能够予以规范的，可以不设行政许可：（一）公民、法人或者其他组织能够自主决定的；（二）市场竞争机制能够有效调节的；（三）行业组织或者中介机构能够自律管理的；（四）行政机关采用事后监督等其他行政管理方式能够解决"。

依照合理行政的要求，文物管理部门在行政执法过程中，必须正确地使用自己手中的权力，例如对于文物行政违法行为，必须严格依照法律规定予以严肃处理，并保证处理结果合乎文物保护的基本目的。尤其是在责令改正时，必须监督违法行为人整改到位，绝不能流于形式，更不能草草地以罚款了事。

（三）程序正当

程序正当理念是现代行政法中实现形式正义的核心原则，它源于英美法治中最古老的自然公正原则和正当程序原则。在现代社会，法律往往不得不赋予行政权很大的自由裁量权，人们很难在实体上对其进行严密的规范，因此，程序控制是保障行政权合法、正确行使，防止其滥用及侵犯公民权利和自由的必不可少的条件。重视行政程序建设已经成为现代行政法治的重大发展趋势。

我国在80年代以后，开始注重对行政权力的控制和制约，建立了各种相应的监督制度，形成了较为严密的监督体系和机制，如人大和政协以及人民群众的监督等，但是却忽略了对行政权行使过程的规范，忽略了从程序上对行政行为的制约。80年代以后，我国才开始认识到程序制约和加强行政程序立法的重要性。

1982 年宪法虽然规定了国务院的行政立法权，但是并没有具体的程序规定。1987 年 4 月，国务院颁布了《行政法规制定程序暂行规定》，对行政法规的制定程序作出了具体的规定。接着，1989 年通过的《行政诉讼法》明确规定具体行政行为合法性审查标准中的程序要求（第五十四条），在一定程度促进了政府树立程序正当行政的理念。1990 年颁布的《行政复议条例》明确规定了行政复议的一系列程序和行政复议回避制度（第六、七条）。1992 年通过的《税收征收管理法》、1994 年通过的《治安管理处罚条例》等法律法规，也就有关行政行为的程序作出了较明确，具体的规定。1993 年施行的《国家公务员暂行条例》明确规定了任职回避制度（第六、七条）。1994 年通过的《国家赔偿法》明确规定了行政赔偿的程序。

最为典型的行政程序立法是 1996 年颁布实施的《行政处罚法》，它规定了一系列行政程序，如行政执法时的出示身份证件、表明身份制度；作出行政处罚决定时的说明根据、理由制度；决定前的调查和收集证据制度；决定中的听取当事人陈述和申辩制度；决定后的送达处罚决定书、告知当事人救济权利、救济途径的制度；以及作出较重大的行政处罚决定要举行听证的制度等等。特别是听证制度，对于保障行政行为公正合理进行，防止执法人员滥用权力，保护公民，法人和其他组织的合法权益具有特别重要的意义。此后，1998 年施行的《价格法》确立了价格听证制度，从而开创了我国行政决策领域引入听证程序的先河。1999 年通过的《行政复议法》，也明确规定了行政复议公开原则（第四条）。2000 年施行的《立法法》则初步确立了行政立法听证制度，后又在 2001 年公布的《行政法规制定程序条例》和《规章制定程序条例》中进行了进一步细化，健全了我国行政立法听证制度。

2003 年通过的《行政许可法》中也明确规定了行政许可公开原则（第五条）、行政许可程序（第四章）、行政许可听证制度（第四章第四节）等。特别是在听证制度方面不仅吸取了行政处罚法中的许多有益经验，而且在听证范围、参加人及听证笔录的法律效力方面都有了可贵的创新，如案卷排它制度，对我国今后的单行程序立法具有重要的示范意义。《纲要》最终明确规定了程序正当的含义为"行政机关实施行政管理，除涉及国家秘密和依法受到保护的商业秘密、个人隐私的外，应当公开，注意听取公民、法人和其他组织的意愿要严格遵循法定程序，依法保障行政管理相对人、利害关系人的知情权、参与权和救济权。行政机关工作人员履行职责，与行政管理相对人存在利害关系时，应当回避"。具体为：（1）知情权。除涉及国家秘密和依法受到保护的商业秘密、个人隐私的外，应当公开，注意听取公民、法人和其他组织的意愿，要严格遵循法定程序，依法保障行政管理相对人、利害关系人的知情权。为保障公民的知情权，2007 年 4 月 5 日国务院颁布了《中华人民共和国政府信息公开条例》，并于 2008 年 5 月 1 日实施。（2）参与权。公众参与行政活动和行政过程，体现了行政民主化的要求。参与包括相对人参与、利害关系人参与，参与的方式包括听证和其他各种形式，听取意见方式如座谈会、论证会等等。（3）申请回避权。即行政机关工作人员履行职责，与行政管理相对人存在利害关系时，应当回避。《公务员法》确立了回避制度，如第六十九条规定，县乡两级主要领导不得本地任职；第七十条规定，"公务员执行公务时，有下列情形之一的，应当回避：涉及本人利害关系的；涉及本人近亲属的利害关系；其他可能影响公正执行公务的"。（4）救济权。即公民、法人或者其他组织认为行使行政权的机关或组织的行为损害自己合法权益时，有权向法定机关寻求法律救济的权利。目前我国行政救济制度主要有行政复议和行政诉讼，此外信访也是一种救济方式。

依照程序正当的要求，文物管理部门在行政执法时，首先必须严格遵守《行政处罚法》、《文物行政处罚程序暂行规定》、《行政许可法》等对文物行政处罚及许可的程序规定，其次在立法尚未对相关执法作出明确规定的情况下，必须坚持正当程序原则，主动及时地向相对人及社会公众公开文物执法的相关情况，自觉接受相对人和社会公众对文物管理部门的监督。

（四）高效便民

公正与效率是现代法治政府追求的两大价值目标，没有公正的效率和没有效率的公正，都严重违背现代政府的价值追求，是建设现代法治政府应当坚决避免的。因此，依法行政不仅要讲求公正，也要讲求效率，二者不能偏废。同时，从本质上看，效率集中体现了依法行政的终极价值追求。另外，行政机关在进行决策和行为时，要尽可能方便公民、法人和其他组织参与、配合和完成。

为了改变机构臃肿、职责不清、效率低下的弊病，适应改革开放和建设现代化的需要，1982 年 3 月，第五届全国人大常委会第二十二次会议通过决议，决定对国务院和地方各级政府的机构进行全面改革，主要目标是精简机构，明确职责，实现领导班子的"革命化、年轻化、知识化、专业化"，克服官僚主义，提高工作效率。后来，1988 年 3 月，第七届全国人大一次会议又通过决议，决定对政府机构进行新的全面性的改革，主要目标是根据党政分开、政企分开和精简、统一、效能的原则，主要着眼于转变政府职能，加强宏观管理和减少直接控制，逐步建立具有中国特色的功能齐全、结构合理、运转协调、灵活高效的行政管理体系。至今，这次改革仍在继续，并不断深化。综观政府机构改革的过程，虽然还没有从根本上解决问题，但是在一定程度上提高了政府机构的工作效率。

另外，1982 年颁布的现行宪法，明确规定了国家机构的精简效率原则和为人民服务的原则。如第二十七条规定："一切国家机关实行精简的原则，实行工作责任制，实行工作人员的培训和考核制度，不断提高工作质量和工作效率，反对官僚主义。一切国家机关和国家工作人员必须依靠人民的支持，经常保持同人民的密切联系，倾听人民的意见和建议，接受人民的监督，努力为人民服务。"

此后，1989 年通过的《行政诉讼法》第五十四条第三款明确规定："被告不履行或者拖延履行法定职责的，判决其在一定期限内履行。"在一定程度促进了政府树立高效便民理念的理念。1990 年颁布的《行政复议条例》明确规定了行政复议及时、准确和便民的原则（第六条）。1995 年施行的《国家赔偿法》明确规定对违法具体行政行为造成的损害要承担行政赔偿责任，其中包含了不作为违法的赔偿责任（第二章），这在一定程度促进了政府树立高效便民的理念。1996 年通过并施行的《行政处罚法》明确规定了行政处罚的简易程序（第五章第一节）和行政处罚权相对集中行使的规定（第十六条）等。1999 年施行的《行政复议法》也明确规定了行政复议及时、便民的原则（第四条），具体体现在确定了相对人自由选择管辖的原则，延长了复议的申请期限，行政复议的方式更加灵活，缩短了行政复议机关受理条件的审查期限等方面。同年，国务院政府工作报告正式明确提出："贯彻依法治国方略，建设廉洁、勤政、务实、高效政府"。2003 年通过的《行政许可法》中也明确规定了行政许可便民和效率原则（第六条）、行政许可条件事先公布制度（第三十条）、"一个窗口对外"、"一站式服务"、"政务超市"制度（第二十五、二十六条）等。另外，还对许可涉及的利害关系人都做了程序保护的规定（第三十六、四十七条），对加强监督检查和保障行政相对人获得法律救济以及追究法律责任等方面都作了规定（第六十、六十一条）等。《纲要》正式明确规定了高效便民的含义：行政机关实施行政管理，应当遵守法定时限，积极履行法定职责，提高办事效率，提供优质服务，方便公民、法人和其他组织。

依照高效便民的要求，文物管理部门在行政执法过程中，尤其是作出文物行政处罚和许可时，必须严格遵守法定的时限，并在实践中创造条件为相对人提供方便快捷的服务。

（五）　诚实守信

诚实守信最早是民法上的基本原则，随着经济、社会的发展，以规范政府行为为宗旨的行政法借鉴和发展了诚实守信原则，将其应用于法律地位不对等的行政法主体之间，从而成为依法行政的基本理念之一。近年来，随着我国市场经济的深入发展，加强政府信用建设已越来越成为人们的共识，要求也更加紧迫。因此，诚实守信理念要求政府应当符合诚实守信的要求，保证行政相对人的信赖利益。

1999 年，我国最高人民法院通过的《关于执行〈中华人民共和国行政诉讼法〉若干问题的解释》（以下简称《行政诉讼法若干解释》）第五十九条中规定："根据行政诉讼法第五十四条第（二）项规定判决撤销的被诉具体行政行为，将会给国家利益、公共利益或者他人合法权益造成损失的，人民法院在判决撤销的同时，可以责令被诉行政机关采取相应的补救措施。"我国虽然未在立法中对诚实守信作出明文规定，但上述第五十九条的规定已从特殊角度促使诚实守信的理念和原则得以在行政审判实践中发挥一定的作用，从而在一定程度上促进政府树立诚实守信的理念。

2003 年通过的《中华人民共和国行政许可法》第八条规定："公民、法人或者其他组织依法取得的行政许可受法律保护，行政机关不得擅自改变已经生效的行政许可。行政许可所依据的法律、法规、规章修改或者废止，或者准予行政许可所依据的客观情况发生重大变化的，为了公共利益的需要，行政机关可以依法变更或者撤回已经生效的行政许可。由此给公民、法人或者其他组织造成财产损失的，行政机关应当依法给予补偿。"

《纲要》将"诚实守信"作为依法行政的基本要求之一明确规定下来："行政机关公布的信息应当全面、准确、真实。非因法定事由并经法定程序，行政机关不得撤销、变更已经生效的行政决定；因国家利益、公共利益或者其他法定事由需要撤回或者变更行政决定的，应当依照法定权限和程序进行，并对行政管理相对人因此而受到的财产损失依法予以补偿。"具体要求为：（1）行政行为、行政信息要真实；（2）行政行为要有连续性；（3）政策变化造成相对人的损失要补偿。

依照诚实守信的要求，文物执法部门在行政执法过程中，不仅要及时公开文物执法信息，而且要保证信息的真实性；不仅依照经济社会发展的客观需要及时出台相关的政策规范，而且要保证相关政策规范的连续性。

（六）权责统一

法治是与权力制约和监督联系在一起的。没有制约和监督的权力必然导致滥用和腐败，因此必须对权力进行制约和监督。权利与义务统一、职权与职责统一，是法治的基本要求，是现代责任政府的基本理念。

1979 年通过、1982 年第一次修正的《地方各级人民代表大会和地方人民政府组织法》和 1982 年通过的《国务院组织法》，详细规定了国务院和地方各级人民政府的组织、职权和工作方式，隐含了职权与职责统一的原则。1982 年 12 月 4 日颁布了现行宪法，重新确认和发展了我国国家机构的组织活动原则包括社会主义法治原则和责任制原则，强调各级政府及其工作人员都要自觉接受同级人民代表大会及其常委会的监督，接受广大人民群众的监督。1982 年《民事诉讼法》（试行）的颁布，则首次确认行政案件原则上由人民法院审理，程序上参照《刑事诉讼法》，这些都大大推进了行政权监督制度的建立。

1989 年通过的《行政诉讼法》明确规定其立法目的是"保证人民法院正确、及时审理行政案件，保护公民、法人和其他组织的合法权益，维护和监督行政机关依法行使行政职权"（第一条），以及具体行政行为合法性的审查标准（第五条），这部法律是我国行政立法实践上的一座里程碑，它建立了我国的司法审查制度，在我国行政法制建设甚至是整个法制建设中迈出了重大的一步，极大地促进了政府树立权责统一的理念。

此后，1990 年颁布的《行政复议条例》明确规定了行政复议的目的是"维护和监督行政机关依法行使职权，防止和纠正违法或者不当的具体行政行为，保护公民、法人和其他组织的合法权益"（第一条），1993 年施行的《国家公务员暂行条例》，则明确规定了国家公务员的权利和义务。1994 年通过的《国家赔偿法》明确规定其立法目的是"保障公民、法人和其他组织享有依法取得国家赔偿的权利，促进国家机关依法行使职权"（第一条），以及对违法具体行政行为造成的损害要承担行政赔偿责任（第二章），也在一定程度促进了政府树立权责一致的理念。1996 年通过并施行的《行政处罚法》明确规定了"规范行政处罚的设定和实施，保障和监督行政机关有效实施行政管理，维护公共利益和社会秩序，保护公民、法人或者其他组织的合法权益"的立法目的（第一条）。1997 年施行的《行政监察法》也明确规定了"加强监察工作，保证政令畅通，维护行政纪律，促进廉政建设，改善行政管理，提高行政效能"的立法目的（第一条）。1999 年施行的《行政复议法》也明确规定了"防止和纠正违法的或者不当的具体行政行为，保护公民、法人和其他组织的合法权益，保障和监督行政机关依法行使职权"的立法目的（第四条）。2003 年通过的《行政许可法》中也明确规定了"规范行政许可的设定和实施，保护公民、法人和其他组织的合法权益，维护公共利益和社会秩序，保障和监督行政机关有效实施行政管理"的立法目的（第一条）。上述行政法律、法规的出台，其主要目的就是为了保障公民、法人和其他组织的合法权益，监督和促进行政机关依法行政，实现行政机关权责一致的理念。

《纲要》明确规定了权责一致的含义为："行政机关依法履行经济、社会和文化事务管理职责，要由法律、法规赋予其相应的执法手段。行政机关违法或者不当行使职权，应当依法承担法律责任，实现权力和责任的统一。依法做到执法有保障、有权必有责、用权受监督、违法受追究、侵权须赔偿。"具体要求：（1）执法有保障；（2）有权必有责；（3）用权受监督；（4）违法受追究；（5）侵权须赔偿。

依照权责统一原则，文物管理部门及其工作人员必须增强责任意识，牢固确立情为民系、权为民用、利为民谋，用好自己手中的权力，并勇于承担法律责任。这一点，《文物保护法》也作出了具体明确的规定。第七十六条规定："文物行政部门、文物收藏单位、文物商店、经营文物拍卖的拍卖企业的工作人员，有下列行为之一的，依法给予行政处分，情节严重的，依法开除公职或者吊销其从业资格；构成犯罪的，依法追究刑事责任：（一）文物行政部门的工作人员违反本法规定，滥用审批权限、不履行职责或者发现违法行为不予查处，造成严重后果的；（二）文物行政部门和国有文物收藏单位的工作人员借用或者非法侵占国有文物的；（三）文物行政部门的工作人员举办或者参与举办文物商店或者经营文物拍卖的拍卖企业的；（四）因不负责任造成文物保护单位、珍贵文物损毁或者流失的；（五）贪污、挪用文物保护经费的。""前款被开除公职或者被吊销从业资格的人员，自被开除公职或者被吊销从业资格之日起十年内不得担任文物管理人员或者从事文物经营活动。"第七十七条规定："有本法第六十六条、第六十八条、第七十条、第七十一条、第七十四条、第七十五条规定所列行为之一的，负有责任的主管人员和其他直接责任人员是国家工作人员的，依法给予行政处分。"

三 提升文物行政执法水平的途径

自本世纪中期以来，行政权的扩张已经成为不可阻挡的历史潮流。无论是发达的资本主义国家，还是正在成长的社会主义国家，政府的主要职能不再是仅仅履行"警察局"和"邮政局"的职能了，行政权的活动几乎遍及社会生活的各个方面[①]。针对行政权的扩张，行政法日益发达起来，依法行政、建立法治国家成了世界各国普遍追求的共同目标。在我国，党的十五大确立了依法治国建设社会主义法治国家的治国方略，并写入了《宪法》，理论界、实务界据此又提出了"依法治省"、"依法治市"等等口号，并使之成为如火如荼的实践。这表明依法治国、依法行政，建设社会主义法治国家已经深入人心。然而由于旧体制的惯性和人们思想上的惰性，依法行政在我国真正实现不可能一蹴而就，需要我们克服种种艰难险阻并作长期不懈的努力。

---

① 龚祥瑞：《比较宪法与行政法》，法律出版社 1985 年版，第 6 页。

2004 年国务院发布的《纲要》提出，"经过十年左右坚持不懈的努力，基本实现建设法治政府的目标"。2010 年 10 月，在总结六年多来依法行政工作经验基础上，国务院又发布了《关于加强法治政府建设的意见》，从九个方面提出了建设法治政府的指导性意见。2011 年 3 月 28 日，胡锦涛总书记在中共中央政治局集体学习会上强调，全面推进依法行政、弘扬社会主义法治精神，是坚持立党为公、执政为民的必然要求，是推动科学发展、促进社会和谐的必然要求。这表明，党和政府高度重视依法行政工作，同时也说明，推进依法行政，建设法治政府是一项长期而艰巨的任务。基于此，结合文物行政执法的实践，我们认为，要进一步提升文物行政执法的水平，必须关注并重视以下几方面的问题。

（一）切实转变行政执法观念

政府职能的合理定位是所有政府所追求的共同目标。在行政权发展的不同阶段，政府职能的内容及其侧重点存在着较大差异。当代政府职能的定位必须符合经济、技术、信息迅速发展和社会利益多元的要求。从我国当下的情况来看，必须尽快将政府职能真正转到经济调节、市场监管、社会管理和公共服务上来，把许多不该管、管不了、实际上也管不好的事务交还给企业和社会，理顺政府与市场、政府与社会的关系。为此，必须牢固确立以下三个基本观念：

第一，充分依靠人民群众的主观能动性。国家的权力和公民的自由是此长彼消的关系。个人自由一旦受到限制，个人的积极性和创造性就会受到压抑，整个民族、整个国家就会缺乏创新的活力；而国家权力太小，小到无法维护基本的社会秩序，整个国家就可能生活在无序状态，缺乏预期和稳定，个人的自由没有保障，国家更是难以发展。因此，现代国家总是在探寻国家权力和个人自由之间的合理分界点。因此，从原则上讲，对于那些可以由公民、法人或者其他组织自主决定的事项，只要不牵涉到公共利益、国家安全和社会秩序，一般均可以交由其自主决定。

第二，充分发挥市场竞争的自我调节机制。与计划经济相比，市场经济是发挥市场在配置社会资源过程中的有效作用，实现社会物质财富的极大丰富，无需或者少许由政府通过行政手段加以干预。政府与市场的关系是一种矛盾统一的关系，在配置社会资源的问题上，政府与市场的作用各有利弊。但从社会实践的角度讲，相对于政府管制而言，市场更能够实现对资源的有效配置，也更容易激发社会成员的创造力和积极性。市场在资源配置、优胜劣汰、鼓励创新等方面具有突出的功能。

第三，充分调动社会组织实现自我管理的积极性、主动性。在我国，随着计划经济向市场经济的转轨，也出现了对各种类型的行业组织、职业协会、社团组织等社会中介机构的热烈讨论，已经形成的基本共识是：中介组织的培育可以有效地缓冲国家权力与公民权利的紧张关系，减轻政府的管理负担，节约管理成本，使政府能够更加有效地完成应当由其担当的责任；中介组织的出现可以极大地激发社会成员从事公共事务管理的积极性，增强公民意识，培植民主法治精神；中介组织的出现拓宽了政府与公民之间信息的交流渠道，实现了政府与民间信息的互动传递。

就文物行政执法而言，一定要确立文物执法服务大局、服务于经济社会发展的意识，处理也文物保护和经济社会可持续发展的关系，在执法方法和执法措施的选择上，尽可能地考虑相对人的利益，最大限度地减少相对人与执法机关的对立和对抗，以实现执法效益的最优化。

（二）建立与完善行政权力的控制机制

政府自觉遵守法律是依法行政的核心和基本标志，而规范行政权力设定和行使则是政府自觉守法的前提。历史和现实反复告诉我们，政府的权力不受法律控制必然导致滥用，必然会滋生腐败。从我国法制建设的现状来看，我国社会主义法律体系已经初步形成，包括宪法、行政组织法和行政行为法在内的公法体系已经明确了行政权的设定和行使规范。如何保证行政权在既定的法律轨道内运行，必须重视程序制度和责任制度的建设。

程序制度是行政权运作的步骤、方式、时限和顺序的总称，其核心是行政公开和公众参与。行政公开意味着政府的各项决策、全部政务信息、所有的执法行为，除依法应当保密外，一律要予以公开。通过行政公开，让公众参与行政过程，就相关的事实和法律问题表达自己的观点，有助于提高行政决定的科学性和可接受性。自新中国成立以来，我国就一直重视让人民群众知政、参政和监督政府机关及其工作人员，历次宪法也都对此作出了明确规定。2007年，国务院颁布的《中华人民共和国政府信息公开条例》进一步明确了政府信息公开的范围、方式、程序及监督保障等，极大地提升了我国政府信息公开的水平。

责任制度的核心是强调权责一致、权责统一。就主体而言，责任可分为政府责任和政府工作人员责任两种。政府责任主要是政治责任，即政府向人大负责，向社会公众负责，对于滥用权力的政府组成人员，各级国家机关可以依法追究责任。政府工作人员责任要求，各级政府工作人员必须对自己手中的权力负责，对自己手中的权力运行结果负责。

就文物行政执法而言，一方面要坚持和落实现行法律规范所确立的各项制度，同时也要进一步制定或完善文物行政执法的一系列制度，真正建立以制度规范文物行政执法权力。

（三）重视和提升文物执法部门的形象

人们常说，"人无信不立，业无信难兴，政无信必衰"。无论是60多年前的社会制度转型，还是30多年前的经济制度转轨，抑或是当下的发展方式转变，都为我国政府在国际国内社会赢得了良好的社会声誉。但是，我们也要正视近些年来我国经济社会发展中所积累的一些问题。2011年"两会"召开前夕，温家宝总理在与网友在线交流时指出，政府的公信力和社会的诚信是影响我们整个社会进步最大的两个问题。这一论断不仅反映了党和国家领导人对政府公信力的高度重视，同时也说明了政府公信力问题的严重性和紧迫性。

政府公信力缺失直接表现为政府权威的削弱和政府形象的减损，其后果必然会对公共治理的效率和效果产生重大的负面影响。当今世界，无论市场化程度发达与否，政府都是国家治理的主角，而政府较之于其他治理主体的优势来源于它的高度权威性。然而政府的权威是要以公信力为前提和基础的。政府公信力高，政府才能得到社会的广泛认可，才会在人民群众中树立起良好形象，才能赢得人民群众的信任、拥护和支持，政府的执行力由此才能得到提升和增强。反之，一个没有权威的政府，其所制定的公共政策就不可能得到人民的拥护和支持，自然也就无法得到有效的执行。此外，政府还是一个"感染力极强的老师"，政府诚信与否对社会具有强大的引领和示范作用，若政府公信力缺失的状况长期不能得到改观的话，对一个国家的经济发展和社会和谐稳定也是极端不利的。从国际社会来看，政府公信力还代表着一个国家的国际形象，直接影响到一个国家的国际地位和国际竞争力。在一个利益多元和日益全球化的背景下，倘若政府公信力不彰，势必影响这个国家和民族生存与发展的空间。

对于文物行政执法而言，无论执法机关还是执法人员都应该重视并关注自身的形象，尤其是在执法实践中的言行直接关乎执法机关的执法人员的形象，并最终影响行政执法的效果。

（四）　实践创新和完善具体制度

在立法方面，要进一步完善行政法律体系，不断提高立法质量。为了提高立法质量，首先要规范立法活动，做到依法立法。要根据《立法法》的要求，进一步完善立法体制，科学划分立法权限，细化立法程序，强化立法解释和监督，使立法行为有章可循、有法可依；二是要提高立法的民主化和科学化程度，要坚持群众路线，广泛征求意见，充分反映民意，又要专家学者参与，将民意形成法律、法规和规章；三是法律的内容应融合道德，法律必须有一定的道德基础和目的；四是要把立法工作同党和国家改革、发展、稳定的重大决策紧密结合起来，更加自觉地服从并服务于党和国家工作的大局。

在执法方面，要进一步理顺现行行政执法体制，逐步实现条块结合、适当分权、便于执法、讲究实效，积极推行行政执法责任制，尽可能地解决一些政事不分、政企不分、层级职责不清和执法交叉过多等体制问题，使执法行为进一步规范化。

在法律监督方面，要根据新形势，不断探索行政执法监督的新形式和新路子，建立一整套有效的监督机制。不断加强对行政机关和各级领导干部的监督，把党组织、法律和人民群众的监督结合起来，确立领导干部自觉接受监督制约的观念，推行政务公开制度，保障依法行政的顺利实现。

第二章　文物行政执法的程序

一　行政执法程序

（一）　程序及行政程序立法

程序是指人的行为的表现形式，是行为过程的规定。

19 世纪以前，生产的社会程度不高，社会生活不复杂，因而国家对社会的管理比较简单，主要是进行事后监控，即司法监控。当时的政府奉行不乱不理的原则，所以被形象地称为守夜警察。这时的程序法就表现为诉讼法。19 世纪中叶以后，垄断资本主义形成，生产趋向高度社会化，社会生活也复杂起来，国家管理方式发生了重大变化：一是国家对社会事后监控逐渐转向事前事中监控，如对生产经营活动不只是经营者发生纠纷了或出现不法行为时才去管理；而是在事前事中就进行大量的许可、登记、监督、指导等；二是征管机关的数量剧增，并且由于要实现事中事前的管理，行政权对社会生活的影响比法院大；三是政府积极干预经济和社会生活成为现代社会运营机制的重要因素，离开政府管理，社会生活就会出现混乱，给社会带来不利影响。但是政府干预一方面形成和维护新的社会秩序，另一方面又会出现新专制，即政府本身侵害公民利益。在这种情况下，现代法制国家制定了大量的行政管理法律规范。这些法律规范不仅规定公民的实体权利义务，而且为满足公民要求政府行为公正，免受政府行为侵害，开始着手对行政程序进行规范。在这样的条件下，行政程序法就应运而生了。

德国是世界上最早出现行政程序法的国家。从1883年起，德国各邦便兴起了行政程序法典化的热潮。1883年普鲁士邦公布了《普鲁士邦行政法通则》，该法虽然不是以行政程序法命名，但就其内容而言，实质是行政程序法。1884年8月31日巴顿邦公布了《行政程序法》，1926年梯玉邻邦颁布了《行政法》，该法分为行政组织与行政程序两大部分。

奥地利是世界上最早在一个国家内完成行政程序法典化的国家。1867年12月21日奥地利通过国家基本法，其中确认了行政诉讼制度。其基本法第五条规定，"人民的权利因行政机关的处分或决定而受到侵害时，可在行政法院的公开言词辨认程序中，对行政机关的代表人提出请求"。在基本法的基础上，奥地利于1875年10月22日通过了《行政法院法》，正式确认了行政机关在实施行政行为时应当遵守行政程序的原则。该法第六条规定，"行政法院应当促使行政机关在其作出行政处分时应当遵循程序的重要形式"。此后，行政法院在审理行政诉讼案件时，亚欧大陆了一系列有关行政程序的判例，为以后制定行政程序法奠定了基础。1919年，奥地利共和国成立后，便着手制定行政程序法。1925年7月16日，奥地利国会最终通过了《普通行政程序法》。该法于1926年生效。在奥地利行政程序法的影响下，原捷克斯洛伐克、波兰、南斯拉夫、保加利亚、希腊等国纷纷进行行政程序立法，形成了历史上第一次行政程序立法高潮。

美国是一个典型的三权分立国家，在建国初期，行政机关不仅数量少而且权力有限。但是，随着社会的发展，行政管理事务越益专门化、技术化、复杂化，独立的管理机构也越来越多。自1887年设立第一个独立管理机构——州际贸易委员会以来，到20世纪初类似的行政管理机构已达数十个，至40年代达50多个。与此同时，管理机构权力日益膨胀（立法司法），行政人员大量增加，而在罗斯福新政期间推行了许多应急措施，这些应急措施虽然有利于应付经济危机，但因程序简单，行政侵权现象屡屡发生。为了保护人民权利，使行政权在合理的范围内行使，必须加强监督，而这种监督最有效的方式就是制定行政程序法。1937 年，根据罗斯福总统的命令，一个由六名法学教授、两名法官、三名律师组成的行政程序委员会，专门研究行政程序改革。经过长期努力形成了比较成熟的行政程序法案，1946 年 6 月 11 日由杜鲁门总统签署公布。在此影响下，奥地利、西班牙、德国、加拿大等国先后修改或制定本国行政程序法，从而形成了历史上行政程序立法的第二次高潮。

进入上世纪 90 年代后，行政程序立法出现了新一轮强劲发展趋势。葡萄牙于 1992 年、日本于 1993 年、韩国于 1996 年、我国澳门地区于 1994 年、台湾地区于 1999 年分别制定了行政程序法。这是第三次高潮。

我国行政立法也不断发展。1986 年的《治安管理处罚条例》、《国家赔偿法》、《行政复议法》、《行政处罚法》、《行政许可法》等均对行政程序作了规定，统一的行政程序立法也进入议事日程。特别是 1989 年制定的《行政诉讼法》第五十四条明确规定，违反法定程序的行政行为应当撤销，这对于提升全社会的程序意识、推动行政我国行政程序立法均具有十分重要的意义。

（二）行政执法程序及其原则

行政执法程序是指行政主体依特定的过程、步骤、顺序和方式执行国家法律的制度。实践中，行政执法行为具有多样性。相应地，不同执法行为在具体程序上也有所区别是，如行政处罚程序、行政许可程序、行政强制程序等等。当然，不同的行政执法程序也具有一定的共性，正因为如此，世界法治先进国家一般都进行了行政程序立法。

我国虽没有统一的行政程序法，但是《行政处罚法》、《行政许可法》、《行政强制法》、《行政复议法》等都对相应的行政行为规定了明确具体的程序规则。这些行政程序都遵循着行政程序法的一些最基本的原则，共用一些最基本的制度。

行政执法程序的基本原则即行政程序的基本原则，是指行政机关在实施行政行为的过程中，在程序上所应遵循的基本原则。现代行政程序法律制度最初源于英国的"自然公正"和美国的"正当法律程序"原则。人们对于行政程序及行政程序法的理论和实践的认识不同，导致对行政程序的基本原则的具体内容的理解各异。

自然公正原则是英国普通法上的一个十分古老的原则，其具体内容虽然在不同时代有所不同，在具体适用上也有很大灵活性，但其最根本的程序规则有两大内容：一是听取对方意见的原则，即任何个人或组织、团体在行使其有关权力可能使他人受到不利影响时必须听取对方意见，对方有权为自己辩护。二是自己不能做自己案件法官的原则，即任何个人或组织、团体都不能做自己案件的法官，遇到与自己有关的案件必须回避。

由于美国与英国之间的渊源关系，美国法律体系的基本结构和概念基本是由英国法律传统所决定的。英国普通法的核心内容是自然公正原则，在美国则直接延伸表现为"正当法律程序"原则。他有两方面内容：实质的正当法律程序和程序的法律正当程序。前者要求国会制定的法律必须符合公平正义，否则法院将宣告无效；后者要求一切权力的行使，在剥夺私人的生命、自由、财产时，必须听取当事人的意见，当事人有要求听证的权利。

从各国行政程序立法来看，各国对于行政程序法所确立的原则有程序法定、公开、公正、合理、听证、参与等作为行政程序法的原则，这些原则中有些是整个行政法的原则，有些是行政程序中的制度。普遍共识的基本原则有：程序公正原则、相对方参与原则、效率原则。

程序公正的原则。法律的正义只有通过公正的程序才能得到真正的实现。因为，公正的程序是正确认定事实，正确选择和适用法律，从而作出正确判断的根本保证。因此，程序公正的原则是现代行政程序的起码要求，是现代行政民主化的必然要求。程序公正的原则要求行政程序在实施行政行为的过程中，必须在程序上平等对待各方当事人，必须排除各种可能导致不平等或不公正的因素。

相对人参与的原则。相对人参与原则是指行政相对人在程序上有了解并被告知有关自己权益的行政行为的权利。相对人参与原则，必须包括行政程序公开的内容，因为不公开便谈不上参与。行政法的终极目的在于保护行政相对人的合法权益，保证行政权的公正行使。所以，相对人原则的确立和贯彻实施，是这一终极目的得以实现的保障条件之一。

效率原则。效率原则是指行政程序的设立与采取应有利于行政效率的实现。因为，行政活动的主要目的是为了实现公共利益，因而无论是实体性的还是程序性的，有关行政行为的规定，都必须在保障相对人合法权益和确保行政公正合理的同时，尽可能有利于行政效率的提高。

（三）行政执法程序的基本制度

从各国行政程序立法来看，行政执法程序的基本制度主要有信息公开制度、告知制度、听取陈述制度和申辩、职能分离制度、不单方接触制度、回避制度、合议制度、说明理由制度、时效制度等。

信息公开的内容非常广泛，包括行政法规、规章、行政决定及行政机关据以作出行政处理决定的有关材料，行政资料，行政机关的工作制度，办事规则及手续等。上述材料中，凡是涉及相对人权利义务的，只要不属于法律法规规定应予保密的范围，都应当依法向社会公开，任何公民、法人和其他组织都可以复制。信息公开的目的在于便于公众参与事务，便于公众保护自己权利，便于公众监督公权力的行使。

告知制度的基本要求是，行政主体作出影响相对人权益的行为，应当事先告知该行为的内容，包括行政行为的时间、地点、主要过程，作出该行为的事实根据和法律依据，相对人依法享有的权利等。告知通常只适用于具体行政行为，而抽象行政行为则通过信息公开制度。告知制度体现公权力对公众的尊重，有利于防止违法行为的发生，提高行政行为可接受性。

听取陈述和申辩是在行政机关在告知相对人后，相对人对拟作出的行政行为可能有异议，行政机关应当认真记录相对人的陈述，实事求是地予以取舍，以保证行政机关兼听兼信。陈述申辩制度体现了对相对人尊重和重视，有利于提高行政处理决定的正确性。

职能分离制度。职能分离有广义、狭义之分。广义的职能分离指行政机关的不同工作因其性质的不同而必须由不同的部门或人员来完成，以避免因职能合并而导致的主观臆断和偏见。狭义的职能分离即典型的职能分离，指行政机关在作出行政决定或举行审判式听证时，其机构和人员不能从事与裁决和听证行为不相容的活动，以保证裁决和听证的公平。这种不相容的活动常指对案件的追诉活动及对追诉事项进行事先调查的活动。追诉活动、追诉前的调查活动以及主持听证和裁决活动不能集中于一个人或机构。职能分离的意义在于使行政机关内部建立起相互制约的机制，从而有利于遏制腐败，有效防止权力过于集中所造成的弊端。这种职能分离制度源自自然公正原则中"当事人不能为自己案件的法官"的原则，是英美普通法上的传统制度，其用意在于使行政机关内部建立起相互制约的机制，从而有利于遏制腐败，防止因为权力过于集中所造成的行政专制主义。然而由于行政机关活动所需要的知识性、专业性、效率性，事无巨细的一律实行职能分离原则，不仅会导致行政机关失去活力、社会利益受到影响，而且事实上也无法做到。因此这只能是行政程序法对重要行政行为的原则性要求。

不单方接触制度。不单方接触的含义是现代行政程序中的一项重要规则，是指行政机关在处理两个以上行政相对人、具有相互排斥利益的事项时，不能在一方当事人不在场的情况下单独与另一方当事人接触，听取其陈述、接受其证据材料的制度。设立该制度的目的在于：防止行政机关及其工作人员受一方当事人虚假陈述的影响形成偏见，作出对其他当事人的不利决定而损害其合法权益。不单方接触对于平等维护双方当事人、利害关系人利益，维护程序的正当性和行政机关的威望具有重要作用。如美国《联邦行政程序法》第五百五十七条对该规则做出了规定。不单方接触的主体是对行政事项的决定有影响力的行政公务人员，以及对这些行政公务人员有影响力的行政机关外的任何利害关系人，包括行政公务人员的配偶、亲属等。这种制度主要适用于行政机关的行政调解行为、行政仲裁和行政裁决行为过程。因为在这种三方关系中，需要的是当面举证、质证和认证，或进行"阳光"作业。增加透明度和公开性，所以这一制度的设立是公开原则、公正原则的具体要求和体现。

回避制度。利害关系人必须回避，是各国普遍采用的一项法律原则。在行政程序中，同行政相对人或行政事项有利害关系的公务员必须避免参与有关行政行为，以确保行政行为形式上的公正性。我国《行政处罚法》第三十七条明确规定，在行政机关调查或者进行检查取证时，"执法人员与当事人有直接利害关系的，应当回避"。执法人员与当事人有直接利害关系的，应当回避。如果执法人员与当事人有直接利害关系，就可能自觉或不自觉地偏袒一方，或者先入为主，不能实事求是地秉公执法，无法公正地处理案件，如果执法人员与当事人有直接利害关系而不回避，仍然参加案件的调查取证，参与作出行政处罚决定，那么，即使该执法人员素质较高，能够排除个人私利的干扰，实事求是，有法必依，执法必严，确实做到全面、客观、公正地调查取证，严格按照违法事实和法定依据作出行政处罚决定或不予行政处罚的决定，从实体法的角度来看，是无可非议的；但若以程序法的原理分析，由于其欠缺公正的"外观"，因而难以消除当事人与一般民众对该执法人员的怀疑，从而影响调查取证和违法事实认定以及行政处罚决定的权威性。实行回避制度，对于防止执法人员碍于亲情困扰而不公正地处理案件以及消除当事人的思想疑虑，使执法人员取信于民，提高政府威信，都具有重要的意义。因此，与当事人有直接利害关系的执法人员应当回避。这是一种羁束性义务规定，执法人员应主动要求回避。若执法人员不主动要求回避，当事人有权提出要求回避的请求。

合议制度。行政的层级性，决定了行政首长负责制更有利于行政事务的有效推行。但是，对于某些重大的问题，特别是有关专业性强、技术性要求较高的事务，或者公共性极强的问题，应由若干公务员组成一定的会议或委员会，以合议的形式作出行政行为。只有这样，才能确保行政行为实际上的公正性。行政处罚，既是一个行政程序的问题，同时又是一个行政实体的问题。特别是对情节复杂或者重大违法行为给予较重的行政处罚，往往直接而严重地触及违法行为人的重大实体性权利。从充分保障行为人合法权益并维护法律的权威性和严肃性的角度考虑，必须根据调查取证过程中所认定的事实和行为后果，严格依法作出有关判断。为了避免偏见或个别人的臆断，对情节复杂或者重大违法行为给予较重的行政处罚，行政机关的负责人应当集体讨论决定。只有经行政机关的负责人集体讨论后作出给予较重的行政处罚决定，才是合法有效的决定；某负责人独自作出的有关决定，即使在违法事实的认定及适用法律方面是正确的，也是"违反法定程序"的具体行政行为，难以产生预期的法律效果。我国《行政处罚法》第三十八条规定，对情节复杂或者重大违法行为给予较重的行政处罚，行政机关的负责人应当集体讨论决定。

说明理由制度。行政行为说明理由，是指行政主体在对行政相对人做出影响其合法权益的行政决定时，除法律有特别规定外，必须向行政相对人说明其做出该行政行为的事实因素、法律依据以及进行自由裁量时所考虑的政策、公益、形势、习惯等因素。这项制度的本质是对行政行为利害关系人知情权的尊重，并通过为行政主体设定一项程序性的理由说明义务来保障。行政主体作出涉及相对人权益的决定、裁决，特别是作出对相对人权益有不利影响的决定、裁决时，必须在决定书、裁决书中说明其事实根据、法律根据或行政主体的政策考虑。除了具体行政行为以外，行政机关在制定行政法规、规章或发布其他规范性文件时，在可能的条件下，也应在有关的政府公报中说明其事实根据和法律依据。在英国，说明理由被视为行政正义的一个基本要素，韦德教授认为给予决定的理由是正常人的正义感所要求的，是所有对他人行使权力的人的一条健康的戒律。行政机关如果不对这种理由作出说明，就会使得行政权力的行使趋于草率、专横，当事人也就无法明白其理由及行政机关所执行的法律政策的意义，不利于法律和政策的顺利实施。正如美国行政法学者伯纳德·施瓦茨所说："最能证实法治和确保行政争议公正解决的……是一个行政决定应由有关该决定的事实和所基于的理由的陈述所支持。"这充分说明行政决定的理由不仅有助于限制自由裁量权力的恣意行使，促进合理、谨慎行政，而且有助于行政决定的可靠性、稳定性，也有助于法院进行司法审查。在法律规定上，各国行政程序法对此都作出了规定。如德国《联邦行政程序法》第三十九条规定、日本《行政程序法》第八条、第十四条、英国的《行政裁判所和调查法》、奥地利普通行政程序法第五十八条、法国的《行政行为说明理由和改善行政机关与公民关系法》第一条、第三条，美国《联邦行政程序法》第五百五十五条（五）款、第五百五十七条都规定了行政决定必须说明理由。此外我国的台湾地区《行政程序法》第五十九条、第九十二条，澳门地区的《行政程序法》均规定了说明理由的内容。我国《行政许可法》第三十八条第二款规定："行政机关依法作出不予行政许可的书面决定的，应当说明理由，并告知申请人享有依法申请行政复议或者提起行政诉讼的权利。"《行政处罚法》第三十一条规定："行政机关在做出行政处罚决定之前，应当告知当事人做出行政处罚决定的事实、理由及依据，并告知当事人依法享有的权利。"否则，行政处罚决定不能成立（第四十条），而且行政处罚决定书还应当载明当事人违反法律、法规或者规章的事实和证据以及行政处罚决定的种类和依据（第三十九条）。从《行政复议法》和《行政诉讼法》的内容看，在审查具体行政行为的合法性的时候，也要审查行政机关作出的行政行为是否有充分的事实根据和法律依据，要审查行政机关是否遵循了法定程序。在实践中也有大量的行政行为因为违反法定程序（没有告知理由）而被撤销或认定为无效。特别值得一提的是，在我国近年的立法中除了规定行政机关在作出具体行政行为的时候应当说明理由外，还规定了行政机关在制定行政法规和行政规章的过程中，也要遵循说明理由的制度。如 2002 年国务院颁布的《行政法规制定程序条例》第十三条、第十六条，《规章制定程序条例》第十条、第十五、第十六、第十七条就有详细的规定。这些规定要求行政法规或规章的起草部门应当对送审稿作严格的立法说明，包括立法的必要性，确立的主要制度，各方面对送审稿的不同意见，征求有关机关、组织和公民意见的情况等。

时效制度。时效制度是指行政行为的全过程或其各个阶段受到法定时间限制的程序制度。时效制度是行政过程效率原则和保障公民权益原则的体现。为了保证行政活动的高效率和有效实现当事人合法权益，行政过程的各个环节都应当有时间上的限制。如超过法定期限，就会产生相应的法律后果。时效制度主要是针对行政机关规定的，因为它可以有效地遏制行政机关中的官僚主义作风和办事拖拉的不良习惯，可以更快地以明确、具体的期限约束行政权力的行使，防止行政权力的滥用。例如，行政相对人依法提出某种许可申请后，行政机关必须在法定的期限内予以答复。否则，行政相对人就可以以行政机关不作为为由申请行政复议或提起行政诉讼。时效制度也适用于行政相对人，如行政相对人不在法定期限内申请复议或提起行政诉讼，就丧失了获得相应救济的权利。各国行政程序法无论奉行何种目标模式，时效均是不可缺少的重要内容。我国现行法律、法规中有关时效制度的规定尚有不少缺陷，如过分侧重行政主体的便利，缺少严格、合理的时效规定，更为重要的是缺少对违反时效的法律后果及其法律责任的规定，容易使时效制度流于形式，形同虚设。时效制度包含两方面的要求：一是行政主体在法定期限内如不行使职权，在法定期限届满后不得再行使，同时应承担相应的行政责任；二是行政相对人在法定期限内如不行使权利，即丧失了相应的权利，并承担相应的法律后果。我国行政立法，应当注意对行政过程中行政主体与行政相对人双方的行为均作出时间上的限制，这样既有利于行政过程的顺利展开，也有利于保护行政相对人的合法权益。

二　文物行政执法程序的基本要求

　　文物行政执法程序是文物行政执法部门履行法定职责、执行国家文物保护法律法规所遵循的过程、顺序和方式的总称，是整个文物行政程序的有机组成部分。从文物行政执法内容来看，主要涉及行政处罚、行政许可、行政复议、行政强制等行为，其中尤以行政处罚为主。例如，在文物行政处罚过程中，文物行政执法机关应当严格遵守《行政处罚法》及《文物行政处罚程序暂行规定》的相关要求；在行政许可过程中，应当严格依照《行政许可法》设定的程序；在实施行政强制时，必须严格遵守《行政强制法》的相关规定。由于在文物行政执法过程中，行政处罚是最主要的执法行为，以下将以行政处罚程序为例，重点讨论文物行政执法程序的基本要求和具体内容。根据《行政处罚法》、《行政许可法》、《行政强制法》及《文物保护法》的规定，文物行政执法程序有以下几方面的基本要求。

（一）　管辖规则

　　行政法上的管辖是指不同地域、不同级别、不同性质的行政机关履行法定职责的界限。也就是税，管辖所解决的是由什么地方、具备什么职能的哪一级机关来处理相应的行政管理问题。主要包括地域管辖、级别管辖和职能管辖等。

　　地域管辖解决的是文物行政执法中，不同地方的文物执法部门的权限分配问题，亦即对于某一个具体文物执法事务，应当由何地的文物执法部门去处理。对此，我国行政法确立了"属地管辖"的规则。例如，《行政处罚法》第二十条规定，"行政处罚由违法行为发生地的县级以上地方人民政府具有行政处罚权的行政机关管辖。法律、行政法规另有规定的除外"。即对于文物违法行为查处，由"违法行为发生地"的机关管辖。

　　级别管辖解决是同一地区不同级别的文物执法部门的权限分配问题，亦对于某一地区的文物执法事务，应当由该哪一级的政府部门来处理。对此，我国行政法确立的基本规则是以县级人民政府职能部门管辖为原则。例如，根据《行政处罚法》第二十条规定，行政处罚是由"县级以上"地方文物行政执法机关管辖。当然，最终由哪一级机关来管辖还必须依据单行法律、法规的规定。

　　职能管辖解决是横向的行政机关之间权限划分，即在政府系统中，对某一具体行政事务究竟应当由政府的哪一个部门来处理。由于行政管理事务极其复杂，因而行政系统内部一般都存在明确的分工，不同性质的行政机关分别处理属于自己职责权限范围内的行政事务。换句话说，在文物行政执法中，只能由文物行政主管部门或其委托的部门来行使相关文物执法权力，其他机关没有法律规定或者委托，均不能染指文物行政执法。《文物保护法》第八条规定，"地方各级人民政府负责本行政区域内的文物保护工作。县级以上地方人民政府承担文物保护工作的部门对本行政区域内的文物保护实施监督管理"。"县级以上人民政府有关行政部门在各自的职责范围内，负责有关的文物保护工作"。

　　上述三种管辖规则基本解决实践中对于行政执法事务的分工，但是由于现实的复杂，实践中还有可能出现两个或两个以上的行政机关均有管辖权的情形，这就是管辖权的积极冲突。对此，《行政处罚法》第二十一条规定，"对管辖发生争议的，报请共同的上一级行政机关指定管辖"，即两个以上行政机关对行政处罚管辖权发生争议时，应当由其共同的上一级行政机关指定管辖。此外，法律、行政法规对管辖权问题也有可能作出例外性规定，这时应当以该例外规定为准。

（二）　最低限度的公正处理程序

　　在文物行政执法中，行政处罚不仅是一项经常使用的行政管理手段，而且具有极强的专业性。在《行政处罚法》的基础上，文化部出台了《文物行政处罚程序暂行规定》，对文物行政处罚过程中可能的特殊性作出了有针对性的规定，以适应文物行政执法的要求。根据《行政处罚法》的规定，无论什么类型的行政处罚案件，也无论是何种行政机关作出的行政处罚决定，都必须遵循某些公认的基本程序规定。根据该法的规定，这些最低限度的公正处罚程序主要包括以下三个方面：

第一，查明事实再处罚。《行政处罚法》第三十条规定，"公民、法人或者其他组织违反行政管理秩序的行为，依法应当给予行政处罚的，行政机关必须查明事实；违法事实不清的，不得给予行政处罚"。该条规定是针对所有的行政处罚行为而言的，不论是轻微的类似于警告的处罚，还是严重的类似于拘留的处罚，都必须遵循"先查清事实，后实施处罚"的基本规则。可以说，查明事实是维系行政处罚决定合法性、公正性及其可接受性的前提，如果没有事实或者事实不清，行政机关就不能作出处罚决定。具体来说，该项规则有三方面的要求：（1）行政机关对于需要给予行政处罚的违法行为，应当全面查清事实真相；（2）经调查取证后，所认定的主要违法事实应当是清楚的；（3）已经查清的违法事实应当作为实施处罚的唯一事实根据。

对于上述要求，《行政许可法》也作出类似的规定。《行政许可法》第三十四条第二款规定，"根据法定条件和程序，需要对申请材料的实质内容进行核实的，行政机关应当指派两名以上工作人员进行核查"。第三十六条规定，"行政机关对行政许可申请进行审查时，发现行政许可事项直接关系他人重大利益的，应当告知该利害关系人。申请人、利害关系人有权进行陈述和申辩。行政机关应当听取申请人、利害关系人的意见"。

第二，作出行政处理决定前进行告知。《行政处罚法》第三十一条规定："行政机关在作出行政处罚决定之前，应当告知当事人作出行政处罚决定的事实、理由及依据，并告知当事人依法享有的权利。"这是该法关于行政机关告知义务的规定。在现代行政程序法上，告知是行政主体所负有的一项基本义务。告知对于保障行政相对人及时参与行政程序进而有效维护其合法权益具有重要的价值。这是因为，现代民主政治的精髓是民主参与，离开了公民对国家政治生活的实际参与，民主本身就只能是一种骗局。同样的，在行政法上，如果没有行政相对人对各种行政事务的积极参与，民主行政便会沦为空谈。然而，参政的前提是知政。如果相对人不了解行政的运作过程，甚至连关系到自己切身利益的行政决定的作出都不清楚，那么相对人的诸多权利就根本得不到维护。因此，行政主体在作出行政决定尤其是不利行政决定之前必须将有关事项及时、全面地告诉行政相对人，以便为其实际参与行政程序、维护自身权益提供条件。根据《行政处罚法》的上述规定，告知主要涉及三个基本问题：（1）告知的内容，具体包括行政处罚的事实根据、法律依据、基本理由、处罚结论以及被处罚人所享有的各种权利。（2）告知的对象，主要是指被处罚人。（3）告知的时间，即应当在行政处罚决定正式作出之前进行告知。

《文物行政处罚程序暂行规定》第三十一条规定，"文物行政部门拟作出行政处罚决定的，应当由本部门负责人签发行政处罚告知书。行政处罚告知书应当载明拟作出行政处罚决定的事实、理由和依据，并告知当事人依法享有的陈述权、申辩权和其他权利"。《行政强制法》第十八条规定，实施行政强制措施时，应当"当场告知当事人采取强制措施的理由、依据以及当事人依法享有的权利、救济途径"；第二十五条规定，"行政机关作出强制执行决定前，应当事先催告当事人履行义务。催告应当以书面形式作出，并载明下列事项……"，等等。

第三，认真地听取意见。《行政处罚法》第三十二条规定："当事人有权进行陈述和申辩。行政机关必须充分听取当事人的意见，对当事人提出的事实、理由和证据，应当进行复核；当事人提出的事实、理由或者证据成立的，行政机关应当采纳。行政机关不得因当事人申辩而加重处罚。"这便是该法关于行政机关听取意见义务的规定。听取意见最早源于英美普通法上的自然公正原则。自然公正原则有两项基本的程序法则，其中首要的规则就是"听取对方的意见"，即"任何人或者团体在行使权力可能使别人受到不利影响时必须听取对方意见，每个人都有为自己辩护和防卫的权利"[1]。可见，听取意见就是指行政主体在行使行政职权作出对行政相对人不利的行政决定之前，负有充分听取相对人陈述和辩解的程序性义务。很显然，在现代民主理念之下，吸收民众广泛参与行政活动、充分听取民众的意见已经成为政府施政的重要环节。听取意见不仅体现了对行政相对人的人格尊重和参与权的关怀，而且还能有效地避免行政偏私，进而提高行政决定的科学性、合理性和可接受性。根据《行政处罚法》的上述规定，听取意见主要涉及两个基本问题：（1）听取意见的内容，具体包括当事人的陈述和申辩，前者是指当事人就案件所涉及的基本事实向行政机关所作的肯定性及否定性的陈述；后者是指当事人针对行政机关的不利指控所进行的反驳。（2）听取意见中的义务，具体包括复核、采纳及禁止加重处罚义务，前者表明行政机关不但要"认真倾听"，而且还要"充分汲取"；后者是指行政机关不得搞"态度罚"。

《文物行政处罚程序暂行规定》第三十二条规定，"当事人要求陈述、申辩的，应当在收到行政处罚告知书后 3 日内，向文物行政部门提出陈述、申辩意见以及相应的事实、理由。当事人在此期间未行使陈述权、申辩权的，视为放弃权利。当事人放弃权利的，由文物行政部门负责人签发行政处罚决定书，并送达当事人"。第三十三条规定，"案件承办人应当充分听取当事人的陈述、申辩意见，对当事人提出的事实、理由进行复核，并向文物行政部门负责人提交复核报告"。"案件承办人不得因当事人的申辩加重对当事人的处罚"。

（三）　案件移送和行刑折抵规则

这主要是行政处罚中的程序规则。由于行政违法与犯罪之间往往并不存在十分清晰的界限，因而在实践中经常会出现行政机关在处理行政违法案件

---

[1]　王名扬：《英国行政法》，中国政法大学出版社 1987 年版，第 152 页。

时发现相对人的行为可能已构成犯罪的情形。行为是否构成犯罪应当由司法机关根据刑事诉讼程序进行最终认定，因而行政机关必须及时将案件移送司法机关处理。为此，《行政处罚法》第二十二条规定："违法行为构成犯罪的，行政机关必须将案件移送司法机关，依法追究刑事责任。"《行政处罚法》第二十八条规定："违法行为构成犯罪，人民法院判处拘役或者有期徒刑时，行政机关已经给予当事人行政拘留的，应当依法折抵相应刑期。违法行为构成犯罪，人民法院判处罚金时，行政机关已经给了当事人罚款的，应当折抵相应罚金。"

（四）　裁量规则

诚如学者所言，行政法的精髓在于裁量，裁量的本质就是根据自己的理解作出判断和处置①。在行政执法领域，正是广泛存在的裁量性，才使得行政执法成为必要。例如，在行政许可中，行政机关可以根据自己对申请人材料的分析，作出是否准予行政许可的决定；行政处罚机关可以根据自己对行政相对人违法情节轻重、社会危害程度大小等因素的考虑，最终作出与此相适应的处罚决定。就行政处罚而言，裁量规则主要包括两个方面：第一，不予处罚规则。具体来说，在下列四种情形下，不得给予处罚：不满十四周岁的人有违法行为的；精神病人在不能辨认或者不能控制自己行为时有违法行为的；违法行为轻微并及时纠正，没有造成危害后果的；违法行为超过追诉时效的。第二，从轻或者减轻处罚规则。具体来说，在下列几种情形下，从轻或减轻处罚：已满十四周岁不满十八周岁的人有违法行为的；当事人主动消除或者减轻违法行为危害后果的；受他人胁迫有违法行为的；配合行政机关查处违法行为有立功表现的；其他依法从轻或者减轻行政处罚的。

---

① 杨建顺：《行政裁量的运作及其监督》，《法学研究》2004 年第 1 期。

（五）执行规则

行政机关作出行政处理决定之后必须要得到执行，否则，行政管理秩序无法得到保证，最终也不利于维护相对人的合法权益，这一点在行政处罚中最为突出。为此，《行政处罚法》辟专章规定了执行问题，其主要内容包括以下三个方面：

执行的一般原则。《行政处罚法》首先就处罚决定执行的一般原则作了规定，这些原则主要包括三项内容：（1）当事人自觉履行。该法第四十四条规定："行政处罚决定依法作出后，当事人应当在行政处罚决定的期限内，予以履行。"从行政行为的效力原理来看，一个行政行为一旦生效，其所设定、变更或消灭的权利义务关系开始作用于相对人，即相对人自行政行为生效时起即开始享有相应的权利或者应当履行相应的义务①。具体就行政处罚而言，当行政处罚决定书已经送达到当事人之后，即开始生效，当事人就必须自觉履行，实现行政处罚的全部内容。（2）争讼不停止执行。该法第四十五条规定："当事人对行政处罚决定不服申请行政复议或者提起行政诉讼的，行政处罚不停止执行，法律另有规定的除外。"个中原因在于，行政处罚行为的公定力及执行力并不因当事人提起争讼而产生影响。（3）罚与缴相分离。该原则包含罚缴机构分离和收支两条线等两方面内容。

强制执行的措施。如果当事人逾期仍然不履行行政处罚决定的，作出行政处罚决定的行政机关就可以采取相应的措施迫使当事人履行或者达到与当事人履行相同的状态。根据《行政处罚法》第五十一条的规定，行政处罚机关可以采取以下三类强制措施：（1）到期不缴纳罚款的，每日按罚款数额的百分之三加处罚款；（2）根据法律规定，将查封、扣押的财物拍卖或者将冻结的存款划拨抵缴罚款；（3）申请人民法院强制执行。

---

① 章志远：《行政行为效力论》，中国人事出版社 2003 年版，第 133 页。

　　罚款的收缴规则。鉴于罚款是最常见的一种处罚手段，因而《行政处罚法》还专门就罚款的收缴规则作了规定，其具体内容包括：（1）严格限制行政机关自行收缴罚款的范围。根据该法第四十六条的规定，除了少数情况下可以当场收缴罚款以外，作出行政处罚决定的行政机关及其执法人员不得自行收缴罚款。一般来说，当场收缴罚款只适用于下列四种情形：依法给予二十元以下的罚款的；当场作出处罚决定，如不当场收缴事后难以执行的；在边远、水上、交通不便地区，罚款决定做出后，当事人向指定的银行缴纳罚款确有困难，经当事人提出的。（2）当事人拒绝当场缴纳罚款。为了限制行政处罚权的恣意行使，根据该法第四十九条的规定，行政机关及其执法人员在当场收缴罚款时，如不向当事人出具省、自治区、直辖市财政部门统一制发的罚款收据的，当事人有权拒绝缴纳罚款。（3）罚款上缴国库。根据该法第四十六、五十条的规定，无论是当事人到指定的银行缴纳罚款的，还是行政执法人员当场收缴罚款的，最终都必须由银行将罚款直接上缴国库。（4）暂缓、分期缴纳罚款。根据该法第五十二条的规定，当事人确有经济困难，需要延期或者分期缴纳罚款的，经当事人申请和行政机关批准，可以暂缓或者分期缴纳。（5）罚与缴相分离。具体为：一是罚缴机构分离，该法第四十六条第一款明确规定："作出罚款决定的行政机关应当与收缴罚款的机构分离。"二是收支两条线，该法第五十三条第二款规定："罚款、没收违法所得或者没收非法财物拍卖的款项，必须全部上缴国库，任何行政机关或者个人不得以任何形式截留、私分或者变相私分；财政部门不得以任何形式向作出行政处罚决定的行政机关返还罚款、没收的违法所得或者返还没收非法财物的拍卖款项。"

　　《行政处罚法》确立的行政处罚规则很多也都得到了《行政强制法》的确认。例如该法第九条对查封、扣押等行政强制措施的确认，第十二条对代履行的确认，第三十九条有关执行中止的规定，第四十六条有关查封、扣押财物依法拍卖抵缴罚款的规定，都可视为是对行政处罚法相关规定的再次确认。

（六）　时效规则

时效制度是一项重要的法律制度，其主要目的在于维护社会秩序的稳定性。我国的《行政处罚法》主要规定的是处罚的追诉时效制度。根据该法第二十九条的规定，除非法律另有特殊规定，违法行为在两年内未被发现的，不再给予行政处罚；其中，"两年"是从违法行为发生之日起计算的，如果违法行为有连续或者继续状态的，则从行为终了之日起计算。也就是说，行政相对人的违法行为只要没有被行政机关"发现"，那么自该行为发生之日起两年后，行政机关纵使发现了也不得对相对人给予处罚。当然，如果法律对处罚追诉时效有特别规定，则从其规定。《行政许可法》对时效规定更为广泛具体，如第三十二条第一款第（四）项规定，"申请材料不齐全或者不符合法定形式的应当当场或者在5日内一次告知申请人需要补正的全部内容的，自收到申请材料之日起即为受理；逾期不告知的，自收到申请材料之日起即为受理"，第四十二条规定，"除可以当场作出行政许可决定的外，行政机关应当自受理行政许可申请之日起20日内作出行政许可决定。20日内不能作出决定的，经本行政机关负责人批准，可以延长10日，并应当将延长期限的理由告知申请人。但是，法律、法规另有规定的，依照其规定"。"依照本法第二十六条的规定，行政许可采取统一办理或者联合办理、集中办理的，办理的时间不得超过45日；45日内不能办结的，经本级人民政府负责人批准，可以延长15日，并应当将延长期限的理由告知申请人"。

三　文物行政执法程序的具体内容

在现代社会，行政程序的价值是多元的，因而行政程序的设计也应当是多元化的。正如美国学者盖尔·霍恩所言："行政程序的根本政策问题就是如何设计一种制约制度，既可最大限度地减少官僚武断和超越权限的危险，又可保持行政部门需要的有效采取行动的灵活性。"① 值得关注的是，虽然我国统一的行政程序法尚未出台，但学界及立法机关机关已经对此倾注了大量心血，尤其是近些年来的行政单行立法，已经将行政程序作为相关单行的重要内容加以规定。从《行政处罚法》、《行政许可法》、《行政强制法》等立法来看，我国行政执法的程序具有简易程序、一般程序及听证程序等。这种行政程序的繁简分流不仅体现了较高的守法技术，而且还折射出行政程序观念的巨大变迁，对我国未来统一行政程序法典的制定工作具有重要的启示意义。

（一） 简易程序

简易最早出现在《行政处罚法》，该法第三十三、第三十四条对行政处罚的简易程序作了详细规定。简易程序的适用体现了行政经济、效率的要求，对于维护行政相对人的合法权益也具有积极的作用。道理很简单，对于事实十分清楚的交通违章警告、小额罚款等处罚，如果适用极为复杂的程序，不仅会白白浪费行政资源，大大降低行政管理的效率，而且还会给行政相对人造成不必要的麻烦。当然，行政主体适用简易程序当场作出处罚决定并不意味着就可以不遵守行政程序，只不过是省略了普通行政处罚程序中的某些步骤而已。行政处罚的简易程序主要涉及两个基本问题：一是简易程序的适用范围。一般来说，简易程序主要适用于那些事实清楚、情节简单、争议不大，且对行政相对人权益影响程度较低的行政处罚。根据《行政处罚法》第三十三条的规定，简易程序的适用应当符合下列三条件：违法事实确凿；有法定依据；对公民处以五十元以下、对法人或者其他组织处以一千元以下罚款或者警告的行政处罚的。二是简易程序的基本步骤。一般情况下，

① ［美］盖尔·霍恩著，黄列译：《行政法和行政程序法概要》，中国社会科学出版社1996年版，第2页。

适用简易程序处罚的需要遵循以下几个步骤：表明身份；告知有关事项；听取当事人陈述和申辩；当场填写格式行政处罚决定书并交付当事人；报所属行政机关备案。

《行政许可法》第三十四条第二款规定，"申请人提交的申请材料齐全、符合法定形式，行政机关能够当场作出决定的，应当当场作出书面的行政许可决定"。这实质上就是行政许可中的简易程序。

（二）一般程序

一般程序也可称为普通程序，大多数案件都需要适用普通程序。结合我国《行政处罚法》的规定来看，一般程序主要包括以下几个步骤：（1）立案。尽管《行政处罚法》没有对立案作任何规定，但从行政处罚程序的发展进程来看，立案是行政处罚程序开启的标志。只有经行政机关正式立案之后，才有可能作出最终的处罚决定。从案件的来源上看，既可能是基于公民的举报、受害人的控告或违法行为人的自首，也可能是基于行政机关的主动发现或其他机关的移送。（2）调查取证。自立案以后，要想推动行政处罚程序的进展，行政机关就必须及时进行调查取证工作，以便在全面掌握案件事实真相的基础之上作出最终的决定。可见，调查取证在整个行政处罚程序中居于"承上启下"的特殊位置。正如德国行政法学者毛雷尔教授所言："调查原则具有决定性的意义，因为拟作出行政行为的合法性取决于对案件事实的合法的和深入的调查。"① 为了有效地规范行政调查权的行使，《行政处罚法》对调查取证作了一定的限制性规定：①调查的基本原则。行政机关的调查应当遵循全面、客观、公正等原则，不能仅以一己主观喜好或者是否有利于作出最终的处罚决定为标准而"片面"地进行调查。②调查的基本方式。根据该法第三十七条的规定，调查取证的主要方式有检查、询问、抽样及证

---

① ［德］毛雷尔著，高家伟译：《行政法总论》，法律出版社2000年版，第466页。

据的登记保存等。③调查的程序规则。主要包括：调查之前向当事人或者有关人员出示证件；调查人员不得少于两人；调查人员与当事人有直接利害关系必须回避；询问或者检查应当制作笔录。（3）作出决定，在调查终结之后，行政机关负责人应当对调查的结果进行审查，并根据不同情况分别作出如下决定：①确有应受行政处罚的违法行为的，根据情节轻重及具体情况，作出行政处罚决定；②违法行为轻微，依法可以不予行政处罚的，不予行政处罚；③违法事实不能成立的，不得给予行政处罚；④违法行为已构成犯罪的，移送司法机关。（4）送达决定书。根据该法第四十条的规定，行政处罚决定书应当在宣告后当场交付当事人；当事人不在场的，行政机关应当在7日内依照《民事诉讼法》的有关规定，将行政处罚决定书送达当事人。

《行政许可法》第四章规定，行政许可的一般程序包括申请、受理、审查、决定等。第二十九条规定，"公民、法人或者其他组织从事特定活动，依法需要取得行政许可的，应当向行政机关提出申请。公民、法人或者其他组织从事特定活动，依法需要取得行政许可的，应当向行政机关提出申请"。"申请人可以委托代理人提出行政许可申请。但是，依法应当由申请人到行政机关办公场所提出行政许可申请的除外"。"行政许可申请可以通过信函、电报、电传、传真、电子数据交换和电子邮件等方式提出"。第三十二条规定，"行政机关对申请人提出的行政许可申请，应当根据下列情况分别作出处理：（一）申请事项依法不需要取得行政许可的，应当即时告知申请人不受理；（二）申请事项依法不属于本行政机关职权范围的，应当即时作出不予受理的决定，并告知申请人向有关行政机关申请；（三）申请材料存在可以当场更正的错误的，应当允许申请人当场更正；（四）申请材料不齐全或者不符合法定形式的应当当场或者在5日内一次告知申请人需要补正的全部内容的；逾期不告知的，自收到申请材料之日起即为受理；（五）申请事项属于本行政机关职权范围，申请材料齐全、符合法定形式，或者申请人按照本行政机关的要求提交全部补正申请材料的，应当受理行政许可申请"。"行政机关受理或者不予受理行政许可申请，应当出具加盖本行政机关专用印章和注明日期的书面凭证"。第三十四条规定，"行政机关应当对申请人提交的申请材料进行审查"。"申请人提交的申请材料齐全、符合法定形式，行政机关能够当场作出决定的，应当当场作出书面的行政许可决定"。"根据法定条件和程序，需要对申请材料的实质内容进行核实的，行政机关应当指派两名以上工作人员进行核查"。第三十七条规定，"行政机关对行政许可申请进行审查后，除当场作出行政许可决定的外，应当在法定期限内按照规定程序作出行政许可决定"。

《行政强制法》第十八条规定，"行政机关实施行政强制措施应当遵守下列规定：（一）实施前须向行政机关负责人报告并经批准；（二）由两名以上行政执法人员实施；（三）出示执法身份证件；（四）通知当事人到场；（五）当场告知当事人采取行政强制措施的理由、依据以及当事人依法享有的权利、救济途径；（六）听取当事人的陈述和申辩；（七）制作现场笔录；（八）现场笔录由当事人和行政执法人员签名或者盖章，当事人拒绝的，在笔录中注明；（九）当事人不到场的，邀请见证人到场，由见证人和行政执法人员在现场笔录上签名或者盖章；法律、法规规定的其他程序。"该法第五、六章对行政机关强制执行和申请人民法院强制执行程序也作了规定。如第三十五条规定，"行政机关作出强制执行决定前，应当事先催告当事人履行义务。催告应当以书面形式作出，并载明下列事项：（一）履行义务的期限；（二）履行义务的方式；（三）涉及金钱给付的，应当有明确的金额和给付方式；（四）当事人依法享有的陈述权和申辩权"。第五十一条规定，"代履行应当遵守下列规定：（一）代履行前送达决定书，代履行决定书应当载明当事人的姓名或者名称、地址，代履行的理由和依据、方式和时间、标的、费用预算以及代履行人；（二）代履行3日前，催告当事人履行，当事人履行的，停止代履行；（三）代履行时，作出决定的行政机关应当派员到场监督；（四）代履行完毕，行政机关到场监督的工作人员、代履行人和当事人或者见证人应当在执行文书上签名或者盖章"。"代履行的费用按照成本合理确定，由当事人承担。但是，法律另有规定的除外"。"代履行不得采用暴力、胁迫以及其他非法方式"。

（三）听证程序

听证程序并不是一类与简易程序及一般程序相并列的独立的行政处罚程序，将其视为一般程序中的特殊情形更为恰当。从本质上来说，听证是行政机关调查取证的一种特别方式。通过听证，行政机关可以广泛了解到案件的事实真相，从而使最终的行政处罚决定能够建立在客观、公正的基础。同时，听证本身也体现了行政机关对行政相对人尤其是被处罚人的人格尊重，有助于切实维护相对人的合法权益。在行政处罚领域率先引入听证程序，具有划时代的意义。虽然《行政处罚法》仅用了两个条款规定听证程序，但与听证有关的一些重要规则均已初步建立起来。根据该法第四十二条的规定，听证程序的实施应当遵循下列十项规则：（1）范围规则。行政机关在作出责令停产停业、吊销许可证或者执照、较大数额罚款等行政处罚决定之前，可以根据当事人的申请组织实施听证。（2）告知与申请规则。行政机关在作出上述重大处罚决定之前，应当告知当事人有要求举行听证的权利；当事人要求听证的，应当在行政机关告知后3日内提出。（3）通知规则。行政机关应当在听证的7日前，通知当事人举行听证的时间、地点。（4）公开听证规则。除涉及国家秘密、商业秘密或者个人隐私外，听证应当公开举行。（5）听证主持人规则。听证的主持人由行政机关指定的非本案调查人员担任，当事人如果认为听证主持人与本案有直接利害关系的，有权申请回避。（6）委托代理规则。当事人除了可以亲自参加听证以外还可以委托一至二人代理。（7）举证和质证规则。举行听证时，案件的调查人员应当首先提出当事人违法的事实、证据和行政处罚的建议；当事人可以对此进行申辩和质证。（8）听证笔录规则。听证应当制作笔录，笔录在听证结束时应当交当事人审核无误后签字或者盖章。（9）听证费用规则。对于行政机关组织听证的一切费用，当事人不需要承担。（10）决定规则。听证结束后，听证的主持人应当根据听证所形成的证据事实和法律规定，提出行政处罚的意见报送行政机关负责人或经过集体讨论后，依照一般程序的规定作出最终决定。

根据《行政许可法》的规定，行政许可听证的适用事项范围包括应申请举行听证和行政机关应当主动举行听证两种情况。行政机关主动举行听证的行政许可事项。行政机关应当主动听证的事项限于两类：一是法律、法规、规章规定实施行政许可应当听证的事项；二是行政机关认为需要听证的事项。行政机关主动听证的事项，一般是涉及公共利益的重大事项，其目的是为了便于行政机关掌握有关信息，维护社会公共利益。因此，参加听证的人员范围不仅应当包括申请人，还应当包括对行政许可事项有兴趣的其他社会公众。行政机关应申请举行听证的事项。行政许可直接涉及申请人与利害关系人之间重大利益的，申请人提出听证申请，行政机关即有组织听证的义务；申请人不提出听证申请的，行政机关可以不组织听证。《行政许可法》第四十八条规定，"听证按照下列程序进行：（一）行政机关应当于举行听证的 7 日前将举行听证的时间、地点通知申请人、利害关系人，必要时予以公告；（二）听证应当公开举行；（三）行政机关应当指定审查该行政许可申请的工作人员以外的人员为听证主持人，申请人、利害关系人认为主持人与该行政许可事项有直接利害关系的，有权申请回避；（四）举行听证时，审查该行政许可申请的工作人员应当提供审查意见的证据、理由，申请人、利害关系人可以提出证据，并进行申辩和质证；（五）听证应当制作笔录，听证笔录应当交听证参加人确认无误后签字或者盖章"。"行政机关应当根据听证笔录作出行政许可决定"。据此，行政许可听证规则为：（1）行政机关应当于举行听证的 7 日前通知申请人和已知的利害关系人听证的时间、地点，必要时予以公告。通知以书面方式为宜，必要时，行政机关也可以公告通知。在申请人和利害关系人数量众多，而听证场所有限时，行政机关可以通过抽签、报名等方式挑选利害关系人的代表参加听证。但是，行政机关应当事先公布有关规则，并且挑选过程应当公开、公正。（2）听证应当公开举行。听证必须公开，让公众有机会了解听证的过程，加强对行政程序的监督，从而确保听证的公正进行。听证的公开进行是指听证过程对社会公众开放，允许公众和新闻界参加旁听。（3）行政机关应当指定审查该行政许可申请的工作人员以外的工作人员为听证主持人；申请人或者利害关系人认为主持人与本行政许可事项有直接利害关系的，有权申请回避。听证主持人在听证中，主要负责指挥听证的进行，询问申请人和利害关系人，询问证人，安排证据的调查顺序，对听证中出现的程序问题作出处理等。为确保听证的公正性，实行听证制度一般实行职能分离原则、回避制度。（4）举行听证时，审查该行政许可申请的工作人员应当提供审查意见的证据、理由，申请人、利害关系人可以提出证据，并进行申辩和质证。提出证据、相互质证是保证听证功能实现的重要环节。（5）听证应当制作笔录，听证笔录应当交听证参加人确认无误后签字或者盖章。听证笔录应当包括听证参加人的基本情况、听证的时间和地点、行政机关审查行政许可申请材料后的意见及证据与理由、申请人与利害关系人提出的证据和理由等。听证笔录一般应以书面形式作出，并由听证参加人审阅。听证参加人审阅听证笔录后认为其歪曲、遗漏其重要陈述的，应当签字或者盖章；听证参加人对记载的内容提出异议的，听证主持人应通知其他参加人相关信息，各方认为异议有理由的，应当予以补充或者更正；听证参加人对内容提出异议，听证主持人认为异议没有理由的，或者听证参加人拒绝签字、盖章的，听证主持人应当在听证笔录上载明事由。行政机关不能在听证之外接纳证据，只能以听证笔录作为作出行政决定的唯一依据，这是案卷的排他性原则。与《行政处罚法》相比，在听证程序方面，《行政许可法》最大的变化是明确规定行政机关应当根据听证笔录作出许可决定，这也是听证程序的核心和精髓。

第三章　文物行政执法证据

一　行政执法证据概述

（一）证据及行政执法证据的概念

证据，是指能够用来证明案件事实的一切材料。通常情况下，行政法律规范根据某些法律行为的特点，规定用来证明案件事实的各种证据必须具备特定的形式，如采取书面形式、公证证明形式等。

在行政执法过程中，行政机关据以作出行政处理决定所依据全部事实根据都是执法证据。尽管传统行政法理论确认了行政行为公定力理论，但实践中，行政行为一旦进入争讼程序，对其效力的评判就将取决于司法机关的判断，而这里最主要的就是行政机关提供的证据和依据。在行政诉讼中，当事人为了证明某一法律事实，应当提供特定形式并符合特定要求的证据。人民法院在审查证据的合法性时，也特别注意审查特定种类的证据是否符合法律规范规定的特定形式的要求，符合要求的才是合法的证据，才能作为定案的依据。否则不予采信。从这个角度看，行政执法的证据完全取决司法审查程序对诉讼证据的要求。

《行政诉讼法》第三十二条规定，"被告对作出的具体行政行为负有举证责任，应当提供作出该具体行政行为的证据和所依据的规范性文件"。

在这里提出了两个证据的概念，一个是"举证责任"中的证据，既包括事实证据，即行政机关据以作出具体行政行为的全部证据，又包括规范性文件依据，即行政机关作出具体行政行为所依据的规范性文件，这是由行政诉讼特点所决定的；后一个"证据"只能是行政机关作出具体行政行为的事实依据，行政机关作出具体行政行为时依据的规范性文件不属于证据范围。然而 2000 年发布的《行政诉讼法若干解释》第二十六条与 2002 年发布的《最高人民法院关于行政诉讼证据若干问题的规定》（以下简称《行政诉讼证据规定》）第一条规定："在行政诉讼中，被告对其作出的具体行政行为承担举证责任。被告应当在收到起诉状副本之日起 10 日内提交答辩状，并提供作出具体行政行为时的证据、依据；被告不提供或者无正当理由逾期提供的，应当认定该具体行政行为没有证据、依据。"这种表述显然没有将依据归为证据的一种。这样，就产生了规范性文件是否为证据的争议。

对于依据的性质，有人认为，行政诉讼不过是法院对被诉具体行政行为的合法性或合理性进行审查并作出判断的行政法制监督机制和相对人的权利救济机制，而非通过认定或认知当事人之间有关事实或法律的争执以解决某种实体法律纠纷的机制。所以行政诉讼中不存在法律意义上的争执，自然也就无所谓法院对无可争执的法律或者事实问题予以司法认知，就此而言，不能机械地套用现代证据学理论而简单地否定行政诉讼中"依据"的证据属性[①]。

《行政诉讼法》第三十一条规定，"以上证据经法庭审查属实，才能作为定案的根据。"据此，学者们对行政诉讼证据概念的论述又有分歧，一种意见将证据作为中性词使用，认为凡是为证明行政案件事实是否存在而提供的

[①]　赵清林、杨小斌：《规范性文件依据也是行政诉讼证据——兼与甘文先生商榷》，《行政法学研究》2002 年第 3 期。

材料都是证据，既包括属实的材料，又包括不属实材料①。被称为"事实与材料说"；另一种意见认为《行政诉讼法》列举七种证据，只是证据的形式和来源，如果这些证据形式不符合行政诉讼证据必须具备的客观性、相关性和合法性三要素，就不能成为行政诉讼证据，因此行政诉讼证据就是"可定案证据"，是指被诉行政机关在行政程序中，以及其他当事人和人民法院在诉讼过程中，依照法定程序收集的，经法庭审查属实，能够证明案件情况的一切事实②。被称为"可定案说"。还有一种意见认为，在诉讼活动中，当事人为了支持自己的主张，使自己处于有利地位，就必须使用多种材料来证明自己主张的正确性，最终达到胜诉的目的。所以收集证据，不应当有方向性和针对性。只要与案件有关的材料均应当收集，是一种服务于当事人和法院的工具。被称为"工具说"。另外还有"行政程序证据说"：在行政诉讼中，原则上并不存在来源于行政诉讼程序中的"行政诉讼"证据，所谓行政诉讼证据实际上是在行政程序中所产生的证据材料在行政诉讼这一特定程序中作为被审查的对象而已③；行政诉讼证据是能够证明案件事实情况的一切材料与手段④。我们认为，从行政诉讼的目的看，在行政诉讼中主要审查具体行政行为的合法性，即通过监督行政行为来维护相对人合法权益。在诉讼过程中，法院必须对行政主体适用法律规范的正确与否作出判断，因为行政行为的作出是一个动态过程，包括行政机关的先取证后调查以及根据调查的结果依据法律规范作出具体行政行为。在这种情况下，要审查被诉行政行为是否合法，就不仅要审查行政机关作出具体行政行为的事实根据，而且还要审查

---

① 张步洪、王万华：《行政诉讼法律解释与案例述评》，法律出版社2000年版，第230页。

② 孔祥俊：《最高人民法院〈关于行政诉讼证据若干问题的规定〉的理解与适用》，中国人民公安大学出版社2002年版，第5、139页。

③ 沈福俊：《论行政诉讼证据中的若干问题》，《法商研究》2004年第1期。

④ 姜明安主编：《行政法与行政诉讼法》，北京大学出版社、高等教育出版社1999年版，第345页；杨寅、吴偕林：《中国行政诉讼制度研究》，人民法院出版社2003年版，第187~188页。

行政机关作出具体行政行为的规范性文件依据①。在这里，可以把行政机关提供的规范性文件作为书证，行政诉讼事实审查只涉及事实根据部分的证据。

另外，应该辩证地动态地全面看待行政诉讼的证据，不能否认当事人证明其诉讼请求和答辩时所提供的案件事实②的材料以及人民法院收集和调查取得的案件材料都是形式意义上的证据（即证据的形式或来源），人民法院事实审查的对象应该包括所有用来证明特定事实是否客观存在的事实材料，但这些证据不是可定案证据，只有对这些形式意义上的证据进行一番"去粗取精、去伪存真、由此及彼、由表及里"的用心审查，才能达到实质意义上的证据（即可定案证据），也就是具有法定形式，被纳入行政诉讼程序能够证明案件真实情况，从而正确判定具体行政行为是否合法的事实材料。

（二）行政执法证据的种类

《行政诉讼法》第三十一条第一款规定，"证据有以下几种：（一）书证；（二）物证；（三）视听资料；（四）证人证言；（五）当事人的陈述；（六）鉴定结论；（七）勘验笔录、现场笔录"。这就是说，在行政执法过程中，包括在文物行政处罚案件办理过程中，文物行政执法人员所要收集的证据形式主要就是上述七种，当然在具体的个案中，不一定这七种证据形式都要具备。

书证是指以其内容来证明待证事实的有关情况的文字材料。凡是以文字来记载人的思想和行为以及采用各种符号、图案来表达人的思想，其内容对待证事实具有证明作用的物品都是书证。书证从形式上来讲取决于它所采用

---

① 杨海坤、黄学贤：《行政诉讼：基本原理与制度完善》，中国人事出版社 2005 年版，第 227～228 页。

② 朱新力：《行政诉讼客观证明责任的分配研究》，《法学》2005 年第 2 期。

的书面形式，从内容上而言取决于它所记载或表达的思想内涵与案情具有关联性，因此能够作为认定案件事实的根据。书证的特点为：第一，书证是用思想内容来证明案件事实的；第二，书证的思想内容是通过文字、符号或者图画等表达的。交通事故中的各种医疗收费票据、当事人自行协商达成的调解协议都属于书证。书证种类有：文字书证，指以文字记载的内容来证明案件有关事实的书证；图形书证，指以图形表现的内容来证明案件有关案件情形的书证；符号书证，指以符号作为内容来证明案件有关情形的书证；私文书证，指公文书证以外的书证；公文书证，指国家机关、企业事业单位、人民团体在法定的权限范围内所制作的文书，以此文书作为证明案件有关情况的书证；处分性书证，指书证中所记载的或表述的内容，以发生一定的法律后果为目的的书证；报道性书证，指书证中所记载或表述的内容，反映的只是制作人的见闻、感想、体会等。

物证。即以物品、痕迹等客观物质实体的外形、性状、质地、规格等证明案件事实的证据。如肇事交通工具、现场留下的物品和痕迹等。物证的收集、调查是一项十分严肃的活动，是一种法律行为，必须严格遵守法律规定的程序。收集、调查物证的方法可归纳为以下几种：（1）勘验、检查。勘验是执法人员在执法过程中，对与案件有关的场所、物品等进行查看和检验，以发现、收集、核实证据的活动。按照《民事诉讼法》第七十三条的规定，"勘验物证或者现场，勘验人必须出示人民法院的证件，并邀请当地基层组织或者当事人所在单位派人参加。当事人或者当事人的成年家属应当到场，拒不到场的，不影响勘验的进行。有关单位和个人根据人民法院的通知，有义务保护现场，协助勘验工作。勘验人应当将勘验情况和结果制作笔录，由勘验人、当事人和被邀参加人签名或者盖章"。检查是执法人员检查人身或者在特定场所进行的专门调查活动。检查必须依照法定程序进行。如检查人员不能少于两人，检查妇女的身体，应当由女工作人员进行，检查人员必须出示证件，犯罪嫌疑人和被告人拒绝接受检查的，侦查人员可以依法强制检查，检查要制作检查笔录，由参加检查的人员签名或盖章，等等。（2）扣押。扣押通常是结合勘验、检查、搜查等同时进行，它是执法机关依法暂时扣留与案件有关的物品的一种专门调查活动。物证的扣押，在行政强制过程中，扣押通常只是一种执行措施。由于扣押关系到公民的物权问题，因此，必须按行政强制法规定的程序进行，特别是对于扣押的各种物品，或者冻结的存款、汇款，一旦查明与案件无关，必须在 3 日以内解除扣押、冻结，退还原主。（3）提供与调取。行政诉讼中，对物证的提供应当符合下列要求：（一）提供原物。提供原物确有困难的，可以提供与原物核对无误的复制件或者证明该物证的照片、录像等其他证据；（二）原物为数量较多的种类物的，提供其中的一部分。

视听资料。又称声像资料或直感资料，即以录音、录像、扫描等技术手段，将声音、图像及数据等转化为各种记录载体上的物理信号，证明案件事实的证据。视听资料一般可分为三种类型：（1）视觉资料，也称无声录像资料，包括图片、摄影胶卷、幻灯片、投影片、无声录像带、无声影片、视听资料、无声机读件等。（2）听觉资料，也称录音资料，包括唱片、录音带等。（3）声像资料，也称音像资料或音形资料，包括电影片、电视片、录音录像片、声像光盘等。

证人证言。即直接或者间接了解案件情况的证人向人民法院所作的用以证明案件事实的陈述。一般情况下，证人应当出庭陈述证言，但如确有困难不能出庭，经人民法院许可，可以提交书面证言。精神病人、未成年人作证应与其心理健康程度、心智成熟程度相适应。证人证言是证据的一种，是证人就自己所知道的案件情况向法院或侦查机关所作的陈述。以本人所知道的情况对案件事实作证的人，称为证人。一般说，凡能了解和表达证言事实，并能理解宣誓的法律义务的人，除法律另有规定者外，均可作为证人。英美法系国家规定，当事人（除公诉人）、鉴定人可充当证人。但大陆法系国家规定，当事人、鉴定人不得作为证人，当事人陈述与鉴定人意见是独立的证据种类。根据法律规定允许了解案情的人拒不提供证言的权利。在中国封建法律中，有关于亲亲相隐的规定。资本主义国家诉讼立法中大多有拒绝作证权的规定。各国规定大体有以下几种：（1）因提供证言而使自己的配偶、近亲属可能受到刑事追究、遭受财产损失或蒙受耻辱的。德国、日本均规定，配偶、近亲属之间可拒绝作证。英美法系国家只规定，配偶间在婚姻期间的通信可拒绝公开。（2）因提供证言而使自己可能受到刑事追究的。德国、日本、英国、美国都有这方面的规定。（3）涉及职业秘密的。德国规定的范围较广，除律师、医师、牧师等人外，还包括他们的业务辅助人员等，如果法官免除其拒绝作证义务时，则不得拒绝作证。英美法系国家关于职业秘密的规定，主要限于律师，美国部分州的法律扩及牧师、医师、记者等人。（4）涉及公务秘密的。德国、日本、英国、美国均有在一定条件下拒绝作证的规定。

当事人陈述。即本案当事人在诉讼中就案件事实向人民法院所作的陈述和承认。当事人陈述主要是狭义上的，当事人就案件事实向执法机关及其工作人员所作的陈述，当事人在行政程序以外所作的陈述一般不能作为当事人陈述予以对待，不能产生当事人陈述的效力；当事人陈述的形式包括口头形式和书面形式，并以口头形式为主。从实践来看，当事人陈述具有以下特点：（1）当事人最了解案件事实，因而当事人陈述可能具有最令人意想不到的效果；（2）当事人一般与案件的处理结果有利害关系，当事人陈述具有较大的主观性和倾向性；（3）当事人陈述的复杂性，体现在当事人陈述的不同内容和不同功能上；（4）当事人陈述的调查方法，在大陆法系和英美法系略有不同。前者采用独立的调查方法，而后者则采用和调查证人一样的调查方法。

鉴定结论。即具有专业技术特长的鉴定人利用专门的仪器、设备，就与案件有关的专门问题所作的技术性结论。根据鉴定对象的不同，可分为医学鉴定、文书鉴定、技术鉴定、会计鉴定、化学鉴定、物理鉴定等。鉴定结论是诉讼证据的一种。鉴定结论不同于证人证言等人证，因为鉴定人没有直接或间接感知案件情况，鉴定结论是表述判断意见而不是陈述事实情况，鉴定结论产生所依据的是科学技术方法而不是对有关情况的回忆。鉴定结论的形成通常基于特定的物理实体、特定的人或物，其间要运用相应的科学知识、方法和仪器，因而我们说鉴定结论具有科学性。但因鉴定必须由人来完成，且鉴定结论是鉴定人认识活动的结果，所以鉴定人的主观认识能力及其拥有的客观认识条件均将影响到鉴定结论的给出。正因为此，我国《刑事诉讼法》第四十二条、《刑事诉讼法》第六十三条、《行政诉讼法》第三十一条明确规定，鉴定结论是证据的一种，必须查证属实才能作为认定事实的根据。

勘验笔录、现场笔录。勘验笔录是指行政机关工作人员或者人民法院审判人员对与行政案件有关的现场或者物品进行勘察、检验、测量、绘图、拍照等所作的记录。现场笔录是指行政机关工作人员在行政管理过程中对与行政案件有关的现场情况及其处理所做的书面记录。这是行政执法和行政诉讼中特有的证据种类。

二　行政执法证据的基本要求

如前所述，上述证据不仅是行政机关作出行政处理决定的客观依据，也是将来在可能提起的行政诉讼中向人民法院举证以证明其所作行政行为合法性的重要根据。一旦行政相对人提起行政诉讼，行政机关在行政诉讼过程中再也不能自行向原告和证人收集证据，只有通过向人民法院提交在行政执法过程中收集的上述证据才能证明其所作行政行为的合法性。因此，行政执法证据的基本要求最终要取决于行政诉讼制度对证据的要求。

《行政诉讼证据规定》第二部分规定了"提供证据的要求"，就当事人向人民法院提供上述七种证据应当符合的要求分别进行了明确规定。另外，在第一部分"举证责任分配和举证期限"部分，还包括了提供证据的时间要求。《行政诉讼证据规定》对"提供证据的要求"的规定，其内容本身虽不难理解，但其深远意义却不容低估。首先，《行政诉讼法》及其以前的司法解释对提供证据的要求基本上未作规定，实践中一直缺乏统一的规范和做法，而其他行政法律法规对证据的形式要求一般也少有规范，因此，《行政诉讼证据规定》的该部分内容无疑填补了行政诉讼证据的一项重大空白。其次，尽管该部分内容主要是从人民法院接受证据的角度对当事人提供证据提出了具体的规范化的要求，并未对行政机关在行政执法程序中如何收集和处理证据加以明确规定，但《行政诉讼证据规定》的相关规定显然对行政机关在行政程序中如何收集证据具有直接的、重要的影响。这些规定将会大大推动行政机关收集证据的规范化。再次，对提供证据的要求，实际上就是对最大限度地追求客观事实的要求。法院据以作出裁判的事实虽然是法律事实，但尽力追求法律事实与客观事实相一致，仍然是证据规则追求的基本目标。对当事人提供证据在形式上提出要求，是确保证据证明的法律事实与客观事实相符合的重要制度保障。

需要说明的是，其一，《行政诉讼法》第三十二条规定，"被告对作出的具体行政行为负有举证责任，应当提供作出该具体行政行为的证据和所依据的规范性文件"。《行政诉讼法若干解释》第二十六条第一款规定，"在行政诉讼中，被告对其作出的具体行政行为承担举证责任"。《行政诉讼证据规定》第一条第一款规定，"根据行政诉讼法第三十二条和第四十三条的规定，被告对作出的具体行政行为负有举证责任，应当在收到起诉状副本之日起10日内，提供据以作出被诉具体行政行为的全部证据和所依据的规范性文件"。根据上述规定，向人民法院提供证据的"当事人"一般情况下是针对行政机关而言的，"提供证据"也是针对行政机关以作为的方式所作行政行为是否合法被诉诸法院所作的特别规定。其二，由于文物行政执法所依据的法律规范几无明确的证据规定，根据"司法最终审查原则"，人民法院对当事人特别是对行政机关提供证据的要求，可以适用于文物行政执法机关。也就是说，文物行政执法机关可以参照行政诉讼法律规范规定的证据种类和特定的形式要求来规范文物行政执法的证据。下面，分别就《行政诉讼证据规定》所要求的当事人特别是行政机关提供证据的要求概要阐释如下。

（一）提供行政诉讼证据的时间要求

关于提供证据的时间要求，《行政诉讼证据规定》"举证责任分配和举证期限"部分有具体的规定。根据《行政诉讼证据规定》第一条的规定，行政机关提供证据的时间应当在收到起诉状副本之日起 10 日内；因不可抗力或者客观上不能控制的其他正当事由，不能在规定的期限内提供证据的，应当向人民法院提出书面申请，经批准可以延长。关于诉讼程序性事实提供证据的期限，原则上应当视为没有规定。在诉讼过程中涉及有关程序性问题需要提供证据的，由当事人在提出申请时及时提供，不受上述规定的限制。比如，申请回避可以在诉讼开始以后再提供有关证据材料。申请诉讼保全可以在申请保全时才提供。

（二）提供不同种类的行政证据的要求

1. 提供"书证"的要求

书证是指用文字、符号、图形等在纸质等物体上记载和表达人的思想或行为，其内容能够证明案件事实的一部或全部的材料。

《行政诉讼证据规定》第十条第一款规定："根据行政诉讼法第三十一条第一款第（一）项的规定，当事人向人民法院提供书证的，应当符合下列要求：（一）提供书证的原件，原本、正本和副本均属于书证的原件。提供原件确有困难的，可以提供与原件核对无误的复印件、照片、节录本；（二）提供由有关部门保管的书证原件的复制件、影印件或者抄录件的，应当注明出处，经该部门核对无异后加盖其印章；（三）提供报表、图纸、会计账册、专业技术资料、科技文献等书证的，应当附有说明材料；（四）被告提供的被诉具体行政行为所依据的询问、陈述、谈话类笔录，应当有行政执法人员、被询问人、陈述人、谈话人签名或者盖章。"第十条第二款规定，"法律、法规、司法解释和规章对书证的制作形式另有规定的，从其规定。"

　　理解《行政诉讼证据规定》第十条的规定，应当遵循以下规则：（1）一般应当提供书证的原件，特殊情况下可以提供书证原件的复制件、影印件或者抄录件等其他形式的书证。允许当事人向法院提交复制件、影印件或者抄录件的特殊情况主要有两种：一是提供原件有困难的，可以提供与原件核对无误的复印件、影印件或者抄录件。二是书证的原件由特定部门保管，不可随意移交私人或者其他部门，在诉讼过程中当事人只能向法院提交这些书证的复制件、影印件或者抄录件。当事人向法院提交这些书证的复制件、影印件或者抄录件应当注明出处，并由书证原件的保管部门核对无异后加盖印章。（2）提供涉及专业技术问题的书证的同时应当附有说明材料。（3）对提供的询问笔录、陈述、谈话类笔录，应当注意签名和盖章，签名与盖章具有同等的效力。对笔录上有被询问人、陈述人或谈话人签名认可的，一般情况下应当承认其真实性；如果没有签名仅有盖章，被询问人、陈述人或谈话人否认并作出合理说明的，一般不予采纳。如果被询问人、陈述人或谈话人拒绝签名的，若有其他人在场的情况下，应当由其他在场人签名；如果没有其他在场人或者其他在场人也拒绝签名的，则笔录上应当有两个以上执法人员的签名并作出说明。（4）法律、法规、司法解释、规章对书证形式另有规定的具有优先性。

　　由于书证是以其记载或表达的内容来证明案件事实的，因此，书证首先必须做到内容完备；特定情形下还要求符合一定的外部形式。书证一般不像证人证言那样因时间、条件的影响而削弱其客观真实性。比如，作为文物行政执法中较为常见的询问笔录的制作，就要求文物行政执法人员在承办案件中对行政相对人进行询问时，应当充分听取行政相对人对涉案事实发生的经过如实陈述，并可以对自己的行为进行申辩。但毕竟书证系人为制作，可能会出现真伪不明、效力难以辨认的情况，因此必须认真审查。

　　不能作为定案证据的书证通常表现为以下几种形式：

（1）内容错误。公民制作的书证，由于观察不力、认识或理解上有偏差、记忆不全面、记载不清楚等众多原因，可能会出现内容错误。因此，必要时应当把公民制作的书证和其他证据联系起来分析对照，以确定其合法性和真实性。而通常情况下，由国家机关、企事业单位、社会团体在职权范围内依照法定程序制作的书证，特别是经过公证证明的文书，一般已经进行过审查，因此通常比公民个人制作的文书可靠性大，一般具有合法性、真实性，但有时在内容上也可能和实际情况有出入或者有错误，所以也要通过认真审查以确认其效力。

（2）伪造、变造或者出处不明。任何书证都是制作者基于一定的目的制作的。有的当事人出于种种不良动机，可能伪造、变造证据。因此，是否采信书证，应查明制作人是谁，是否确实制作了该文件，制作的情况，制作的意图、过程和内容，有无对书写的内容观察、理解错误或记载失实等问题。属于国家机关、企业事业单位、社会团体的证明文书，应看其内容是否符合事实，有无公章，公章是否伪造、私盖或偷盖。是行政章还是业务专用章，是单位公章还是部门公章。如果公文文书没有公章、公章是伪造的或者是出处不明的文件，则不承认其效力，不能作为定案证据。

（3）胁迫、断章取义、无效、遗漏或者改变。如果是在暴力、威胁、欺骗、贿赂等情况下形成，或节录的文书无效或断章取义，或经过抄写、复制的文书有遗漏或改变，则不能作为书证。

2. 提供"物证"的要求

物证是指以其存在、形状、特征、质量等客观存在证明案件事实的一切物品和痕迹。

《行政诉讼证据规定》第十一条规定，"根据行政诉讼法第三十一条第一款第（二）项的规定，当事人向人民法院提供物证的，应当符合下列要求：（一）提供原物。提供原物确有困难的，可以提供与原物核对无误的复制件或者证明该物证的照片、录像等其他证据；（二）原物为数量较多的种类物的，提供其中的一部分"。

理解《行政诉讼证据规定》第十一条的规定，应当遵循以下规则：（1）当事人提供物证应以提供原物为原则。（2）当事人提供原物确有困难的，可以提供与原物核对无误的复制件。当事人提供复制件或者证明该物证的照片、录像等其他证据的，其应当在与原物核对无误后提供；当事人对案件事实没有争议，行政程序中各方当事人经核对无异的物证，行政机关可以提供该物证的文字资料、照片、录像等其他种类的证据。（3）原物为数量较多的种类物的，当事人可以提供一部分作为物证。

审查物证就是对收集的物证材料进行鉴别真伪，分析其与案件事实之间的联系，从而证明案件事实。其中，辨认是物证审查的常用方法之一。辨认就是要求行政相对人或者证人在若干类似的物品中，辨清、认明自己曾经所见的部分。辨认的主体可以是行政执法案件中的行政相对人或者证人；辨认的对象可以是与案件相关联的可移动文物和不可移动文物。辨认是文物行政执法案件中经常采用的证据收集措施和方法，辨认结论及其相关的证言和笔录可以作为案件的证据。

不能作为定案证据的物证通常表现为以下几种形式：

（1）物证来源不明，并非原物而系伪造、冒充。当事人可能为了自己的一己私利，故意改变原物的形态、规格，或者以不同质量特点的物品来冒充原物。因此要查明物证的原始出处，查明其是在何时、何地、何种条件下形成，防止将伪造、冒充的物品、痕迹作为证据。

（2）物证与案件事实不具有关联性。物证是与案件事实存在客观联系的物品的痕迹，有客观联系的才能作为物证使用。没有客观联系的、疑似的、不符合案件性质的物品和痕迹，就不能作为物证使用。因此，在收集物证时，要注意其外部形状和内在特性，防止收集疑似的、不符合案件性质的或与案件事实无内在联系的物品和痕迹。此外，在分析研究物证的外部形状或存在情况时，还应注意随着时间、条件的变化可能对物证造成的影响。

（3）物证在保管期限内没有采用法定的形式。

3. 提供"视听资料"的要求

视听资料是指利用录音、录像、计算机储存等手段所反映出的声音、影像或者其他信息证明案件事实的资料。

《行政诉讼证据规定》第十二条规定，"根据行政诉讼法第三十一条第一款第（三）项的规定，当事人向人民法院提供计算机数据或者录音、录像等视听资料的，应当符合下列要求：（一）提供有关资料的原始载体。提供原始载体确有困难的，可以提供复制件；（二）注明制作方法、制作时间、制作人和证明对象等；（三）声音资料应当附有该声音内容的文字记录"。

理解《行政诉讼证据规定》第十二条的规定，应当遵循以下规则：（1）由于视听资料存在复制程序简单，复制品与原始载体很难区别且容易被伪造和篡改的弱点，为保证视听资料作为证据使用的可靠性，因此一般情况下要求提供视听资料的原始载体。（2）注明制作方法、制作时间、制作人和证明对象等，以便于质证，查明其真伪。对于电子数据交换的，一般要求提供下载的方法、下载的时间、下载人和证明对象等。（3）由于声音资料缺乏直观性，将其转化为文字资料后有利于对声音资料的审查和判断，因此，声音资料应当附有该声音内容的文字。

视听资料作为一种独立的诉讼证据，既不同于书证，也不同于物证，它是利用视听资料的声音、图像和储存的资料、数据等来证明案件的事实。用以证明案件事实时，有可能利用其内容，也有可能利用其外部特征。因此，视听资料的保全非常重要。如针对不可移动文物实施侵害的违法行为，可以对现场进行摄像或者照相作为证据，以证明不可移动文物被损害的程度。

不能作为定案证据的视听资料通常表现为以下几种形式：

（1）视听资料的形成过程及保管条件不符合规定的要求。

（2）视听资料经过技术处理。

（3）未经当事人同意私自录制。

4. 提供"证人证言"的要求

证人证言是指证人对其了解的案件情况所作的可能证明案件真实情况的陈述。

《行政诉讼证据规定》第十三条规定，"根据行政诉讼法第三十一条第一款第（四）项的规定，当事人向人民法院提供证人证言的，应当符合下列要求：（一）写明证人的姓名、年龄、性别、职业、住址等基本情况；（二）有证人的签名，不能签名的，应当以盖章等方式证明；（三）注明出具日期；（四）附有居民身份证复印件等证明证人身份的文件"。

理解《行政诉讼证据规定》第十三条的规定，应当把握证人同时具备的两个条件：（1）证人资格的基本条件，即证人必须是直接或者间接知道案件情况的自然人；（2）证人资格的限制条件，即证人必须具有辨别是非和正确表达的能力。同时符合上述两个条件的自然人，不分性别、种族、职业、宗教信仰、文化程度，都具有作证的义务。

由于证人证言容易受到主客观因素的影响，因此，只有真实可靠的证言才具有证明价值。

不能作为定案证据的证人证言通常表现为以下几种形式：

（1）没有可靠来源的证人证言。要查明证人是怎么知道案件情况的，是直接看到、亲耳听到的，还是道听途说、间接得知的。如果是直接看到、亲耳听到的，还应分析证人了解案情时的各种因素，即在当时的具体条件下，证人能否了解到所陈述的情况。如果是传来的或者是间接得知的，就应当查明是在什么时间、什么地点、什么情况下听说的，是否符合本来的面目。如果是证人道听途说，主观猜想推测，没有可靠的来源，就不能作为定案根据。

（2）受到外界不利影响的证人证言。提供的证人证言，如果受到外界的威胁、欺骗、引诱等，或者受到当事人或其他人的指使、收买、胁迫等，则证言虚假的可能性较大，可信度较低。

（3）证人与当事人、与案件有利害关系。证人与当事人有恩怨或者有职务上的从属等特殊关系，或者证人与案件的处理结果有利害关系时，有可能故意作虚伪的陈述，提供假证的可能性较大，因此，必须十分谨慎。当然，这里所说的作虚伪的陈述只是一种可能而不一定必然会提供虚假的证言。

（4）觉悟低、品质差的证人，有可能提供不真实的证言。同样，这只是对证人证言应当注意的一个因素，不能就此认为觉悟低、品质差的证人其证言一定虚假不可信赖。必须对证言进行全面分析，才能判断其真伪。

（5）囿于案件事实的主观条件和客观条件，证人的感受、领会、记忆、表述能力受到限制的证言。能否准确反映客观事实，与证人当时的心理状态、理解和领会能力、记忆和表达能力以及某个事实发生时的环境和条件有一定的关系。尽管证人愿意如实反映情况，也有可能受主客观条件的限制而提供不真实的证言。如健康状况、生理缺陷、认识水平等原因都可能导致对事物的感受产生错觉，或者回忆时发生偏差可能导致的陈述不够准确。

（6）未成年人的证言有可能不能准确反映案件的客观事实。受年龄大小、智力发育程度高低以及认知能力的影响，或不当、不合法的收集证言的方法的影响，或者外界干扰等因素的影响，或者受亲近的熟人的暗示等等，都有可能导致未成年人的证言变化无常，不能准确地反映案件的客观事实。

（7）与其他证人证言、其他种类的证据有明显矛盾的证人证言。比如同一个证人前后不尽一致的证言。

5. 提供"当事人的陈述"的要求

当事人的陈述是指当事人就其对案件事实的感知和认识所发表的陈词及叙述。当事人的陈述，可能反映案件事实的全部或部分面目。

《行政诉讼证据规定》未明确规定向人民法院提供"当事人的陈述"应当符合的要求。考虑到当事人的陈述与证人证言均属于言词性证据，两者在很多方面具有相同性，因此，对当事人陈述的理解，可以参照《行政诉讼证据规定》对证人证言的规定。

当事人的陈述具有真实性与虚假性并存的特点。一方面，当事人为了维护自己的合法权益，会积极提供有关案件的情况，阐述自己主张的理由和根据。因此，有提供真实情况的可能。另一方面，由于与案件有切身的利害关系，可能夸大对自己有利的事实，隐瞒对自己不利的事实，甚至歪曲事实，虚构情节，作虚假的陈述。此外，当事人的认识、理解、记忆、表达能力，也会影响陈述的真实性、完整性和准确性。

不能作为定案证据的当事人的陈述通常表现为以下几种形式：

（1）有外界影响和干扰，在受到威胁、欺骗、引诱，或者他人的压力下进行的陈述，有可能不真实。

（2）当事人基于不良的动机和不当的目的所作的陈述不具有真实性。

（3）当事人的陈述系道听途说或者主观推断、臆测，不具有真实性。

（4）当事人基于被假象所迷惑或者串通一气等情况所作的基本一致的陈述不具有真实性。

（5）当事人出于成见所作的陈述，可能夸大或隐瞒所了解的事实，不具有真实性。

（6）思想品质不良、有私心杂念、说话做事经常见风使舵、立场不坚定的当事人，所作的陈述一般不具有真实性。

6. 提供"鉴定结论"的要求

鉴定结论是指鉴定机构或者具有专门知识和技能的人，根据所提供的材料，对案件中某些专门性问题，通过分析、检验、鉴别、判断所作出的书面结论意见。

《行政诉讼证据规定》第十四条规定，"根据行政诉讼法第三十一条第一款第（六）项的规定，被告向人民法院提供的在行政程序中采用的鉴定结论，应当载明委托人和委托鉴定的事项、向鉴定部门提交的相关材料、鉴定的依据和使用的科学技术手段、鉴定部门和鉴定人鉴定资格的说明，并应有鉴定人的签名和鉴定部门的盖章。通过分析获得的鉴定结论，应当说明分析过程"。

理解《行政诉讼证据规定》第十四条的规定，应当把握以下内容：

（1）委托人和委托事项；（2）向鉴定部门提供的相关材料；（3）鉴定的依据和使用的科学技术；（4）鉴定部门和鉴定人资格的说明；（5）鉴定人的签名和鉴定部门的盖章；（6）通过分析的鉴定结论应当说明分析过程。

鉴定结论是具有专业知识的人对案件中的专门性问题进行分析研究作出的判断，在查明案件中有着特殊的重要作用。对于鉴定结论，主要是看鉴定人掌握的材料是否充分、可靠，鉴定人是否具有解决专门问题的知识水平，进行鉴定的方法是否科学等等。因为鉴定结论是鉴定人运用自己的专业知识对专门性问题的认识，这种认识可能受到主观条件和客观条件的影响和限制，所以作出的结论也有可能错误。文物行政执法中的鉴定，主要是针对被侵害的文物的损害程度、文物的价值、年代等。鉴定结论既可以作为定案事实的根据，也可以作为行政处罚的依据。

不能作为定案证据的鉴定结论通常表现为以下几种形式：

（1）鉴定材料不充分或不可靠（如抽检没有达到法定标准和比例），检材不真实或者其质量在检验期间变质、变坏，基于此所作的鉴定结论不应采信。

（2）不是法定的、专业的鉴定机构，不具有解决专门性问题的专业知识的鉴定人，或者鉴定机构、鉴定人不具有鉴定资质，基于此所作的鉴定结论不应采信。

（3）鉴定使用的技术设备不精良，采用的方法和操作程序不科学，基于此所作的鉴定结论不应采信。

（4）鉴定人工作责任心不强，受到外界影响，有徇私情或者受贿等情况，基于此所作的鉴定结论不应采信。

（5）论据与结论矛盾、不合乎逻辑的鉴定结论不应采信。

7. 提供"勘验笔录、现场笔录"的要求

勘验笔录是指行政机关的执法人员对现场或者物品进行勘查、检验、测量、拍照、绘图时所作的记录。

现场笔录是指行政机关在实施具体行政行为时，执法人员对某些事项当场制作的能够证明案件事实的记录。

《行政诉讼证据规定》未对被告向人民法院提供的勘验笔录应当符合的条件加以明确规定。因勘验笔录与现场笔录性质基本相同，因此，提供勘验笔录的要求与提供现场笔录的要求基本相同。但由于勘验的专业性特点，勘验笔录较之于现场笔录应当更为严谨和规范。文物行政执法的实践中，所谓勘验，就是要求文物行政执法人员亲临涉案现场进行检查，发现和提取证据。尤其是以不可移动文物为侵害对象的案件，现场的勘查尤为重要。从现场勘查中可以证实行政相对人是否在文物保护单位的保护范围内违法施工、是否擅自迁移、拆除不可移动文物、是否在不可移动文物全部损毁的情况下，擅自在原址上重建等等。

《行政诉讼证据规定》第十五条规定了被告向人民法院提供的现场笔录应当符合的条件："根据行政诉讼法第三十一条第一款第（七）项的规定，被告向人民法院提供的现场笔录，应当载明时间、地点和事件等内容，并由执法人员和当事人签名。当事人拒绝签名或者不能签名的，应当注明原因。有其他人在现场的，可由其他人签名。法律、法规和规章对现场笔录的制作形式另有规定的，从其规定。"

理解《行政诉讼证据规定》第十五条的规定，应当把握现场笔录的两个特征：（1）制作现场笔录的主体仅限于行政机关，由其执法人员在当事人的参与下制作。（2）现场笔录所记录的内容是正在发生或者刚刚发生的现场事实。

勘验笔录、现场笔录一般是真实可靠的，但也可能因受某些主客观因素的影响而产生错误。

不能作为定案证据的勘验笔录、现场笔录通常表现为以下几种形式：

（1）勘验笔录、现场笔录不符合法律规范的要求。如：进行勘验、检查的人员无行使勘验、检查的权力；执法人员没有两人以上；涉及专门性技术的问题，未指派或聘请具有专门知识的人参加；进行勘验、检查时，未邀请当地基层组织或有关单位代表参加；无见证人在场，或见证人与案件有利害关系；勘验、检查人员、被邀请参加人员、见证人、当事人未在笔录上签名或者盖章。

（2）现场变动或遭到破坏，物品、痕迹被破坏或伪造。

（3）勘验笔录、现场笔录的内容不全面、准确，现场的重要情况有遗漏，笔录中记载的物品、痕迹与从现场收集来的物品、痕迹不吻合。

（4）勘验、检查人员工作责任心不强，业务水平低下，也难以保证笔录的准确性和完整性。

（三）提供证据的特点

《行政诉讼证据规定》第十条至第十五条按照《行政诉讼法》第三十一条第一款规定的证据种类的顺序，分别对书证、物证、视听资料、证人证言、鉴定结论和现场笔录的提供要求作出了规定。这些规定突出了以下特点：

第一，突出了证据形式要件的要求。如对询问等行政程序中的笔录、当事人提供的证人证言、行政程序中的鉴定结论、现场笔录等均作出了详细的规定。不符合形式要件的证据，要么不被法院所接受（如法院可能无法接受其不宜保存的物证），要么其效力受到影响而待定（如未经核对无异的复制件属于补强证据，不具有单独的效力）。当然，尽管《行政诉讼证据规定》对"提供证据的要求"采用了"应当符合下列要求"的措词，但这种要求并不是要解决法院是否接受不符合形式要件的证据的问题，而是立足于当事人特别是行政机关提供证据的有效性而提出的要求。

第二，体现了最佳证据的要求。最佳证据是证明力最强的证据，比如，根据《行政诉讼证据规定》第十条、第十一条、第十二条的规定，"书证的原件"、"原物"、"原始载体"为最佳证据。这些条文同时还规定，只有在不能提供最佳证据时，才以其他方式替代。

第三，注重与行政程序的衔接。行政审判主要是对被诉具体行政行为合法性的司法审查，《行政诉讼证据规定》注重了与行政程序的衔接，所规定的内容充分考虑到行政程序中的复杂情况，虽重在规范行政程序中的取证行为，但同时又支持依法行政。因此，《行政诉讼证据规定》对行政程序中取得的证据提出明确的要求具有重要意义。例如，考虑到行政机关在制作现场笔录时当事人有时拒绝签名，以及有时难以找到其他在场人作证或者在场人拒绝签字的情况，《行政诉讼证据规定》第十五条第一款规定，当事人拒绝签名或者不能签名的，应当注明原因；有其他人在现场的，可由其他人签名。

三　文物行政执法中证据的收集

行政执法中，证据既是对行政相对人违法事实认定的根据，也是行政机关对违法行政相对人实施行政处罚或行政处理的依据。文物行政执法亦不例外，作为文物行政执法人员办理文物行政违法案件的重要工作之一，收集证据不仅可以证明行政相对人违法事实的存在，也是文物行政执法人员对违法行为人实施行政处罚或行政处理的依据。

（一）文物行政执法中证据的种类

《文物保护法》等文物保护法律法规并未直接规定文物行政执法的证据种类，文物行政执法人员在执法中应参照行政诉讼法律规范的规定理解和把握文物行政执法的证据。如前所述，在行政诉讼中，证据主要分为书证、物证、证人证言、视听资料、当事人的陈述、鉴定结论、勘验笔录和现场笔录等种类。因此在文物行政处罚或其他行政处理案件中，文物行政执法人员应当注意收集或制作上述证据。

（二）文物行政执法中收集证据的原则

1. 收集的证据材料要符合行政诉讼证据"三性"的标准。证据是证明案件事实的相关材料。关联性、合法性、真实性是行政诉讼证据的三大基本特性：证据的关联性是指证据与案件的待证事实之间是否具有内在的联系，能否对待证案件事实起到证明的作用；证据的合法性是指证据的取得、表现形式等是否符合法律要求；证据的真实性是指证据材料所反映的案件事实是否与客观事实一致。三者构成不可分割的统一整体，相互补充，缺一不可，否则就不能成为认定案件事实的依据。一个具有证明能力的证据必须具备"三性"的标准，因此，文物行政执法人员在办理文物违法案件时，收集证据也要以"三性"为标准，做到相关证据的统一，使这些证据起到互为补充、相互印证的作用。

2. 收集证据必须依照法律规定的行政程序进行。《文物行政处罚程序暂行规定》对收集证据的法定程序作出了明确规定，有的还明确规定了收集证据的具体方式和方法。例如案件立案后，案件承办人员应当及时收集、调取证据；案件承办人员调查案件，不得少于两人；在证据可能灭失或者以后难以取得的情况下，案件承办人应当填写先行登记保存证据审批表，报本部门主管负责人批准等等。这些规定都是为了确保文物行政执法人员能够客观、公正的收集证据，防止可能出现的偏差和错误，使收集证据工作能够有效地进行。

3. 收集证据必须主动、及时。证据的内容往往随着时间的推移而发生变化甚至消失，因此，文物行政执法人员必须主动、及时地收集证据。如果接案后不能及时赶赴现场，一些证据就可能随时发生灭失、损坏、转移或销毁，最终影响到对案件的处理。《文物行政处罚程序暂行规定》第十五条规定，"案件立案后，案件承办人应当及时收集、调取证据"。也就是说，在案件发生后，执法人员要立即赶赴现场，着手收集证据，快速进行深入调查，以免失去收集证据的良好机遇。及时收集证据，既包括从正面收集证据，也包括及时从反面、从排除其他可能性方面收集证据。

4. 收集证据必须客观、全面。收集证据的目的是为了查明案件事实，文物行政执法人员要从客观实际情况出发收集客观存在的证据材料，不能以主观臆断代替客观事实，也不能按主观需要去收集证据，更不能弄虚作假伪造证据。

5. 收集证据必须和行政相对人举证相结合。行政相对人举证主要证明自己的行为没有触犯《文物保护法》，没有实施文物行政违法行为。文物行政执法中高度注重行政相对人的举证，既是对行政相对人提供证据积极性的充分保护，更是对行政相对人陈述和申辩权利的保障。文物行政执法人员将自己的主动收集证据和行政相对人举证相结合，可以提高办案效率，及时查明案件事实，确保办案质量。

6. 收集证据必须依靠群众。文物行政违法案件有许多是基于群众举报，群众不仅了解案情，有时也能提供有关纷争事实的证据。因此，依靠群众收集证据，有助于正确认定和及时解决行政争议。

（三）文物行政执法中收集证据的方法

文物行政执法人员收集证据的方法主要有：

1. 询问。文物行政执法人员应当对实施违法行为的行政相对人进行询问，要求其如实陈述违法事件发生的经过，并可以对自己的行为进行申辩。

2. 辨认。辨认是当事人或者证人在若干类似的物品、场所中，辩明并认定自己曾经所见所闻的部分。辨认的主体可以是案件中的当事人和证人；辨认的对象可以是案件中相关联的可移动文物和不可移动文物。

3. 勘验和检查。文物行政执法人员要亲临现场，对现场进行勘验检查，发现和提取证据。尤其是以不可移动文物为侵害对象的案件，现场的勘验和检查尤为重要。从现场勘验和检查中可以证实是否在文物保护单位的保护范围内违法施工，是否擅自迁移、拆除不可移动文物，是否在不可移动文物全部损毁的情况下擅自在原址上重建等等。

4. 鉴定。鉴定主要是对被侵害文物的年代、价值、受损程度进行认定。

5. 现场摄像或者照相。对文物违法行为特别是针对不可移动文物实施侵害的违法行为，可以对现场进行摄像或者照相作为证据，以证明文物被损害的程度。

（四）文物行政执法收集证据应当注意的其他问题

1. 由两名以上文物行政执法人员进行调查取证或者依法委托其他文物行政部门调查。《文物行政处罚程序暂行规定》第十六条第一款规定，"案件承办人调查案件，不得少于两人。案件承办人在调查取证时，应当出示执法证件"。在询问当事人、证人或者到违法现场调查取证时，可以由一人进行询问或者现场调查、检查，另外一人负责记录。在询问行政相对人或者证人时要向其出示执法证件，告知其执法人员所在的单位和姓名，并告知他们有如实陈述、申辩和申请回避的权利。《文物行政处罚程序暂行规定》第二十四条还规定，"文物行政部门在处理案件过程中，需要委托其他文物行政部门调查的，应当出具文物执法调查委托书"。因此，委托其他文物行政部门调查情况的，应当有明确的接受委托的行政机关并出具文物执法调查委托书，文物执法调查委托书的委托事项、委托权限应当具体、明确，并加盖委托行政机关印章，注明落款日期。

2. 如实制作当事人的陈述、证人证言、视听资料等证据材料，必要时可以邀请见证人在场。《文物行政处罚程序暂行规定》第十七条规定，"案件承办人可以对当事人及证明人进行询问。询问应当单独进行。询问前应当告知其如实陈述事实、提供证据"。"询问应当制作笔录，并交被询问人核对；对没有阅读能力的，应当向其宣读。笔录如有差错、遗漏，应当允许其更正或者补充。经核对无误后，由被询问人逐页在笔录上签名或者盖章。案件承办人也应当在笔录上签名。被询问人拒绝签名或者盖章的，案件承办人应当在笔录上注明"。根据上述规定，文物行政执法人员应当准确填写被询问人的基本情况（公民的姓名、性别、年龄、职业、单位、住址；法人或者其他组织的名称、法定代表人基本情况、地址等），如实记载询问的时间、地点，询问笔录有修改的，被询问人应当签名或按压指印，被询问人为文盲的可采用按压指印等形式代替。文物行政执法实践中，可能出现有的违法人员在接受文物行政执法人员询问后拒绝签字，有的证人也因害怕遭受打击报复而拒绝签字的情况。因此，为了保证文物行政执法机关收集证据的合法性和真实性，可以邀请被询问人所在单位、所在地的基层政府部门或者其他相关单位的有关人员作为见证人到场作证，在被询问人拒绝签字或者盖章时，由询问人将相关情况记录在笔录上，由见证人核对笔录，在笔录上签字，并注明理由。案件承办人制作现场检查笔录、要求当事人及证明人提供相关证明材料也可以参照上述精神。

3. 调取的证据应当尽可能是原件、原物。《文物行政处罚程序暂行规定》第二十条规定，"案件承办人调取的证据应当是原件、原物。调取原件、原物确有困难的，可由提交证据复制品的单位或者个人在复制品上盖章或者签名，并注明'与原件（物）相同'字样或者文字说明"。

4. 对可能灭失或者以后难以取得的证据，应当先行登记保存。《文物行政处罚程序暂行规定》第二十一条规定，"在证据可能灭失，或者以后难以取得的情况下，案件承办人应当填写先行登记保存证据审批表，报本部门主管负责人批准。先行登记保存证据时，案件承办人应当向当事人出具先行登记保存证据通知书"。比如在处理买卖国家禁止买卖的文物等案件中，违法行为人非法买卖的文物是案件的重要证据。查处过程中，违法行为人有可能会用复制品或者其他文物代替此件禁止买卖的文物，为处理案件设置障碍、造成困难。这种情况下，可以及时将涉案文物先行登记保存。《文物行政处罚程序暂行规定》第二十二条还规定，"文物行政部门实施先行登记保存证据时，应当有当事人在场。当事人拒绝到场的，案件承办人可以邀请有关人员参加"。"对先行登记保存的证据应当开列物品清单，由案件承办人、当事人或者其他有关人员签名或者盖章"。"当事人拒绝签名、盖章或者接收物品清单的，应当由案件承办人在清单上签名并注明情况"。《文物行政处罚程序暂行规定》第二十三条则对于先行登记保存的证据，分别规定应当在 7 日内作出处理决定：一是需要进行技术检验或者鉴定的，送交检验或者鉴定；二是依法不需要没收的物品，退还当事人；三是依法应当移交有关部门处理的，移交有关部门。并规定，"法律另有规定的，从其规定"。根据上述规定，实施先行登记保存物品行为应当填写先行登记保存证据审批表并经部门主管负责人批准，部门负责人应当有明确的审批意见，签名并落款时间；案件承办人应向当事人出具先行登记保存证据通知书，先行登记保存证据通知书应有行政机关的印章和落款时间；先行登记保存物品应当开列物品清单并由当事人签收，当事人拒绝签收的应当注明情况；先行登记保存物品清单应有案件承办人、当事人或者其他有关人员签字、盖章，当事人拒绝签字、盖章接收清单的，应当注明情况；先行登记保存物品应当在7日内作出处理决定；先行登记保存物品清单中的物品数量、品种等与对应的处理文书记载内容应当一致。

5. 对案件处理过程中需要解决的专业性问题，文物行政部门应当委托专门机构或者聘请专业人员提出意见；对文物进行鉴定或者对鉴定意见进行复核，接受委托的鉴定机构应当具备相应资质。鉴定结论应当有鉴定人员的签名和鉴定机构的印章。《文物行政处罚程序暂行规定》第二十五条第一款规定，"对案件处理过程中需要解决的专业性问题，文物行政部门应当委托专门机构或者聘请专业人员提出意见"。第二款也明确规定，"文物的鉴定，应当以办理案件的文物行政部门所在地省级文物鉴定机构的鉴定意见为准。国家文物鉴定机构可以根据办理案件的文物行政部门的申请，对省级文物鉴定机构的鉴定意见进行复核"。据此，文物行政执法人员在办案过程中，如果认为涉案文物需要鉴定的，应在保护现场受损文物的前提下送省文物鉴定中心进行专业鉴定，以增强权威性。

6. 勘验笔录、现场笔录填制应当规范。应当记载检查、勘验的时间和地点；所记载的对象应当与行政违法主体一致，如不一致的，应当说明两者之间的关系；当事人、执法人员应当在笔录上签署姓名并注明"情况属实"等字样；当事人拒绝到场或者签名，执法人员应在现场笔录中注明；发生损害或者危害文物的事件，应当制作现场勘验图或者拍摄现场照片，并注明勘验图制图人或者照片拍摄人姓名、单位，以及相关图片制作、拍摄时间、地点、方位。以工程建设文物违法案件的查处为例，文物行政执法人员在对违法施工现场进行检查、勘验时，必须认真记录违法事实，当场制作的现场笔录、勘验笔录必须突出重点、详略得当，和违法行为有关的情况要详尽记载，和案件关联不大的情况可以略写，无关内容不写。现场拍摄的照片和摄制的录像的内容和数量、绘图的种类和数量等情况，都应在现场笔录中加以注明。当场制作现场示意图过程中，对于涉嫌违法标的物为建筑物的，必须按照比例制作勘查图并标明参照物，同时标注方向、画出参照物、注明违法行为地点；必要时可以制作《现场检查情况明细表》，和现场示意图互为补充。现场拍摄的照片和摄制的录像等内容必须清晰，每一幅画面要说明一个问题，多幅照片之间要有关联性，连起来能反映出违法标的物的整个内容。特别在拍摄违法标的物时，要有全景照片说明违法行为的全貌，违法行为的具体位置或方向要有若干张近照（要有参照物），同时说明违法行为的程度。现场照片必须注明违法标的物、违法行为地点、标注位置方向、拍照人、现场执法人员、拍照时间等要素，在事后调查时由当事方予以签字确认。

7. 调取有关资料或档案。比如在处理工程建设文物违法案件时，为确保检查、调查取证的及时、准确、有效，文物行政执法人员一方面要赴现场检查、勘验，另一方面要及时调取文保单位保护范围、建设控制地带的有关证明资料，查明施工区域究竟是否在保护范围、建设控制地带内。有关资料依据要以文保机构提供的为准。又如，不可移动文物的档案是记载不可移动文物原貌的最有力的证据，调取不可移动文物的档案，可以与其被侵害后的现状作比较，有利于执法人员定案，并可以作为处罚的依据。

8. 注意审查当事人及其授权委托书的有关身份证明材料，做到要素齐全，制作规范。当事人及其授权的委托代理人应当有有效的身份证明（如企业出示营业执照及复印件、公民出示居民身份证及复印件等，复印件应当注明"与原件核对一致"的内容）；当事人的授权委托书载明的受托人、委托事项及委托权限、内容应当明确、具体。

第四章 文物行政处罚决定书的形式研究

一 名称

（一）案例总览

在本书将评析的 67 份文物行政执法文书中，除 1 份为责令改正通知书外，共有 66 份处罚决定书。现将其处罚文书的标题名称分布情况统计如表一。

表一 处罚文书的标题名称情况统计

标题名称	数量	主要省份或城市	备注
行政处罚决定书	50	西安、江苏、上海、河南、湖北、浙江、江西、山东、北京、山西	
文物行政处罚决定书	9	安徽、江西、江苏等	浙江嘉善、江苏高邮
文化市场行政处罚决定书	4	宁夏	文化市场行政执法总队
文化文物行政处罚决定书	2	武汉	文化局
文物管理行政处罚决定书	1	扬州	

由上表可见，在文物行政执法中，绝大部分处罚文书所使用的名称是《行政处罚决定书》，而且其所分布的地区广泛涉及各个地区。当然，对上表及相关文书进行具体分析，我们还可以得出下列一些结论。

第一，在全国范围内，对于处罚文书的称呼或者标题并未完全统一。

例如，在浙江省的7份文书中，有5份称为《行政处罚决定书》（分别由杭州市园林文物局、杭州市萧山区文化广电新闻出版局、温州市文化广电新闻出版局、绍兴县文化广电新闻出版局、平阳县文化广电新闻出版局作出），有1份称为《文物行政处罚决定书》（由浙江嘉善县文化广电新闻出版局作出）。显然，尽管作出处罚决定的机构均为市、县两级文化文物行政部门，但其名称并未统一。在湖北省范围内，武汉市作出的是《文化文物行政处罚决定书》，而某某区文物民族宗教旅游局作出的却是《行政处罚决定书》，同样是不统一的。

最为突出的是江苏省的情况。大部分城市的文物局采用的名称均为《行政处罚决定书》，但是高邮市文物局采用的名称是《文物行政处罚决定书》，而扬州市文物局采用的名称却又是《文物管理行政处罚决定书》，充分反映了处罚文书命名的混乱与随意。

第二，相同名称的机构作出的处罚文书，其名称也不尽相同。

人们也许会认为，由于我国文物管理机构的特殊性，也由于全国各个地区政府机构改革的区别性，享有文物行政管理职责的部门并不完全相同，因此也决定了不同部门在决定处罚文书的标题或名称时不尽相同。但是，从66份处罚文书的名称来看，即使同属文化市场行政执法总队所作出的处罚文书，上海市的标题依然是《行政处罚决定书》，而宁夏回族自治区作出的却是《文化市场行政处罚决定书》。可见，处罚机构的名称与部门归属对于处罚文书的名称确定而言并非是关键的因素。

（二）名称研究

1. 法律依据

我国《行政处罚法》第三十九条规定："行政机关依照本法第三十八条的规定给予行政处罚，应当制作行政处罚决定书。"该规定并未涉及不同行政机关对于处罚文书是否应当或者可以添加另外的名称。因此，从依法行政的角度看，最为稳妥与合法的方式，就是完全依照《行政处罚法》的规定，直接称为《行政处罚决定书》。

我国《文物保护法》及其实施条例并未对此作出具体的规定，只有文化部于2005年发布的部门规章《文物行政处罚程序暂行规定》对此有所涉及，其第三十四条规定："文物行政部门负责人根据复核情况作出最终决定，并签发行政处罚决定书。"

依此，行政处罚文书的名称应当确定为《行政处罚决定书》。

2. 部门比较

在我国，《行政处罚法》适用于所有的行政机关依法进行行政处罚的行为，有关处罚文书的名称等问题也同样应当适用该法。考察现实执法实践，我国各相关行政机关也基本上将其处罚文书称为《行政处罚决定书》。例如环境、工商、建设、中国证监会等部门所作出的处罚文书，均直接称为《行政处罚决定书》，而未加任何行政机关的特殊部门。当然，也有一些行政部门并未如此。例如，有些税务机关所作出的文书称为《税务行政处罚决定书》。

3. 法院文书

由于人民法院代表国家行使司法审判权，从制度层面而言，其所作出的生效判决书具有终局的性质，而且相对于行政机关而言，人民法院在行政诉讼中要对行政机关的行政行为进行司法审查，因此人民法院的裁判文书更具有规范性与示范意义，无论是名称、文号还是其他形式与实体问题，均值得行政处罚文书借鉴。

在人民法院的审判实践中，依照我国的法律规定，总体上分为民事审判、行政审判和刑事审判，其诉讼法依据分别是《民事诉讼法》、《行政诉讼法》和《刑事诉讼法》，实行不同的审判程序，有着不同的审判要求，因此其判决书也相应地表述为民事判决书、行政判决书和刑事判决书。

（三）　结论与建议

基于以上分析，我们认为，文物行政部门所作出的行政处罚文书应当统一标题名称，具体可表述为：处罚机关 + 行政处罚决定书，其中"行政处罚决定书"需要换行居中。例如：

北京市文物局

行政处罚决定书

二　文号

（一）　案例梳理

处罚文书的文号，既要反映该处罚决定书的基本信息，例如处罚机关、处罚年份等，又要作为处罚机关内部管理的重要载体，无论是检索还是登记、统计等，都应基于文号所提供的信息。此外，文号的统一与规范，也是反映执法机关规范化的重要标志。

在 66 份行政处罚决定书中，有关文号的使用与表述是非常混乱的。现将有关情况统计为表二。

表二　处罚决定书的文号使用情况统计表

文号中的具体事项	数量及具体表现	备注
处罚机关简称	51	无（15）
文物的体现	文物（35）、文（22）、其他（6）	无（3）
字的前缀	罚字（45）、罚决字（6）、法字（5）、稽字（2）、决字（2）、文物处罚决定字（1）	无（5）
编号	第001号（27）、第1号（35）	其他（4）

由上可见，简单的一个处罚决定书文号问题，在全国各地的文物行政执法部门存在着各种表现形式与使用方法，无论是就全国统一的角度，还是有利于统计与管理，均有必要予以规范。

（二）处罚机关的简称

1. 是否需要体现处罚机关

在66份处罚决定书中，共有15份在文号中没有涉及处罚机关，具体情况又可以分为几类。

第一类是上海市实行行政机关综合统一执法后，不再在文号中体现不同的处罚领域和处罚年份，因而适用统一的编号，共有3份。例如，在上海市文化市场行政执法总队对张闻天故居管理所的处罚决定书中，其文号为"第2620080323号"，难以从中了解处罚的具体类别与处罚机关，虽然其文号中的"2008"可以被推测为2008年立案受理并作出决定的时间。

第二类是几个文物局的做法，在文号中没有体现出处罚机关的字样。例如，西安市文物局的处罚决定书文号均为"文罚字（2008）第011号"一类的表述方式，共有5份，由于该处罚决定书是统一印制的填表式文书，因此可以认为这是西安市文物局的统一要求；合肥市文物局也同样是统一印制的填表式文书，其字号的固定格式为"文物罚字（2008）第1号"，共有4份；

洛阳市文物管理局 2 份处罚决定书，虽然不是填表式文书，但其字号也同样是"文物（罚）字（08）第 001 号"。

由于第一类文书涉及行政执法体制的问题，在目前情况下不具有全国的普遍性与代表性，因此，本报告暂不予以讨论。就第二类文书而言，由于西安、洛阳是我国文物较为集中的地区，因此其处罚决定书具有一定的影响力，更需要予以规范。

考察各行政部门的行政处罚文书和人民法院的裁判文书，结合文书文号的意义与定位，我们认为应当体现处罚机关。

2. 如何体现处罚机关

在现有体现处罚机关的 51 份文书中，体现处罚机关的基本做法都是直接将本单位的简称加以表述，而不再增加任何其他因素（特别是没有体现上一级行政区划的名称），不论处罚机关是省、直辖市、自治区一级文物管理部门，还是市一级文物管理部门，甚至是区、县一级的文物管理部门。例如，北京市文物局的行政处罚决定书文号表述为"京文物罚字（2007）第 02 号"，此处的"京"代表省一级的北京；江苏省扬州市的行政处罚决定书文号表述为"扬文物罚字（2008）第 1 号"；江苏省南京市某某区文化局的处罚决定书，其文号表述为"（某某）文物决字（2007）第 01 号"。

值得注意的是，有些文物管理部门的文号中倒是体现了上一级的行政区划。例如，淮安市楚州区的行政处罚决定书表述的文号是"淮（楚）文物罚字（2008）第 1 号"，其体现的是市一级的行政区划；江苏省高邮市文物局的行政处罚决定书使用的文号是"苏（邮）文物罚字（2007）第（01）号"，体现的是省一级的行政区划。

我们认为，参照其他有关行政机关的处罚决定书和人民法院的判决书，可以考虑在全国文物系统统一有关处罚决定书的文号表述。

3. 结论与建议

处罚决定书的文号需要综合地体现有关行政处罚的信息，同时既有利于文物管理部门对有关文书及处罚的管理与统计，也要有利于有关当事人提起复议或行政诉讼时的表达，还要有利于广大社会公众的查询与阅读，故建议予以统一规范如下：省份简称 + 市简称（或县级简称）。例如，滨州市文物局所作出的行政处罚决定书的文号为"滨文物罚字（2007）第 1 号"，但由于文物行政部门的印章未能体现出其所属省或者市，如果该决定书中未援用《山东省文物保护条例》的规定，则一般公众将无法了解该处罚决定书所涉案件之地区。如果其文号表述为"鲁滨文物罚字"，则应当能较好地体现这些信息。

由于我国各省级行政区均有法定的简称，因此全国范围内的统一是没有难度的。而在各省级行政区范围内，各市、县也有相应固定的简称，因此也同样不存在问题。

（三）文物的体现

在行政处罚决定书的文号中，为了体现文物行政执法的特性，也为了区别于行政处罚机关所具有的其他职能以及作出的其他行政行为，需要体现出"文物"的字样。但是，在 66 份行政处罚决定书中，此类字样的体现也是形式各异的。其中最为突出与普遍的是"文物"和"文"两种表述方式。

在我们看来，由于"文"字既可能指代文物，也可能指代文化，因此使用"文物"一词更为准确，因此以使用"文物"两字更为合适，无论作出处罚决定的机关是文物局还是文化局。

需要指出的是，在某些地区，文物管理的职能或者归于文化局，或者由其他综合性或合并性的部门行使，则在体现行政管理部门属性时不宜全部引入。例如，浙江省温州市平阳县的文化广电新闻出版局。

（四）"罚"还是"决"？

就处罚决定书字号中"字"的前缀，在 66 份处罚决定书中，共有六种表述方式。除了"文物处罚决定字"属于对文号理解的错误外，"文物稽字"属于简单地以实施处罚的内部机构名称表述因而不具有研究意义外①，其他三种需要加以研究。

第一，"决"字。

如南京市某某区文化局的行政处罚决定书的文号为"关文决（2007）1号"，其之所以用"决"字表述，在我们推测，应当是"行政处罚决定书"中的"决定"一词的简称。但这一表述是不合适的，因为所有行政机关的对外行政行为，均需要由行政机关内部作出决定，"决"字不能反映出行政处罚的主要内容。此类情形还出现在南京市某某区的（某某）文物决字（2007）第 01 号行政处罚决定书中。

第二，"法"字。

在 66 份行政处罚决定书中，共有 5 份文书的字号使用"法"字。青岛市文物局的行政处罚决定书中，其文号表述为"青文物法字（2006）12号"；大同市文物局的 4 份行政处罚决定书的文号表述方式是"同文法字（2007）第 1 号"。如果其中的"法"字并非打字错误所致（即误将"罚"字打印成"法"字），则很有可能是文物局内部法规处撰写该文书形成的结果，因为从法理与行政处罚实务来看，在处罚文书中以"法"作为文号是非常罕见的。

第三，"罚决"字。

---

① 该行政处罚决定书中，处罚者"咸阳市渭城区文物稽查大队"应当是渭城区文物局的内设机构，但由于理解上的错误，直接由其名称对外实施了处罚，因而其文书的文号中就直接将稽查大队的"稽"字加入。

在 66 份行政处罚决定书中，共有 6 份的文号表述为"罚决"字，显然是对"行政处罚决定书"的简称。但正如"决"字不宜作为文号一样，"罚决"一词也没有必要甚至是不妥当的。

综上所述，为了充分体现文物管理部门对外行政决定文书的分类，也为了表明行政处罚决定书的重点与核心在于"罚"，我们的建议是采用大部分处罚文书的表述方式，即"罚"字。

（五） 编号的序数表述

在 66 份行政处罚决定书中，在编号序数的表述上，最主要的分歧是"第 001 号"还是"第 1 号"（当然有些文书中没有"第"字，显然是不合适的，如南京市某某区的行政处罚决定书为［2007］1 号）。

应当说，上述两种表述方式在各种文书中都曾出现，无论是其他行政处罚决定书还是人民法院的判决书。但是，我们认为以"第 1 号"的表述更为合适。

第一，人民法院的判决书文号是在立案阶段决定的，由于人民法院每年受理的案件数量众多，因此可能为了今后填表、统计时整齐划一，采用了"00001 号"这样的表述方式。其基本的原理是今后可能会有 9 万多起案件。

第二，文物行政处罚领域，就一般而言每年处理的案件并不多，因此以对未来开放并预留统计空间的编号就显得没有实质意义。

第三，从汉语的表述来看，"第 001 号"也显然是不通顺的。

（六） 结论与建议

基于以上的分析，我们认为，文物领域的行政处罚决定书，其文号表述可确定为：

省简称＋处罚机关所在地简称＋文物（罚）字＋（年份）＋第序号

例如：苏扬文物（罚）字（2008）第 1 号

三　格　式

（一）表格还是文书

1. 案例总览

在文物行政处罚决定书中，总体上可分为两类，即文书类与表格类。其中，表格类的处罚决定书共 22 份，占全部 66 份处罚决定书的三分之一①。

在表格类处罚决定书中，又可以分为打印式与手写式两类。在全部 66 份行政处罚决定书中，手写式表格尤以西安市文物局的行政处罚决定书为典型。

在西安市文物局的行政处罚决定书中，处罚机关的工作人员只需在事先印制好的表格内填写当事人名称、法定代表人及职务和电话、单位地址及邮编和电话、行为时间、行为地点、行为内容、所违反的法律法规名称与条

---

① 这 22 份表格式行政处罚决定书分别为：文物罚字（2008）01 号、赣文称罚字（2007）1 号、宁文行总（卫支）罚字（2008）第 10 号、宁文行总（石支）罚字（2008）第 29 号、宁文行总（固支）罚字（2008）第 6 号、（武文稽）罚决字（2007）第 714 号、北文体罚决字（2008）第 1 号、（豫新）文物罚字（2007）第 1 号、抚文稽字（2008）第 1 号、滨文物罚字（2007）第 1 号、（宿）文罚字（2007）第 2 号、合肥市文物罚字（2006）第 1 号、合肥市文物罚字（2007）第 1 号、合肥市文物罚字（2007）第 2 号、合肥市文物罚字（2008）第 1 号、合肥市文物罚字（2008）第 2 号、淄文物罚决字（2007）20 号、西安文罚字（2008）第 1 号、西安文罚字（2008）第 3 号、西安文罚字（2008）第 6 号、西安文罚字（2008）第 008 号、西安文罚字（2008）第（壹拾）号、咸渭文物稽字（2008）21 号、扬文物罚字（2008）第 1 号行政处罚决定书。

数、处罚所依照的法律法规名称与条数、行政处罚的内容、罚款交纳的银行及账号、作出行政处罚的时间及处罚决定书的文号，再加印处罚机关的公章即可。

2. 表格式决定书的缺陷

虽然表格式处罚决定书有着简便的优点，例如对于行政机关工作人员而言，只需填写固定的内容即可完成行政处罚，有利于提高工作效率。但是，无论是从《行政处罚法》的法定要求，还是当今法治时代对于行政机关依法行政的规范而言，手写式行政处罚决定书都是不甚合适的。

第一，表格式处罚决定书全面反映了行政机关机械执法的简单化思维。在这种思维中，违法者只是单一的主体，不存在共同违法的情形，因此其预定的当事人只有一个，或者是自然人，或者是单位，因此其表格显示为"当事人（单位）"，而且将当事人想当然地理解为自然人。事实上，《行政处罚法》第三十九条规定行政处罚决定书应当载明的事项中所包括的"当事人的姓名或者名称、地址"，意味着当事人既可能是自然人也可能是单位；在这种思维中，行政处罚决定书无需载明有关调查过程与证据，只需要以一行简单的文字确认当事人的违法行为即可；在这种思维中，无需向当事人以及社会公众全面展示行政机关在作出处罚决定时的事实清楚、证据充分、程序公正、处罚合法。

第二，表格式处罚决定书不符合《行政处罚法》的规定。该法第三十九条规定，处罚决定必须载明当事人违反法律、法规或者规章的事实和证据。姑且不论该事实必须由具体的时间、行为人、具体行为情节等内容构成，仅就证据而言，表格根本就未为证据留下任何记载的究竟，更勿论该证据的取得、当事人对证据的意见、处罚机关的认定等。因此，仅就此种形式而言，表格式处罚决定书是不符合法律要求的。

第三，表格式处罚决定书极不严肃。不仅手写的表格式文书非常不严肃与规范，即使是打印的表格式处罚决定书，也存在涂改的情况①。

例如，在咸阳大成禽业有限公司违法一案中，处罚机关在填写处罚决定书的事实部分时写道：

经查明，当事人于 2008 年 7 月　 日在该企业施工中未办理文物钻探手续，非法施工，并造成古墓葬被破坏。上述事实清楚，证据充分，应予认定②。

该处罚决定书中，年、月、日三项时间要素，仅填写了年和月，日前面的数字是空白。就阅读者而言，可以推断处罚机关并未查清具体是哪一天开始非法施工，则如何能够说明事实清楚、证据充分呢？显然，这样的处罚决定书是缺乏严肃性与规范性的。

第四，对于文物行政处罚而言，由于此类案件并非突发且需要当场作处罚决定，因此并不存在临时与紧迫的条件限制，从而使用表格式处罚决定书也并非案件处理实务之必需。

3. 结论与建议

为了保障文物行政处罚行为的严肃性与规范性，更为了适应文物违法案件的各种复杂情况，文物行政管理部门不应再采用表格式的行政处罚决定书，而应当使用文书式的决定书。

（二）手写还是打印

在表格式处罚决定书中，又可分为手写式与打印式两种。手写式的决定

---

① 例如，滨州市文物管理处滨文物罚字（2007）第 1 号处罚决定书将打印好的《文物保护法》第十五条用笔划掉，意味着该条并未被违反，但是又并未加盖该文物管理处的校对章或公章。

② 渭城区文称稽查大队咸渭文物稽字（2008）第 21 号行政处罚决定书。

书共有 8 份，主要是西安市文物局、洛阳市文物局的决定书中。

在研读相关手写的处罚决定书后，我们认为，这种方法应当在行政执法中杜绝。

第一，手写式决定书十分不严肃与规范。

有的处罚决定书由于是表格式的，其预留的空格非常有限，因此会出现大量的文字拥挤在狭小空格处的现象，例如一行空格写两行文字，或者是三行空格只写两行从而留有多处空白①；或者是因为工作人员笔迹之不甚清楚、书写不甚规范而令阅读者颇为费劲②；显然如果是打印式的文书，即使是表格式，由于可以在电脑中不断延长其空格或者缩短空格，也完全可以避免这些问题。这样的状况，即使一般公众的书信来往、学生作业尚且不能容许，更何况是代表国家行政机关作出的具有法律约束力、决定着当事人权利义务的正式法律文书！

第二，手写式决定书不利于管理。

从行政部门加强内部管理、提高执法质量与完善执法监督的角度，《行政处罚决定书》不仅要送达给被处罚的当事人，还要行政机关自身保留数份，既有利于今后作为行政机关各种活动的直接依据（例如行政复议、行政诉讼或申请强制执行），也有利于存档、统计与管理。如果是手写式，要求工作人员手写数份，反而降低效率并影响质量；而简单地加以复印，又缺乏足够的法律效力。

（三）　通知还是决定

在梳理 66 份行政处罚决定书时，我们发现无论是表格式还是文书式的处

---

① 例如武汉市文物局（武文物）罚决字（2007）第 1 号行政处罚决定书。而且该决定书将其文号用印章印制成了（2007）第 07001 号，给人印象是该决定书为第 7001 份处罚决定书。

② 例如西安市长安区文物局（2008）第 10 号处罚决定书，而且该决定书的文号数是以"壹拾"标出。

罚决定书，均存在着通知式与决定式两类格式，而通知式决定书存在着各种缺陷，需要在今后的行政处罚实践中予以改正与避免。

1. 通知式文书的基本状况

由于在表格式决定书中，绝大部分均事先印制了固定的内容，而这些固定内容中又包括了"经查你（单位）"、"决定给你（单位）＿＿＿＿的行政处罚"、"限你（单位）＿＿＿＿"等字样，因此也就决定了此类处罚决定书必然表现为一种仅面向被处罚人的通知式文书①。

更为突出的是，合肥市文物管理处直接就是以通知书的方式来理解处罚决定书，在载明"文物行政处罚决定书"和文号后，其正文的内容是：

> 福建金辉集团安徽房地产有限公司：
> 违法事实、法律住所和处罚决定：2008 年 8 月 27 日，我处接电话……②

即使是文书式的处罚决定书，可能是由于长期以来表格式处罚决定书的影响与惯性，也同样存在着通知式文书的痕迹。

例如，北京市文物局的文书中表述道：

> 2007 年 4 月 9 日，市文物局执法人员在检查北京市市级文物保护单位八大处灵光寺时，发现你单位擅自在该文物保护单位的保护范围内进行房屋改建工程。……本行政机关对你单位处以罚款五万元人民币。请你单位于收到本决定书之日起 15 日内……③

虽然该行政处罚决定书是较为正式的文书，在抬头部分也有对当事人、

---

① 如河南省新乡市文物管理局（豫新）文物罚字（2007）第 001 号行政处罚决定书。
② 合肥市文物管理处文物罚字（2008）第 2 号文物行政处罚决定书。
③ 北京市文物局京文物罚字（2007）第 03 号行政处罚决定书。

地址、法定代表人的介绍，但其正文部分则完全是一种通知的表述方式。

2. 通知式文书的缺陷

第一，如果在一起文物行政违法案件中，涉及两个以上的当事人时，此种"你单位"的表述方式将导致指称混乱，必然无法确切地陈述各当事人的违法行为及其法律责任。

例如，内蒙古某县矿业矿业有限责任公司在长城保护范围内违法采矿案中，当事人姓名为李文艺，另有单位名称为该公司（法定代表人为李文艺）。在理解上，似乎该案有两个当事人即李文艺与该公司。但在处罚决定书的正文中，则表述为：

> 你（单位）于 2007 年 5 月……现责令你单位于 2007 年 12 月 25 日前履行处罚。你单位对本处罚决定不服的，……你（单位）逾期不申请行政复议……①

姑且不论该案中将公司与公司法定代表人同列为文物违法行为的当事人是否合适，其处罚决定书的表述中，同时出现了两种表述，"你（单位）"似乎同时包括了个人与公司，而"你单位"显然仅指公司。这样的表述不仅使违法行为的主体模糊不定，而且更使违法责任的承担者模糊不清，而其根源正是来源于通知式文书的根本缺陷。

第二，行政处罚决定书虽然是行政机关作出、确认当事人违法行为及应承担法律责任的文书，似乎其针对的对象仅仅只是当事人，但是由于行政处罚决定书代表的是国家行政机关对某一当事人违法行为的确认和对相关法律的适用，起到的不仅是制裁具体当事人的作用，更具有宣传法律、解释法律和威慑其他潜在违法当事人的作用，因而不仅仅只是行政机关与具体当事人之间的一种通知式文书，因此应当以客观的方式加以陈述。《行政处罚法》

---

① 大同市文物局同文法字（2007）第 4 号行政处罚决定书。

要求在行政处罚决定中载明当事人的情况，也就意味着处罚决定书必须由处罚机关以第三人称的方式记载当事人的违法行为，并表明处罚机关给予的相应行政处罚。

第三，由于行政处罚决定书所要记载的内容还包括有关权利的告知等内容，因此使用"你单位"、"你"等通知书方式陈述，必然不能适应行政处罚决定书的内在要求，并必然在文书中表现出前后矛盾与不统一。

例如，在刘锦香行政处罚一案中，仪征市文化局在行政处罚决定中的前面部分表述为：

> 你发现文物隐匿不报一案，经过调查，现已查明：……你的行
> 为违反了《中华人民共和国文物保护法》第三十一条第二款。

而后面部分则表述为：

> 决定给予当事人刘锦香罚款人民币伍仟元的行政处罚。当事人
> 刘锦香应当……

而在告知复议与起诉的内容时，则干脆不再提及行为主体：

> 如不服本处罚决定，可以在接到……①

显然，在这一份行政处罚决定书，文化局共使用了"你"、"当事人刘锦香"和不提主体的三种表述方式，使得这一份处罚决定书缺乏应有的严肃性与规范性。而且，这种交替使用第二人称与第三人称的表述方式，甚至可能会导致当事人对相关事实与处罚内容的理解出现混乱。

例如，在江苏金柏年房地产开发有限公司一案中，处罚决定书写道：

> 你单位破坏明城墙一案，经调查，……以上情况都有相应证据

---

① 仪征市文化局仪文罚字（2008）第14号行政处罚决定书。

证明，本案当事人也供认不讳。……上述事实清楚，证据充分，当事人已经违反了《中华人民共和国文物保护法》第二十条第一款的规定，属于严重破坏不可移动文物的行为。我局在 2007 年 11 月 1 日对你单位送达了行政处罚听证告知书，对你单位的违法行为拟给予行政罚款 50 万元[①]。

该处罚决定书中，由于交替使用"你单位"和"当事人"的表述方式，容易给人造成这样的一种理解，即行政处罚的对象是该单位，而从事违法行为的却是其他当事人，但决定书中明确载明的当事人又是该单位即房地产开发公司。事实上，由于在某些事实描述和处罚内容的表述时不宜直接使用第二人称，因此必然出现上述的交替使用。

3. 行政处罚决定书的本来面貌

行政处罚决定书所记载与反映的是行政机关基于当事人的违法事实，依据法律的规定所作出的处罚决定。因此，与其说是向当事人传达其受处罚的信息，不如说是表明行政机关作出处罚决定的正确性、合法性与合理性。而此种合法性与合理性，不仅要向当事人传达，更需要向上级行政机关（复议机关）、人民法院（司法审查机关）和社会公众表明。因此，处罚决定书绝不仅仅只是处罚机关与当事人之间的一种文书，更是一种需要接受社会公众监督与司法审查的文书，而绝不等同于处罚决定通知书。

（四）结论与建议

综上所述，我们认为，文物主管部门对文物行政违法行为进行处罚所作

---

① 宿迁市文化局（宿）文罚字（2007）第 2 号行政处罚决定书。

出的行政处罚决定书，应当采用打印式的文书方式，而且应确立规范性、严肃性的指导思想，抛弃简单执法的思维方式和通知式文书的认识，采用第三人称方式客观地陈述案情、证据、法律适用与处罚内容。

四　当事人

（一）案例总览

行政处罚决定书中对于违法行为人的称呼是什么？在 66 份处罚决定书中，共有 57 份称为"当事人"，有 3 份称为"被处罚人"，另有 7 份由于采用通知书形式，因此未给予特殊的称呼。

称为"被处罚人"的是广州市文化市场综合行政执法总队穗文总罚字（2007）第 1100 号行政处罚决定书和洛阳市文物管理局文物（罚）字（08）第 002 号、第 003 号行政处罚决定书。

采用通知书形式因而未提及违法行为人称呼的分别是合肥市文物管理处的 5 份文物行政处罚决定书、淄博市文物事业管理局淄文物罚决字（2007）20 号行政处罚决定书和某市荆州区文物民族宗教旅游局荆文宗旅行（2007）第 1 号行政处罚决定书。

例如，后者写道：

某市荆州区某石料厂：

你单位未经文物行政部门批准，……

你单位在收到本局行政处罚决定书之日起 15 日内，……

你单位若本行政处罚决定不服和有异议……

该文书由于采用通知书的格式，因而未对被处罚的该企业给予特别的称呼。

（二）采用“当事人”的称呼

将违法行为的行为人在处罚决定书中表述为当事人，既是法律的要求，也是法理的要求。

就《行政处罚法》的规定而言，从第二十三条开始出现“当事人”一词后，全文共有 52 处提及“当事人”的概念，而且其有关行政处罚决定内容规定的第三十九条明确要求：“行政处罚决定书应当载明下列事项：（一）当事人的姓名或者名称、地址；”因此，将违法行为的行为人或违法责任的承担人称为“当事人”是法律的要求。

此外，在人民法院的判决书中，由于司法案件都存在着双方当事人，无论是民事诉讼和行政诉讼中的原告与被告，还是刑事诉讼中的公诉机关与被告人，均有着诉讼中的对立或抗辩关系，因此不能直接均称为当事人，而是根据其诉讼地位而分别称呼。但是，在行政处罚案件中，无论行政机关内部实行调查、提出处罚意见、作出处罚决定是否由不同的部门承担或者由不同的人员承担，总体上仍然是行政机关整体的意志，因此行政机关作为裁决者，与违法行为人并非均属于当事人地位，因此“当事人”一词由于特指违法行为人，故可直接称呼之。

虽然，“被处罚人”一词可能直接表明其法律地位，并可与行政机关作为处罚人的地位相对应，但鉴于该词在实践运用中由于有着过强的评价导向，尤其是行政机关作出的处罚决定还有可能遭到复议机关或者人民法院的撤销，因而不如“当事人”更具有描述与表达的中立性、客观性，因此不宜使用。虽然在我国的行政处罚实践中，有些部门也使用此类表述，但仍然值得商榷。

例如，在某部门的行政处罚决定书中，其表述方式是：

被处罚人：山西汾阳市建筑金属结构有限公司

山西汾阳市建筑金属结构有限公司：

2005 年 4 月 10 日，由你公司施工的山西安泰集团二电厂汽机间网架工程，发生一起屋面网架坍塌的重大施工伤亡事故，造成 5 人死亡，6 人轻伤。

正如前文所分析的，该决定采用通知书的形式加以表述，显然是不符合行政处罚决定书的内在要求的。

（三）单位当事人的表述

在文物行政处罚的案例中，大部分当事人都是单位，而对于单位当事人的有关表述也存在一定的问题。

1. 单位全称

有的案例中，处罚决定书并未采用单位的全称，从而反映出处罚决定书撰写的不严肃。因为单位名称特别是企业名称，在我国是有着特殊的规定与要求的。我国《企业名称登记管理规定》第七条规定："企业名称应当由以下部分依次组成：字号（或者商号，下同）、行业或者经营特点、组织形式。"《企业名称登记管理规定实施办法》继续规定道："企业名称应当由行政区划、字号、行业、组织形式依次组成，法律、行政法规和本办法另有规定的除外。"因此，从法律角度而言，由这四个部分组成的名称才是企业具有法律效力的正式名称。在具有法律效力的文件中，均应使用正式的全称，才能够体现出严肃性、规范性，也体现出对当事人的尊重。

在武汉市文化局的处罚决定书中，当事人名称表述为"堂唐建筑有限公司"，显然缺乏行政区划的部分[①]；在郧县文物局的处罚决定书中，当事人名称表述为"农业银行郧县支行"，显然名称中缺少了中国农业银行中的"中

---

① 武汉市文化局（武文物）罚决字（2007）第 7001 号文化文物行政处罚决定书。

国"两字①。

又如，辽阳市的一份文书中，对于当事人的表述是：

> 当事人：胜利装潢公司　法定代表人：李嘉涛　性别：男　年龄：
> 工作单位：辽阳胜利集团胜利装潢公司　电话：2135180
> 住址：辽阳市白塔区　邮编：111000②

在该行政处罚决定书中，对于当事人的介绍是简称，而对于所谓的"工作单位"的介绍倒是全称，这显然是一种本末倒置的做法。而邮编显然也是多余的，虽然在寄送行政处罚决定书是必需的，但不应当出现在该处罚决定书中。

2. 单位与法定代表人的关系

在法律上，法人只是法律对于团体、单位、组织等的一种拟制，赋予其法律主体资格。但是，法人毕竟不是自然人，无法客观地表述其意志、从事其行为，因此需要由自然人代表或者代理从事意志表达与行为从事，这就需要法律建立法定代表人制度。换言之，法人的意志是由法定代表人这一自然人代为传达的，或者说法定代表人以法人的名义所作出的言行，在法律上视为法人的意志与行为，由法人承受法律后果。在特定的情况下，行政法和刑法可能在追究法人法律责任的同时，还对法定代表人（作为直接责任人员）追究相应的法律责任，即所谓的两罚制。不过，在文物行政处罚案件中，一般而言均仅对从事违法行为的单位追究责任，并未实施两罚制。由此，文物领域的行政处罚决定书，法定代表人并非当事人，而只是法人单位的代表而已。

但是，在66份行政处罚决定书中，部分存在着混淆两者关系的现象。

在山西大同市文物局的4份行政处罚决定书中，全部存在着当事人描述的混乱情况。例如，其当事人一栏的表述是这样的：

---

① 郧县文物局郧文物行罚字（2008）第001号行政处罚决定书。
② 辽阳市文化市场行政执法支队辽市文物罚决字（2007）第（01）号行政处罚决定书。

当事人	姓名	高文田	性别	男	年龄	50
	住址或单位名称			阳高县田隆矿业有限公司		
	法定代表人			高文田		

在该当事人一栏的内容来看，该案被处罚的应当是高文田和田隆公司。当然，如果将当事人仅理解为高文田一人，似乎也能成立，因为其"住址或单位名称"一栏似乎可以理解为是对高文田所在单位与住址的补充描述，但是法定代表人的说明又与前述理解相矛盾。更为关键的是，在该行政处罚决定书的正文中，又表述为针对单位的处罚：

> 现责令你单位于 2007 年 9 月 3 日前履行处罚。你单位对本处罚决定不服的，可以在收到本决定书之日起……①

因此，我们基本上可以确定，该处罚决定书的真正当事人是法人单位即田隆公司，而将法定代表人列为当事人之一，实际上是处罚机关误解了法定代表人与法人单位的关系。

3. 单位的规范表述

如果当事人是单位，则处罚决定书中应当陈述其哪些内容呢？对此，各地的做法并不相同，一定意义上是相当混乱的。

有的处罚决定书中除了单位的名称外，没有任何其他内容。

例如，抚州市文物局的处罚文书对于当事人的描述是：

> 当事人：抚州市投资发展有限公司
>
> 住址或地址：_____②

---

① 大同市文物局同文法字（2007）第 1 号行政处罚决定书。
② 抚州市文物局抚文稽字（2008）第 001 号行政处罚决定书。

　　该处罚决定书（手写式）不仅充分说明了手写式处罚决定书的不规范与不严肃，而且将当事人的地址保留空白，不符合《行政处罚法》的明文规定与要求。

　　有的处罚决定书错误理解法律的规定要求，有关用语也不规范。

　　例如，荆州市文物主管部门的处罚决定书写道：

荆州市荆州区八岭山连心石料厂：

　　法人代表：胡传凯，地址：荆州市荆州区八岭山镇连心石料厂。

　　联系电话：13972392461。

　　你单位未经文物行政部门批准，于……①

　　该处罚决定书中，不仅将法律规定的"法定代表人"错误地表述为"法人代表"，而且误将单位的地址理解为是法定代表人的住址。

　　与该处罚决定书相同的是，有大量的处罚决定书中，在描述单位的信息时，往往缺乏对法定代表人职务的介绍。

　　例如，北京市文物局的处罚文书写道：

　　当事人：中国佛教协会

　　地址：北京市西城区阜内大街25号

　　法定代表人：一诚②

　　该文书中，对于一诚的职务没有叙述，从严格与规范的角度看，应当对其职务加以介绍。此外，出现于法律文书的自然人姓名，应当是以其居民身份证所登记的姓名为准。

　　有的是在当事人名称之外，描述了地址或者住址、法定代表人（负责

---

① 荆州市荆州区文物民族宗教旅游局荆文宗旅行字（2007）第1号行政处罚决定书。
② 北京市文物局京文物罚字（2007）第03号行政处罚决定书。

人）及其职务与电话。

例如，郑州市文物管理局的文书记载：

当事人：肯同（郑州）置业有限公司

地址或者住址：郑州市管城区西三马路8号

法定代表人（负责人）：宋海聚　职务：董事长　电话：1583

8289698①。

在该信息内容中，"地址或住址"显然是表格式文书的后遗症：如果当事人是自然人，则填写住址；如果是单位，则填写地址。当已经明确本案中的当事人是单位时，则显然没有必要再写上"或住址"三个字。同样，"法定代表人（负责人）"的表述方式也是表格式文书的体现：如果单位具有法人资格，则必然是法定代表人；如果单位不具有法人资格，则法律上与法定代表人具有同样性质与地位的自然人表述为"负责人"②。在本案中，当事人是有限公司，显然是具有法人资格的，则宋海聚的身份是法定代表人，因此"（负责人）"应当予以删除。此外，法定代表人的手机号码不应当出现在处罚决定书上，因为没有任何法律意义，相反可能会导致其个人隐私信息的泄露。有关当事人的信息描述，应当是用以确定该当事人的唯一性。

4. 结论与建议

综合以上分析，我们认为，对于单位当事人的描述内容应当包括以下内容，即：名称（必须是该单位的登记文件或企业营业执照所表明的全称）、地址（也应当是登记文件或企业营业执照所载明的法定地址）、法定代表人

---

① 郑州市文物管理局郑文物罚字（2008）第3号行政处罚决定书。

② 具有法人资格的有限公司不应使用"负责人"一词来表述"法定代表人"。有的处罚决定书中将当事人洛阳开拓房地产开发有限公司的法定代表人表述为"负责人"，显然是错误的。

（如果该单位不具有法人资格，则为负责人）及其职务（法定代表人作为单位的代表，不应出现其他个人信息，如年龄、性别、住址、电话等）。其他内容如电话号码、邮编等不应当出现在处罚决定书之中。

（四）个人当事人的表述

当文物违法行为的主体是自然人个人时，相应较为简单。虽然《行政处罚法》仅规定处罚决定书必须载明"当事人的姓名或者名称、地址"，即要求载明自然人当事人的姓名和地址，但鉴于描述当事人的目的是用于确定该案件中的当事人的唯一性，即避免因为可能的重名现象而导致错罚现象，因此，为了严谨起见，应当借鉴法院判决书的实践，对于个人当事人，尽可能记载除姓名、住址以外的下列信息：性别，民族，年龄，职业。因此，仪征市的处罚决定书是较为规范的，其记载当事人的部分写道：

当事人：刘锦香，女，1967 年 2 月 18 日出生，住址：仪征市新城镇三将村李庄组 27 号，农民①。

五　处罚机关的表述

（一）案例总览

对于处罚机关的表述，各地的处罚决定书各不相同。总体而言，可以统计成表三。

---

① 仪征市文化局仪文罚字（2008）第 14 号行政处罚决定书。

表三　处罚机关表述方式一览表

表述方式	数量	处罚文书所在地区	备注
通篇未提及	13	江西、宁夏、大同、青岛	
本执法机关	2	武汉	
本行政机关	4	北京	
本机关	26	西安、江苏、合肥	
我局	13	江苏、洛阳	
本局	3	江苏、浙江	
本大队	1	上海	行政执法大队
我队	1	广州	行政执法总队
本行政处罚机关	1	郴州	文物事业管理处

需要说明的是，除了上述各种表述，许多文书还可能会同时出现其他表述方式，从而在同一份行政处罚文书中出现两种表述。

例如，在北京市文物局的文书中，正文第一部分写道：

> 2007 年 12 月 3 日，我局执法人员按照举报线索……

第二部分却写道：

> 本行政机关责令你单位……①

此种情形更为普遍的是出现在处罚部分和执行告知部分，许多文书往往在这两个部分使用不同的表述。

例如，宿迁市文化局的处罚决定书中，处罚部分写道：

> 我局在 2007 年 11 月 1 日对你单位……

而在有关执行的告知中却写道：

---

① 北京市文物局京文物罚字（2008）第 01 号行政处罚决定书。

期满不申请行政复议或不提起行政诉讼也不履行行政处罚决定的，本行政机关有权申请人民法院强制执行①。

（二）　能否不提处罚机关

在总数 66 份的行政处罚决定书中，共有 13 份文书通篇只字未对处罚机关进行表述（除了标题和公章）。总体而言，这些文书基本上都是表格式文书，由于表格中固定内容未提及处罚机关，因此执行人员在表格填写中也无法加以体现。

但是此种文书的制作方式显然存在众多问题，应当加以改正与避免。

第一，文书不符合基本的语法。

以滨州市文物管理处的处罚决定书为例，该决定书是表格式的，其基本的固定内容是：

> 经查_____，违反了_____，根据_____，决定给予_____。依据《中华人民共和国行政处罚法。》第四十六条第三款的规定，接到本决定书 15 日内到工商银行滨城区支行（百货大楼南邻）交纳罚款，停止违法行为。《中华人民共和国行政处罚法》第五十一条规定当事人逾期不履行行政处罚决定的，作出行政处罚决定的行政机关可以采取下列措施……②

通读该处罚决定书，基本上是没有主语的，从而将当事人的行为、义务、责任，与处罚机关的决定、权力等相互混淆，既不符合语法规范，更不能体现出行政处罚决定书应有的严肃、规范与严谨。

---

① 宿迁市文化局（宿）文罚字（2007）第 02 号行政处罚决定书。
② 滨州市文物管理处滨文物罚字（2007）第 1 号文物行政处罚决定书。

在其他未提及行政机关的文书，情况基本类似。

第二，容易导致理解的偏差与混乱。

由于未提及行政机关，在上下文的表述中，极容易出现权利义务主体的混乱，从而可能会出现理解上的偏差。

例如，不少行政处罚决定书在告知执行问题时，往往是这样表述的：

> 你（单位）逾期不申请行政复议或者提起诉讼，又不履行义务的，将申请人民法院强制执行①。当事人逾期不申请复议或者提起诉讼，又不履行义务的，将申请人民法院强制执行②。

从汉语的表述规范与合理解释来看，由于未提及行政机关的主体，上述表述方式给人的印象是，如果当事人不申请复议或起诉，也不履行义务的，则由当事人申请人民法院强制执行，而实际上并非如此。《行政处罚法》第五十一条明确规定："当事人逾期不履行行政处罚决定的，作出行政处罚决定的行政机关可以采取下列措施：……（三）申请人民法院强制执行。"该条文明确地规定了两种行为的不同主体，处罚机关或许为了避免使用对自己的表述，而故意将其略去，从而导致此种内容的含糊。

（三）本机关

在 66 份行政处罚决定书中，以"本行政机关"、"本机关"、"本执法机关"等方式表述的共有 30 份，将近占到一半，由此可见此种表述方式的普遍性。但是，我们认为这种表述是不妥当的，应当在处罚决定书中避免。

---

① 大同市文物局同文法字（2007）第 4 号行政处罚决定书；渭城区文物稽查大队咸渭文物稽字（2008）021 号行政处罚决定书。

② 江西省文化厅赣文物罚字（2007）1 号、（2008）01 号行政处罚决定书；青岛市文物局青文物法字92006）12 号行政处罚决定书；

第一，行政机关、执法机关等往往是在第三者客观描述政府行政管理部门的性质时使用，一般很少用于行政机关的自称。正如人民法院很少在文书中自称"本审判机关"、人民检察院很少在文书中自称"本法律监督机关"。

第二，有些处罚机关可能受到《行政处罚法》规定的影响，认为依照该法的规定，应当采用行政机关的描述。但是实际上，由于《行政处罚法》需要规定所有的行政机关在作出行政处罚决定时的原则、程序、内容与救济，而这些处罚机构的共同性质与特征便是作为行政机关的定位，因此只能使用这样的表述。但是在具体的行政机关在作出具体的行政处罚时，不宜再使用没有任何特殊性的"行政机关"的表述。

第三，正如《文物保护法》为相关主体设定权利义务和责任时，只能使用抽象统一的"人民政府文物主管部门。"例如，第七十条规定："有下列行为之一，尚不构成犯罪的，由县级以上人民政府文物主管部门责令改正，可以并处二万元以下的罚款，有违法所得的，没收违法所得。"但是，文物领域的处罚决定书中不可能出现"本文物主管部门"字样，而是需要具体体现为特指的文物主管部门。

（四）我局

使用"我局"字样的行政处罚决定中一共有 13 份，约占 20%，也具有一定的广泛性。但是，我们认为，"我局"的表述方式也是不合适的。

"我局"、"我方"一类的表述往往出现在仅面向特定对象的信函、公文或通知中，是通知式处罚决定书的典型用法。但正如前文所分析的，由于行政处罚决定书的法律性质与基本定位，应当抛弃通知式处罚决定书的习惯，而改用面向社会公众的法律文书的基本定位，因此不宜再使用"我局"一类的表述方式。

虽然"我局"一类的表述方式在其他行政机关的处罚决定书也经常出

现，但是从具有规范性的人民法院的判决书来看，一般都是使用"本院"的表述。而且从语言习惯而言，"我局"具有更多的主观色彩，而"本局"则具有一定程度上的客观性，更符合法律文书的要求。

当然，即使是"我局"的表述，也必须是该处罚机关属于"局"的名称，否则便更不合适。例如，辽阳市文化市场行政执法支队，即使使用此类表述，也应当是"我队"或"我支队"，但是其所作出的处罚决定书中却写道："逾期无合法依据，又不履行行政处罚决定的，我局将依法强制执行或者申请人民法院强制执行。"① 显然这样的表述是不合适的，将会导致申请强制执行中出现主体适格性的争议，甚至影响到作出该行政处罚的主体的适格性。

（五）结论与建议

基于上述分析，我们认为，在行政处罚决定书中，处罚机关应当根据自己的名称，简称为"本局"、"本处"或"本队"等。虽然在现有的处罚决定书中此类表述只有4份，但应当成为最主要的表述处罚机关的方式。

---

① 辽阳市文化市场行政执法支队辽市文物罚决字（2007）第（01）号行政处罚决定书。

第五章　文物行政处罚决定书的内容研究

一　法律责任

（一）法律规定综述

对于文物领域的违法行为，我国《文物保护法》第六十四条至第七十五条规定了相应的法律责任。其中，由文物主管部门予以追究责任的违法行为，主要规定在第六十六条、六十八条、七十条、七十一条、七十四条和第七十五条。现将有简单整理如表四。

表四　《文物保护法》规定的违法行为及其法律责任

条文	违法行为	法律责任
第六十六条	擅自建设；擅自迁移文物等六种；	责令改正；罚款；吊销资质证书
第六十八条	转让或抵押文物；改变文物用途	责令改正；没有违法所得；罚款
第七十条	未配备安全设施；出租出售文物	责令改正；罚款；违法所得
第七十一条	买卖文物等	责令改正，没收违法所得；罚款
第七十四条	隐匿不报	追缴文物；罚款
第七十五条	擅自改变文物用途等	责令改正

此外，《文物保护法实施条例》第七章对文物领域的违法行为及其法律

责任作了相应的补充规定，涉及文物主管部门予以处罚的规定见表五。

表五　违法行为及法律责任

条文	违法行为	法律责任
第五十五条	无资质证书从事文物工程建设	责令限有改正；罚款；刑事责任
第五十六条	无资质证书从事文物修复等活动	责令停止违法活动，没有违法所得；罚款；刑事责任
第五十八条	擅自修复文物等	警告，罚款；行政处分
第五十九条	考古发掘单位未提交报告	责令限期改正；行政处分
第六十条	考古发掘单位未移交文物	责令限期改正；行政处分
第六十一条	文物出境展览超过期限	责令限期改正；行政处分

（二）案例总览

1. 违法行为类型

研读 66 份行政处罚决定书，其所涉及的文物违法行为，主要包括《文物保护法》第六十六条第一款所规定的各种行为，现将相关资料整理如表六。

表六　66 份行政处罚决定书所涉及的违法行为及案例数量

违法行为	案件数
擅自施工	41
发现文物未报告	11
擅自迁移拆除文物	5
破坏文物（长城）	4
无资质修缮文称	2
擅自拍卖文物	1
未配备安全设施	1
擅自设广告	1

由此可见，从已有的行政处罚决定书来看，违法行为主要是未经批准而擅自在文物保护单位的保护范围内进行建设施工活动。事实上，其他领域的违法行为，也往往是与建设工程相关。例如，擅自迁移拆除文物的行为也往往是在其他工程建设过程中发生的：

西安市第二市政工程公司在西安市雁塔区陆家寨村村东、公园南路施工工地 A 标段，擅自迁移拆除不可移动文物①。

2. 处罚内容

在 66 份行政处罚决定书中，有一份仅明确要求当事人责令改正而并无具体的处罚内容，其他涉及的处罚种类有警告、罚款、没收违法所得等，现将其总结成表七如下。

表七　处罚内容一览表

处罚内容	数量	备注
罚款	45	处罚决定书中仅有罚款的处罚
罚款＋责令改正	16	责令改正有责令拆除等各种形式
罚款＋责令改正＋没收违法所得	1	针对擅自拍卖文物保护单位行为
警告＋责令改正	3	
责令改正	1	
没收违法所得	1	设施商业广告

（三）仅有罚款是否合适

由表七的统计可以发现，在绝大部分处罚决定书中，罚款都是最为主要的行政处罚内容，而其中单纯处以罚款的又占四分之三左右。由此提出的问题是：

---

① 西安市文物局文罚字（2008）第 01 号行政处罚决定书。

在文物行政执法中，对于违法行为的处罚，是否可以主要或者单纯依靠罚款？

1. 法条分析

《文物保护法》第六十六条的规定是："有下列行为之一，尚不构成犯罪的，由县级以上人民政府文物主管部门责令改正，造成严重后果的，处五万元以上五十万元以下的罚款；情节严重的，由原发证机关吊销资质证书。"依此规定，则可以发现，法律首先要求文物主管部门采取的行动是责令当事人改正，只有在其违法行为造成严重后果的情况下，才处以罚款。当然由于文物保护领域中违法行为造成的后果是否严重尚有待结合个案而进行判断，但最为重要的是通过责令改正以避免对文物造成的损害与破坏，这应当是文物保护领域最为根本的任务与职能。而罚款只是通过向违法行为施加不利的违法成本，令其为其违法行为付出代价，以表明国家对其行为的否定性评价，并引导其今后的行为，此外也对其他社会公众起到警戒的作用。

2. 案例中反映的问题

但是，研究单纯处以罚款的45份行政处罚决定书，我们可以发现，除了部分是无法采取责令改正的措施外，大部分均未能准确理解法律的规定和精神，而过分追求罚款。

例如，在西安市第二市政工程公司擅自迁移、拆除不可移动文物一案中，行政处罚决定书中，不仅只是写道"本机关决定对你（单位）作出人民币伍万元的行政处罚"，而且用了较多的篇幅详细地规定了有关交纳罚款的内容：

> 收款形式：限于接到本决定之日起15日内将罚款缴纳至西安市工商银行南大街支行，账号020001。逾期不缴纳罚款的，我局将每日按罚款数额的在分之三加处罚款[1]。

---

[1]　西安市文物局文罚字（2008）第（011）号行政处罚决定书。

　　上述处罚决定书的此种表述，不仅看不到文物局对于当事人擅自迁移、拆除不可移动文物行为如何予以纠正，如何迁回或恢复原状，而且给人的印象是文物主管部门只关注罚款。而依照法律的规定，文物主管部门应当首先要求当事人改正，以保护文物。

　　相比而言，16 份"罚款加责令改正"的处罚决定书则较好地体现了法律规定的精神与要求，强调了对于当事人违法行为的禁止，从而更好地实现保护文物的目的。

　　例如，在淮安润阳置业有限公司违法建设一案，处罚决定书指出：

　　　　当事人的建设行为违反了《中华人民共和国文物保护法》第十八条第二款之规定。根据《中华人民共和国文物保护法》第六十六条第一款第（二）项之规定，现决定责令你单位改正违法行为，补办审批手续，并给予 50000 元罚款的行政处罚[①]。

　　该行政处罚不仅包括了罚款，更为重要的是要求当事人改正违法行为、补办审批手续，从而不仅否定了当事人的违法行为并令其承担罚款的不利后果，更重要的是引导其如何遵守法律以保护文物，从而真正实现了《文物保护法》的立法宗旨。

3. 原因分析

　　为何众多的案件中，文物主管部门都只给予当事人以罚款的处罚，而不强调或注重责令改正的处罚方式呢？虽然有关的处罚决定书无法为我们提供更多的信息，但是或许下列因素是可能的原因。

　　第一，对行政处罚的错误认识。

　　或许在人们的心目与印象中，只有罚款才是行政处罚，才能体现出对违法当事人的惩罚，并且教育其他单位与公众。因此既然是行政处罚决定书，

---

① 淮安市楚州区文化局淮（楚）文物罚字（2008）第 1 号处罚决定书。

就应当只规定罚款。但是，这样的认识与印象是错误的。我国《行政处罚法》第八条规定："行政处罚的种类：（一）警告；（二）罚款；（三）没收违法所得、没收非法财物；（四）责令停产停业；（五）暂扣或者吊销许可证、暂扣或者吊销执照；（六）行政拘留；（七）法律、行政法规规定的其他行政处罚。"由此可见，行政处罚的种类繁多，形式各异，只要是由行政机关作出的、表明对违法行为的否定性评价并体现出对当事人的不利，均可能构成行政处罚的类型。而且该法还明确规定了法律、行政法规规定的其他行政处罚也同样可以成为法定的行政处罚。

第二，片面强调罚款的认识。

或许正是前面所分析的长期以来人们的认识，从社会效果而言对于经营者也是一种最为直接的经济上的惩罚，因此人们逐渐形成了重罚等于罚款的认识，因此对于罚款在行政处罚中的地位高度认可，并且一定程度上形成了罚款就是行政处罚、行政处罚就是罚款的认识。

（四）罚款额度分析

在 66 份处罚决定书中，共有 61 份涉及罚款，现将其额度统计成表八。

表八　罚款的额度统计

罚款额	案件数量	备注
5 万元以下	23	不包括 5 万元
5 万元	14	
5 万元以上	24	不包括 5 万元

虽然法律对于不同类型的文物违法行为规定的罚款幅度并不相同，而且不同案件中当事人的违法行为的情节及其社会危害程度也各不相同，因此上述统计表不一定能够反映相关的问题与规律，但如果进一步具体分析，则可

能会传达出我国文物行政执法中的有关问题。

1. 低罚款额的分析

在罚款额低于 5 万元的案件中，具体又可以进行相应的具体统计与分析，见表九。

表九　低罚款额的统计

当事人违法行为	援引法条	罚款额
擅自施工致文物破坏	《山东省文物保护条例》第三十八条	2 万
擅自施工致古墓破坏	《陕西省文物保护条例》第二十七、五十七条	1.6 万
擅自施工	《陕西省文物保护条例》第五十七条	1 万
擅自施工	《陕西省文物保护条例》第五十七条	2 万
发现古墓未报告	《江苏历史文化名城名镇条例》第四十条	1 万
发现古墓未报告	《南京地下文物保护管理规定》第十八条	0.4 万
施工破坏古城墙	《江苏历史文化名城名镇条例》第四十条	3 万
未配备安全设施	《文物保护法》第七十条	0.5 万
未经文物勘探，施工破坏	《河南文物保护法实施办法》第二十三条	1 万
擅自挖掘作业	《湖北实施文物保护法办法》第三十条	2 万
未经文物勘探，施工	《文物保护法》第二十九条、三十条《安徽建设工程文物保护规定》第二十九条	3 万
未经文物勘探，施工	《淄博市文物保护管理办法》第二十四条	0.5 万
未经文物勘探，施工	《河南文物保护法实施办法》第四十三条	1 万
施工损坏建筑物	《浙江历史文化名城保护条例》第三十七条	1 万
施工毁坏明长城	《文物保护法》第十七、十八、六十六条《长城保护条例》第十二、十八、二十五条	0.5 万
施工毁坏明长城	《长城保护条例》第二十八条	1 万
发现文物隐匿不报	《文物保护法》第七十四条	0.5 万
发现文物隐匿不报并出卖	《文物保护法》第七十四条	0.5 万

续表

当事人违法行为	援引法条	罚款额
发现古墓未报告，破坏墓葬	《文物保护法》第七十四条	2 万
发现古墓未报告，破坏墓葬	《文物保护法》第七十四条	0.8 万
发现古墓未报告，破坏墓葬	《文物保护法》第七十四条	1 万
发现古墓未报告，破坏墓葬	《文物保护法》第七十四条	1.5 万
发现古墓及文物未报告	《文物保护法》第七十四条	0.5 万

由上可见，在 23 起案件中，总体上可以分类几类。

第一类是根据《文物保护法》第七十四条的规定，对于发现文物未及时报告的违法行为所给予的行政处罚。该条规定："有下列行为之一，尚不构成犯罪的，由县级以上人民政府文物主管部门会同公安机关追缴文物；情节严重的，处五千元以上五万元以下的罚款：（一）发现文物隐匿不报或者拒不上交的；（二）未按照规定移交拣选文物的。"据此，对于隐匿不报的行为，只有在情节严重的情况下才给予罚款，而所谓的情节严重，一般理解为由于其未及时报告导致文物毁损或破坏。因此，文物主管部门一般都是在从稳妥起见，在法定的 5 千元至 5 万元的罚款额度内对当事人在中线（2.5 万元）以下进行处罚。

例如，在合肥市润信房产公司一案中，处罚决定书写道：

2007 年 9 月 8 日，你单位在合肥市瑶海区信达、格兰云天住宅小区建设施工中发现一座宋代石条专室墓。未能及时停工并上报文物部门，擅自施工，造成石墓葬完全被破坏。依据《中华人民共和国文物保护法》第七十四条的规定，决定对你公司给予罚款 2 万元的行政处罚[①]。

该案中，由于房产公司在施工中发现的宋代石墓，尚未经文物主管部门

---

① 合肥市文物管理处文物罚字（2007）第 1 号文物行政处罚决定书。

鉴定，因此难以适用《文物保护法》第六十六条所规定的行为要件，因此只能认定为"发现文物隐匿不报"的行为，而且其客观后果是导致该石墓完全被破坏，应当可以认定为情节严重。但是即使如此，文物主管部门也只是给予 2 万元的罚款，而没有给予 5 万元这一最高的罚款额度。

第二类是建设活动中未经文物勘探或者擅自施工而导致文物毁损的行为。此类行为，从表现来看应当是构成《文物保护法》第六十六条所规定的"擅自施工行为"，但是文物主管部门往往没有援引该条，而是适用了相关的地方性法规。

例如，在郑州市长城房屋开发集团公司一案中，该公司在城中村改造建设工地未经文物勘探，擅自下挖基槽 5 米，造成古文化遗存破坏。该案中，文物主管部门在处罚决定书中认定：

> （该行为）违反了《河南省文物保护法实施办法》第二十三条
> 规定。根据《河南省文物保护法实施办法》第四十三条第一款第
> （六）项的规定，决定给予当事人罚款人民币一万元的行政处罚①。

该行政处罚决定书通篇均未提及《文物保护法》，其主要原因是该法对此类行为并无相应的规定。虽然《文物保护法》规定了建设单位对于大型基本建设工程负有考古勘探义务，对于文物发现者的现场保护义务和报告义务②，但是对于一般的建设项目是否应当进行事先的考古勘探却没有规定，

---

① 郑州市文物管理局郑文物罚字（2007）第 2 号行政处罚决定书。

② 《文物保护法》第二十九条规定："进行大型基本建设工程，建设单位应当事先报请省、自治区、直辖市人民政府文物行政部门组织从事考古发掘的单位在工程范围内有可能埋藏文物的地方进行考古调查、勘探。"第三十二条规定："在进行建设工程或者在农业生产中，任何单位或者个人发现文物，应当保护现场，立即报告当地文物行政部门，文物行政部门接到报告后，如无特殊情况，应当在二十四小时内赶赴现场，并在 7 日内提出处理意见。文物行政部门可以报请当地人民政府通知公安机关协助保护现场；发现重要文物的，应当立即上报国务院文物行政部门，国务院文物行政部门应当在接到报告后 15 日内提出处理意见。依照前款规定发现的文物属于国家所有，任何单位或者个人不得哄抢、私分、藏匿。"

也就意味着一般的建设单位并不负有这一义务。相应地，对于未经考古勘探而进行的建设活动中，非故意毁损未知文物的行为，难以追究法律责任。

而且事实上，在相关案例中可以发现，大部分建设活动可能均不属于文物保护法所称的大型基本建设工程，因此也就不太可能进行考古调查与勘探。而第三十二条所规定的立即报告当地文物行政部门的义务，在《文物保护法》第七章的"法律责任"中又没有规定相应的法律责任。因此，在文物行政执法中，对于一般的施工单位在建设中发现文物未及时报告的行为，只能勉强适用《文物保护法》第七十四条的规定加以处罚。

但是，在法律、行政法规对罚款额度有明确规定时，能否突破法定罚款额的下限，就值得研究。有一部分低额罚款的案例，就是如此。

例如，在中冶美利集团林业开发公司毁损明长城案中，执法机关在处罚决定书中认定：

> 美利纸业造成中卫怀新村北侧明长城被毁的行为违法事实清楚、证据确凿。根据《中华人民共和国文物保护法》第十七条、第十八条、第六十六条，《长城保护条例》第十二条、第十八条、第二十五条之规定，罚款 5000 元[①]。

但是研读其所提及的法律、法规条文，《文物保护法》第十七、第十八条所规定的都是有关建设活动的义务，第六十六条则是行政处罚的规定；《长城保护条例》第十二条、第十八条也是有关在长城保护范围内不得建设和相关活动的义务规定，第二十五条则是明确规定："违反本条例规定，有下列情形之一的，依照文物保护法第六十六条的规定责令改正，造成严重后果的，处 5 万元以上 50 万元以下的罚款；情节严重的，由原发证机关吊销资质证书：（一）在禁止工程建设的长城段落的保护范围内进行工程建设的；

---

① 宁夏回族自治区文化市场行政执法总队中卫市支队宁文行总（卫支）罚字（2008）第 A02 号文化市场行政处罚决定书。

（二）在长城的保护范围或者建设控制地带内进行工程建设，未依法报批的；

（三）未采取本条例规定的方式进行工程建设，或者因工程建设拆除、穿越、迁移长城的。"因此，如果严格依照上述规定，则本案中如果要给予当事人以罚款，其罚款额度应当在 5 万至 50 万元之间，因为导致长城被毁应当属于法律所规定的"情节严重"的行为与后果。但是处罚决定书中并未提供更多信息说明其罚款额度只有法定最低额 10% 的合理性与相关事实依据。

2. 高额罚款分析

在 24 起罚款额高于 5 万元的案件中，我们选择三起案件作为典型加以分析与解剖。

（1）罚款 630 万的案件

在农业银行郧县支行违法拍卖一案中，文物主管部门认定：

> （该银行）在没有依法报批的情况下，将县级文物保护单位大丰仓拍卖给十堰市富农饲料公司，违反了《中华人民共和国文物保护法》第二十四条之规定。根据《中华人民共和国文物保护法》第六十八条的规定，决定给予：1. 责令立即停止违法拍卖行为，依法收回国有文物大丰仓；2. 没有违法所得 315 万元，并处违法所得两倍（630 万元）罚款①。

该案所作出的罚款数额是所有 66 起案件中最高的，因此很有研究的意义与价值。当事人违法拍卖文物的行为，从行为角度违反了《文物保护法》第二十四条的义务，即："国有不可移动文物不得转让、抵押。建立博物馆、保管所或者辟为参观游览场所的国有文物保护单位，不得作为企业资产经营。"从法律责任角度则适用《文物保护法》第六十八条的规定，即："有下列行为之一的，由县级以上人民政府文物主管部门责令改正，没收违法所

---

① 郧县文物局郧文物行罚字（2008）001 号行政处罚决定书。

得，违法所得一万元以上的，并处违法所得二倍以上五倍以下的罚款；违法所得不足一万元的，并处五千元以上二万元以下的罚款：（一）转让或者抵押国有不可移动文物，或者将国有不可移动文物作为企业资产经营的；（二）将非国有不可移动文物转让或者抵押给外国人的；（三）擅自改变国有文物保护单位的用途的。"由此可见，本案所给予的罚款仍然是法律规定的最低限度，即违法所得的两倍，虽然其绝对值确实是相当巨额。

（2）罚款50万的案件

在《文物保护法》第六十六条的规定中，50万元的罚款是法定罚款额的最高限，有三起案件的罚款额即为此最高额。

在江苏金柏年房地产开发公司破坏明城墙一案中，文物主管部门在处罚决定书中指出：

> 在市政府下达明确保护意见，并接到文物部门的关于做好明城墙保护通知及文物部门划定绝对保护区的情况下，该公司于2007年10月16日故意对明城墙破坏，对文物造成无法弥补的损失。……当事人已违反了《中华人民共和国文物保护法》第二十条第一款的规定，属于严重破坏不可移动文物的行为。……根据《中华人民共和国文物保护法》第六十六条第一款第（三）项的规定，现决定对你单位处以五十万元罚款[①]。

该案中之所以给予最高额的罚款，主要是基于：第一，当事人的主观恶性，即故意破坏文物，无视国家法律的规定和文物部门明确的保护通知，主观恶性较大；第二，后果严重，导致明城墙无法弥补的损失。对于此类恶性的毁损文物的行为，应当严格执行法律的规定，根据其具体情节给予严厉的处罚。

在浙江龙鼎控股集团有限公司一案中，当事人在未向当地文物行政部门

---

① 宿迁市文化局（宿）文罚字（2007）第02号行政处罚决定书。

申报与未经省人民政府批准的情况下，擅自将经县人民政府核定公布的县级文物保护单位两幢民国时期建筑及院墙全部拆除。对此，处罚决定书指出：

> （当事人的行为）使国家不可移动文物灭失，造成了严重后果。其行为已经违反了《中华人民共和国文物保护法》第二十条第三款规定，属未经省人民政府批准，擅自拆除不可移动的文物的行为。

故依据《文物保护法》第六十六条第一款第（三）项的规定，给予当事人处以 50 万元罚款的行政处罚[①]。

同样，该案中之所当事人被处以最高额的罚款，是其主观恶性（未经申报与批准，擅自拆除）和严重后果（导致文物灭失）所决定的。当然，法律规定中未区别对于县级、省级、国家级文物保护单位不同的处罚额度要求。

但是，在总参兵种部工程兵大同管理处损毁部分文化遗存案中，文物局的处罚决定书并未给出具体的理由：

该案中，处罚决定书仅简单地认定：

> 你单位于 2007 年 10 月 22 日在操场城街甲六号，总参军训和兵种部第三管理处大同留守处"老干部危旧房改造工程"施工中，损毁部分文化遗存（约八百平方米）。上述事实清楚，证据充分，应予认定，根据《中华人民共和国文物保护法》第六十六条第一款之规定，决定行政处罚人民币伍拾万元[②]。

显然，该案的事实并不清楚：当事人的主观恶性如何？所损毁的文化遗存究竟是什么，属于何种性质的文物？当事人的行为是属于擅自拆除不可移动文物还是擅自在文物保护单位的保护范围内违法建设，换言

---

① 浙江省嘉善县文化广电新闻出版局善文物罚决字（2007）第 003 号文物行政处罚决定书。
② 大同市文物局同文法字（2008）第 1 号行政处罚决定书。

之，其行为究竟属于《文物保护法》第六十六条第一款所规定的哪一项？由于上述事实均不清楚，因此无法判断文物局给予当事人最高额的罚款有何具体理由支撑。

（五）"警告"的合法性

在 66 份行政处罚决定书中，共有 3 起案件的行政处罚涉及警告问题。

在西大滩四水产业隐匿所发现文物一案中，执法机关在处罚决定书中写道：

> 根据《中华人民共和国文物保护法》第三章第三十二条的有关规定，现拟对你（单位）做如下处罚：1. 警告；2. 立即停止施工①。

在张玉芳一案中，针对其挖掘损坏古城墙的行为，处罚决定书指出：

> （依据）《中华人民共和国文物保护法》第六十六条第一款之规定，（给予）1. 警告；2. 停止违法行为并恢复原貌的行政处罚②。

在武汉市七天酒店管理有限公司未经许可擅自在全国文物保护单位建设控制地带施工一案，处罚决定书指出：

> 根据《中华人民共和国文物保护法》第六十六条之规定，本执法机关决定做出处罚如下：责令改正，并给予你公司警告的行政处罚③。

---

① 宁夏文化市场行政执法总队某某市支队宁文行总（石支）文罚字（2008）第 29 号文化市场行政处罚决定书。

② 宁夏文化市场行政执法总队固原市支队宁文行总固支罚字（2008）第 06 号文化市场行政处罚决定书。

③ 武汉市文化局（武文稽）罚决字（2007）第 7141 号文化文物行政处罚决定书。

　　虽然"警告"确实是我国《行政处罚法》所规定的行政处罚的一种，而且在实践中也广泛使用，但是上述三个案件中执法机关所援引的法条中均无警告的规定，一定意义上可以说警告的行政处罚是没有法律依据的。

　　我国 1982 年的《文物保护法》第三十条规定了"警告"的行政处罚，其第（一）项规定："在地下、内水、领海及其他场所中发现文物隐匿不报，不上交国家的，由公安部门给予警告或者罚款，并追缴其非法所得的文物。"但是，该法在 2002 年修订时删去了这一条款，有关"警告"的规定仅出现在第六十六条第二款，即："刻划、涂污或者损坏文物尚不严重的，或者损毁依照本法第十五条第一款规定设立的文物保护单位标志的，由公安机关或者文物所在单位给予警告，可以并处罚款。"在《文物保护法实施条例》中，也只是在其五十八条规定："违反本条例规定，未经批准擅自修复、复制、拓印、拍摄馆藏珍贵文物的，由文物行政主管部门给予警告。"因此，上述三个案件中违法当事人的行为并不属于《文物保护法》第六十六条第二款，而第六十六条第一款并未规定可以处以警告的行政处罚。

　　而且，在文物行政执法的实践中，由于责令改正的处罚已经具有了对当事人未来行为的教育功能，罚款则具有惩罚与矫正功能，警告的处罚没有特殊的意义，这也正是《文物保护法》取消了警告的原因。文物主管部门对于违法建设的行为不宜再处以警告。

（六）结论与建议

　　基于以上分析，我们认为，在追究违法行为当事人的法律责任给予行政处罚时，应当注意下列几个问题：

1. 充分重视责令改正的运用

　　责令改正既是《文物保护法》的明确规定与要求，也是加强文物保护的内在必然，文物主管部门在查处文物违法案件时，应当首先强调责令改正。

对于大部分违法行为当事人而言，责令改正即可能是指停止违法行为，也可能是恢复文物原状，也可能是履行相关的申报与审批手续，从而使行政执法活动更加有利于文物保护。罚款等行政处罚固然重要，但是责令当事人及时改正违法行为，尽可能修复文物违法行为造成的后果，减少甚至避免文物受到更大的损坏应当是文物行政执法第一位的目标。

2. 加强对罚款额度合理性的论证

行政机关对于违法当事人的行政处罚，特别是罚款直接关系到当事人的经济利益，因此无论是从依法行政的角度与要求，还是既要保障当事人的合法利益又要维护文物管理秩序的行政执法目标，均要求行政机关在处罚决定书中对于处罚决定的合法性、合理性作出充分的论证。特别是如上文所分析的，对于在法定额度上限进行罚款的案件中，执法机关应当加强对事实的描述和处罚论证的说明，以使其处罚建立在坚实的法律规定和事实基础上，既能使当事人心悦诚服地接受处罚，也能够顺利通过法院的司法审查。

由于长期以来表格式处罚决定书的传统与惯性影响，文物主管部门尚不能适应在处罚决定书中充分的说理论证，从而使有关处罚决定缺乏足够的支撑。在今后的司法审查越来越普遍、行政决定公开化趋势加强和当事人权利意识不断增强的趋势和背景下，文物主管部门应当提高意识，改变传统观念，加强对行政处罚决定合法性特别是合理性的充分论证。

二　法条援用

（一）　义务条款与责任条款

依照一般的法学理论，法律规范是由行为模式与法律后果两部分组成的，其中行为模式分为假定与处理两部分，法律后果分为假设行为与法律后果两部。而法律后果又可以分为奖励、保护与制裁三种，其结构详见下图。

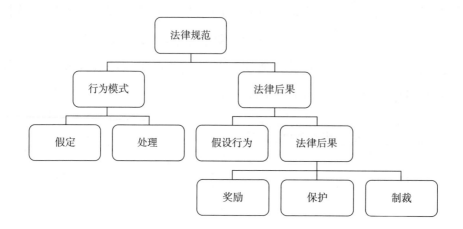

在具体的法律文本中，规定权利义务内容的处理部分与规定制裁内容的法律后果部分可能而且常常是分散规定在不同的条文中，并要求在法律实施过程中予以识别与正确运用。

在《文物保护法》中，有关单位和个人保护文物的义务往往是规定在前面几章中，例如关于单位在建设活动中的义务具体规定在第二章"不可移动文物"的相关条文中，而对于单位和个人违反此种义务而产生的法律后果，则均规定集中规定在第七章"法律责任"的相关条文中。因此，在文物行政执法中，文物主管部门应当根据案件处理的需要，正确地援用义务条款和责任条款。

但是在 66 份行政处罚决定书中，有不少文物主管部门未能正确区分两种条款的区别，从而导致在援用条款时的错误与混乱。

例如，在西大滩四水产业隐匿所发现文物一案中，执法机关在处罚决定书中写道：

> 根据《中华人民共和国文物保护法》第三章第三十二条的有关规定，现拟对你（单位）做如下处罚：1. 警告；2. 立即停止施工①。

---

① 宁夏文化市场行政执法总队某某市支队宁文行总（石支）文罚字（2008）第 29 号文化市场行政处罚决定书。

该案中执法机关所援引的《文物保护法》第三十二条实际上只是一种义务性条款，即："在进行建设工程或者在农业生产中，任何单位或者个人发现文物，应当保护现场，立即报告当地文物行政部门，文物行政部门接到报告后，如无特殊情况，应当在二十四小时内赶赴现场，并在 7 日内提出处理意见。文物行政部门可以报请当地人民政府通知公安机关协助保护现场；发现重要文物的，应当立即上报国务院文物行政部门，国务院文物行政部门应当在接到报告后 15 日内提出处理意见。依照前款规定发现的文物属于国家所有，任何单位或者个人不得哄抢、私分、藏匿。"本案中当事人确实违反了该条所规定的保护现场义务和报告义务，但是执法机关是无法据此作出行政处罚的。能够作为处罚依据的，实际上是该法的第七十四条，即："有下列行为之一，尚不构成犯罪的，由县级以上人民政府文物主管部门会同公安机关追缴文物；情节严重的，处五千元以上五万元以下的罚款：（一）发现文物隐匿不报或者拒不上交的；"显然本案中执法机关援引法条错误，未能依照正确的法条进行适当的处罚。

又如，在中国煤炭工矿业集团第三建设公司未经考古勘探进行建设一案中，处罚决定书写道：

> 依据《中华人民共和国文物保护法》第二十九条、第三十条及《安徽省建设工程文物保护规定》之规定，对公司处以人民币叁万元罚款[①]。

该案中，《文物保护法》第二十九条、第三十条是有关建设单位在建设前进行考古勘探义务的规定，是认定当事人行为违法的依据，但由于没有关于行政处罚的内容，显然是不可能作为行政机关给予行政处罚的直接依据的。而《安徽省建设工程文物保护规定》并未针对当事人的行为明确规定相应的行政处罚，其第十九条的规定基本上是重复了《文物保护法》

[①]　合肥市文物管理处文物罚字（2006）第 01 号文物行政处罚决定书。

第六十六条的规定："有下列行为之一，尚不构成犯罪的，由文物行政部门责令改正；造成严重后果的，按照《中华人民共和国文物保护法》第六十六条的规定处罚：（一）擅自在文物保护单位的保护范围内进行建设工程或者爆破、钻探、挖掘等作业的；（二）在文物保护单位的建设控制地带内进行建设工程，其工程设计未经文物行政部门同意、报规划行政主管部门批准，对文物保护单位的风貌造成破坏的；（三）擅自迁移、拆除不可移动文物的。"

（二）国家法律与地方规定

在博山经济开发区东域城村村民委员会未办理文物调查、勘探手续而进行居民楼工程项目建设一案中，行政处罚决定书写道：

> （上述行为）违反了《淄博市文物保护管理办法》第十五条之规定。上述事实清楚，证据充分，应予认定。根据《淄博市文物保护管理办法》第二十四条第（一）项之规定，本机关作出如下处罚决定：立即停止该项目工程建设，并罚款 5 千元之处罚①。

该案所反映的突出问题是，处罚决定书中根本未提及《文物保护法》及《文物保护法实施条例》，而是直接援引地方性法规认定其违法行为并进行行政处罚。该问题的背景是，《文物保护法》和《文物保护法实施条例》均未就一般建设工程未经文物考古、勘探而擅自建设施工的行为规定相应的法律责任，《山东省文物保护管理条例》也未作相应的规定，因此处罚该行为的依据就只能是对此作出规定的淄博市的地方性法规。《淄博市文物保护管理办法》第十五条规定："在淄博区；……博山城区及城镇……等地下文物丰

---

① 淄博市文物事业管理局淄文物罚决字（2007）20 号行政处罚决定书。

富的地区新建砖瓦场、进行基本建设和生产建设的，选址定点前，须经当地文物行政管理部门对工程范围内进行文物调查、勘探，确认无文物埋藏，并在《选址征询意见表》上盖章，规划管理部门方可发给《建设工程规划许可证》。"第二十四条规定："有下列行为的，按以下规定，由文物行政管理部门予以处罚：（一）在地下文物丰富地区进行工程建设违反本条例第十五条规定的，应责令其立即停工，可以并处五千元以下罚款。"

但由此而提出的问题是：地方性法规可否作出如此规定？《行政处罚法》第十一条第二款明确规定："法律、行政法规对违法行为已经作出行政处罚规定，地方性法规需要作出具体规定的，必须在法律、行政法规规定的给予行政处罚的行为、种类和幅度的范围内规定。"显然，文物保护的法律、行政法规并未对于上述行为规定应给予行政处罚，则地方性法规作出此种规定便存在合法性问题。

而在具体的行政执法中，由于此类恶性行为的广泛普遍性，在法律、行政法规未作具体规定的背景下，如果放任此类行为而不加处罚，则显然是不利于文物的保护的。因此，文物主管部门便依据地方性法规对其作出行政处罚。要从根本上解决此类执法的尴尬，则必须要在《文物保护法》的修订过程中，明确规定建设主体的考古勘探义务，并对违反此义务的当事人规定相应的行政处罚。

（三）援引法条与援引款项

在大量的行政处罚决定书中，执法机关在援引相关法条作为处罚依据时，往往混淆条、款、项的规定，并且在援引时容易出现相关的错误。

例如，在西安市第二市政工程公司一案中，行政处罚决定书指出：

（当事人的行为）违反了《中华人民共和国文物保护法》第二十七条第一款的规定，依据《中华人民共和国文物保护法》第六十六条第三款，本机关决定对你（单位）作出人民币伍万元的行政处罚①。

该段文字存在几个问题。第一，本案中当事人的行为是否属于考古发掘工作？从文书的表述来看，当事人西安市第二市政工程公司应当是从事相关的市政工程建设，则如何能够适用《文物保护法》第二十七条第一款的规定呢？该款规定的内容是："一切考古发掘工作，必须履行报批手续；从事考古发掘的单位，应当经国务院文物行政部门批准。"第二，罚款的表述存在严重问题，"人民币伍万元的行政处罚"显然是不成能立的，执法人员在填写处罚决定书表格中遗漏了"罚款"两字。第三，更为重要的是，作为处罚依据的法条表述是错误的。一者关于"擅自迁移、拆除不可移动文物"的规定，属于《文物保护法》第六十六条第一款第（三）项，而不是该条的第三款；二者作为处罚依据的是第六十六条整个条文，因为具体的处罚内容是规定在该条第一句。

或许执法人员认为，处罚依据应当是明确具体的，因此列举条文时具体到规定此种行为的具体款、项，但实际上所谓处罚依据是指行政机关给予行政处罚的法律授权规定，特别是对于具体处罚种类及幅度的有关规定，而在《文物保护法》第六十六条中，规定处罚种类及幅度的恰恰是其第一款，而该款列举的几项只是应当接受处罚的具体违法行为表现形式。此种具体违法行为表现形式，在《文物保护法》的其他条文中已经作出了规定。例如其第十八条规定："在文物保护单位的建设控制地带内进行建设工程，不得破坏文物保护单位的历史风貌；工程设计方案应当根据文物保护单位的级别，经相应的文物行政部门同意后，报城乡建设规划部门批准。"对于违反该条规定的行为，其所承担的法律责任是由第六十六条加以规定的。

据不完全统计，此类表述方式在文物领域的行政处罚决定书中较为普遍，现将其统计如表十。

---

① 西安市文物局文罚字（2008）第（011）号行政处罚决定书。

表十　援引法条的统计

案件当事人	援引法条作为处罚依据	处罚机构
陕西太浩科技公司	《文物保护法》第六十六条第三款	西安文物局
西安法土特传动公司	《文物保护法》第六十六条第三款	西安文物局
刘锦香	《文物保护法》第七十四条第（一）项	仪征市文化局
淮安润阳置业公司	《文物保护法》第六十六条第一款第（二）项	楚州区文化局
新沂市棋盘镇政府	《文物保护法》第六十六条第一款第（二）项	新沂市文体局
金柏年房产公司	《文物保护法》第六十六条第一款第（三）项	宿迁市文化局
江苏捷达交通公司	《文物保护法》第六十六条第一款第（二）项	江宁区文化局
左元本	《文物保护法》第七十四条第（一）项	高邮市文物局
洛阳开拓房地产公司	《文物保护法》第六十六条第一款第（二）项	洛阳市文管局
河南金银座实业公司	《文物保护法》第六十六条第一款第（一）、（二）项	郑州市文管局
新乡马小营实业公司	《文物保护法》第六十六条第一款第（一）项	新乡市文管局
上海七重天宾馆公司	《文物保护法》第六十八条第（三）项	上海执法总队
上海轨道交通公司	《文物保护法》第六十六条第（一）项	上海执法总队
张闻天故居管理所	《文物保护法》第七十条第（一）项	上海执法总队
堂唐建筑公司	《文物保护法》第六十六条第三款	武汉市文化局
肯同置业有限公司	《文物保护法》第六十六条第一款第（一）、（二）项	郑州市文管局
平阳腾蛟忠训庙	《文物保护法》第六十六条第一款第（一）项	平阳文广新局
万达钢结构公司	《文物保护法》第六十六条第一款第（六）项	杭园林文物局

案件当事人	援引法条作为处罚依据	处罚机构
青岛大弘化纤公司	《文物保护法》第六十六条第一款第（一）项	青岛市文物局
龙鼎控股公司	《文物保护法》第六十六条第一款第（三）项	嘉善文广新局
萧山凤凰村委会	《文物保护法》第六十六条第一款第（三）项	萧山文广新局
温州永丰工艺品公司	《文物保护法》第六十六条第一款第（二）项	温州文广新局
绍兴正兴印染公司	《文物保护法》第六十六条第一款第（一）项	绍兴文广新局
胜利装潢公司	《文物保护法》第六十六条第一款第（一）、（二）项	辽阳执法支队
中国佛教协会	《文物保护法》第六十六条第一款第（一）项	北京市文物局
北京景山公园管理处	《文物保护法》第六十六条第一款第（一）项	北京市文物局
北京兴创房地产公司	《文物保护法》第六十六条第一款第（三）项	北京市文物局
张志刚	《文物保护法》第六十六条第一款第（二）项	

上述法律条文的援引方式，在实践中必然出现各类问题。有的根本难以真正起到处罚依据的作用。

例如，在张志刚违法建设一案中，行政处罚决定书写道：

根据《中华人民共和国文物保护法》第六十六条第一款第（二）项之规定："在文物保护单位的建设控制地带内进行建设工程，其工程设计方案未经文物行政部门同意、报城乡建设规划部门批准，对文物保护单位的历史风貌造成破坏的；"决定给予：责令整改；人民币伍万圆的行政处罚①。

显然，仅有第二项对于违法行为的规定，是无法为行政机关提供罚款的法律依据的。于是有的处罚决定书为了提供行政处罚依据以达到援引款、项的效果，干脆擅自改变法律条文的规定内容与顺序。

例如，在新乡马小营实业公司擅自进行基本建设一案中，处罚决定书写道：

> 根据《中华人民共和国文物保护法》第六十六条第一款第（一）项："擅自在文物保护单位的保护范围内进行建设工程或者爆破、钻探、挖掘等作业的，尚不构成犯罪的，由县级以上人民政府文物主管部门责令改正，造成严重后果的，处五万元以上五十万元以下的罚款"的规定，决定给你（单位）壹拾万元的行政处罚②。

这样的表述方式篡改了法律条文内容的表述顺序，不仅不符合语法，而且会给社会公众造成《文物保护法》就是这样规定的印象。而事实上，"尚不构成犯罪的……"这一段文字是第六十六条第一款的第一句话，统领着整个第一款中的各项具体规定的行为。

有的处罚决定书则为了避免上述问题，只能扩大法律条文中项的内容，将总括性的规定文字纳入项的内容之中。

例如，在中国佛教协会擅自改建文物保护单位一案中，处罚决定书写道：

> 根据《中华人民共和国文物保护法》第六十六条第一款第（一）项"有下列行为之一，尚不构成犯罪的，由县级以上人民政府文物主管部门责令改正，造成严重后果的，处五万元以上五十万元以下的罚款；情节严重的，由原发证机关吊销资质证书：（一）

---

① 郴州市文物事业管理处郴文物处罚决定字（2008）第001号行政处罚决定书。
② 新乡市文物管理局（豫新）文物罚字（2007）第001号行政处罚决定书。

擅自在文物保护单位的保护范围内进行建设工程或者爆破、钻探、挖掘等作业的"之规定，本行政机关……①

显然，该处罚决定书将第一款的总括性规定文字也作为其第一项内容，显然是错误的。而且，该案件中当事人的违法行为属于第二项的内容，则如何加以表述呢？于是在另一份处罚决定书中，又将总括性规定文字作为其他项的内容。

例如，在北京兴创房地产开发有限公司损毁文物遗址一案中，处罚决定书写道：

> 根据《中华人民共和国文物保护法》第六十六条第一款第（三）项"有下列行为之一，尚不构成犯罪的，由县级以上人民政府文物主管部门责令改正，造成严重后果的，处五万元以上五十万元以下的罚款；情节严重的，由原发证机关吊销资质证书：（三）擅自迁移、拆除不可移动文物的"之规定，本行政机关……②

（四）结论与建议

上述种种问题充分地表明，在行政处罚决定书中，援引法律条文应当注意：

第一，援引法律条文中的义务性条款，以认定当事人的违法行为；

第二，援引法律条文中的责任性条款，以作为行政处罚的法律依据。此时，如果责任条文中有两款以上时，应当表述为款，而不能再援用项。例如，"依据《文物保护法》第六十六条第一款的规定，作出行政处罚如下："。这是因为，前面违法行为的认定已经表明具体针对的是该条文中的何项行为，援引法条是需要表明作出罚款等处罚的规定依据。

---

① 北京市文物局京文物罚字（2007）第 03 号行政处罚决定书。
② 北京市文物局京文物罚字（2007）第 02 号行政处罚决定书。

下　篇

第六章　文物行政处罚的基本原则

一　文物行政执法部门能否凭借自己组织法上的授权酌定处罚种类

某产业公司发现文物未按规定及时报告并保护现场案

【基本案情】

2008 年 5 月 30 日，某自治区文化市场行政执法总队某市支队接到举报，某县火车站洗煤厂对面的工地，在施工过程中发现了大量的古钱币。执法人员在现场检查中发现，该施工单位在施工过程中对发现的文物（古钱币）未妥善处置，涉嫌未按规定及时向文物主管部门报告并保护现场。根据《文物保护法》第三十二条的规定，2008 年 6 月 2 日自治区文化市场行政执法总队某市支队对某产业公司作出了警告、立即停止施工的行政处罚。

【案例评析】

本案中，当事人的建设行为既不在文物保护单位的保护范围内，也不在文物保护单位建设控制地带内，因而并不需要进行事前审批。但是，由于在施工过程中发现了文物，施工单位便有了妥善处理并保护文物的义务，并且《文物保护法》对该种义务也作出了明确的规定，但是并未规定违反该义务应当给予何种行政处罚。这就带来了一个问题，行政实践中，执法机关对该种违法行为要不要给予行政处罚、给予何种行政处罚？行政机关能否凭借自己组织法上的授权酌定处罚种类？而要回答这些问题，必然要在正确理解和把握行政处罚法定原则的基础上才能进行。

一、行政处罚法定原则

行政处罚是行政主体对相对人违反行政法规范尚未构成犯罪的行为所给予的制裁。《行政处罚法》第三条规定，"公民、法人或者其他组织违反行政管理秩序的行为，应当给予行政处罚的，依照本法由法律、法规或者规章规定，并由行政机关依照本法规定的程序实施"。这就是说，什么样的违法行为，应当遵循何种程序，由哪个行政机关，给予何种行政处罚，都应该遵循法律、法规或规章的规定。在法律、法规、规章没有规定的情况下，行政机关不得给予相对人任何行政处罚。这一原则是法治原则在行政处罚制度上的具体体现，也是矫正我国长期以来行政处罚"乱"和"软"的内在要求。具体地说，行政处罚法定原则有以下两个方面的基本要求：

1. 处罚设定法定。从我国长期以来的行政实践来看，行政处罚混乱的源头集中表现在处罚的设定上。在《行政处罚法》制定之前，由于没有对何种规范性文件可以作为行政处罚的依据作出限制，实践中任何一级国家机关制定的规范性文件都可以作为行政处罚的依据，甚至行政机关工作人员在执法过程中也可以根据需要而"设定"处罚。基于此，处罚设定法定就成了处罚法定原则的首要体现，它要求处罚设定的主体及权限都必须符合法律规定，即国务院部、委规章及地方人民政府规章，可以设定警告或者一定数量罚款的行政处罚；地方性法规可以设定除限制人身自由、吊销企业营业执照以外的行政处罚；行政法规可以设定除限制人身自由以外的行政处罚；法律可以设定各种行政处罚。

2. 处罚实施法定。即行政处罚必须由具有法定行政处罚权的行政主体，在有明确法律依据的情况下，按照法定程序实施，即处罚实施主体、依据和程序必须同时合法。长期以来，我们存在的一个认识误区是，将国家机关权力的授予与公民权利的授予方式不作区分，进而造成国家权力对公民权利的不当侵害。从现代法治原理来看，行政机关的权力必须来源于法律明确授权，凡是法律没有明确授予的权力，行政机关便不具有该种权力。而公民权利的授予方式正好相反，只要是法律没有禁止的，即是公民所享有的权利。若法律对某种权利附设条件时，只要满足法律规定的条件，公民即可享有此种权利。在行政实践中，一些国家机关和组织，甚至公民个人，常常错误地认为，只要是法律没有禁止行使的国家权力，就都可以行使。这就导致了国家管理中的混乱，我国行政处罚中"乱"一定程度上也与之不无关系。

那么，处罚法定是否包括处罚种类法定？《行政处罚法》第八条规定了七种行政处罚的种类，由于其第七项为"法律、行政法规规定的其他行政处罚"，这表明，行政处罚的种类是一个开放的体系，只要是法律、法规，都可以在《行政处罚法》之外创设新的处罚种类。本案中，自治区文化市场行政执法总队某市支队给某产业公司的行政处罚为"警告、立即停止施工"。那么，"立即停止施工"作为一种行政处罚，依据何在？从《文物保护法》第三十二条的规定来看，并未规定该种处罚，在该法第七章"法律责任"及国务院颁行的《文物保护法实施条例》中，也无"立即停止施工"的处罚种类。从这个意义上说，自治区文化市场行政执法总队某市支队作出"立即停止施工"的行政处罚并没有法律法规依据。由于行政处罚是行政机关对违反行政法规范尚未构成犯罪的违法行为人给予的一种制裁，既然是制裁，就意味着要对当事人课予"额外"的义务，亦即当事人合法享有的权益会因行政处罚而减损或丧失。显然，"立即停止施工"并不具有这样性质。因此，我们认为，"立即停止施工"应当被视为行政强制措施而不是行政处罚。这样，无论是在形式上还是法理上都是说得通的。

《文物保护法》第三十二条规定，"在进行建设工程或者在农业生产中，任何单位或者个人发现文物，应当保护现场，立即报告当地文物行政部门，文物行政部门接到报告后，如无特殊情况，应当在二十四小时内赶赴现场，并在7日内提出处理意见。文物行政部门可以报请当地人民政府通知公安机关协助保护现场；发现重要文物的，应当立即上报国务院文物行政部门，国务院文物行政部门应当在接到报告后 15 日内提出处理意见"。"依照前款规定发现的文物属于国家所有，任何单位或者个人不得哄抢、私分、藏匿"。同我国许多其他行政性立法一样，该法也只是明确了施工单位相应的义务，而法律责任中并未规定当事人违反该义务后应承担何种法律，更未赋予行政机关对此类违反法定义务行为的处罚权。按照上述处罚法定原则的要求，行政机关基于组织法上的概括授权并不能顺理成章地获得在法律、法规、规章以外"创设"行政处罚的权力。就此而言，本案中行政机关对相对人作出"警告、责令立即停止施工"的行政处罚因缺乏明确的法律依据而不具有合法性。

二、处罚法定原则与程序裁量权

如前所述，行政处罚法定原则包含着行政机关应当依照法定程序实施行政处罚，否则也构成行政违法。我国现行《行政复议法》、《行政诉讼法》也坚守了这一底线，对于违反法定程序的行政行为，应当作出撤销或确认违法的复议决定或判决。从法理上看，严格的程序是用来制约行政权规范行使的，因而对于行政机关而言，遵守法定程序意味着一项法定义务。与行政机关的程序义务相对应的是行政相对人的程序权利。《行政处罚法》第四十二条规定，"行政机关作出责令停产停业、吊销许可证或者执照、较大数额罚款等行政处罚决定之前，应当告知当事人有要求举行听证的权利"，该规定表明，举行听证对于行政机关"作出责令停产停业、吊销许可证或者执照、较大数额罚款等行政处罚决定"而言，是一项程序义务。该规定似包含以下内容，即上述三类以外的其他行政处罚，行政机关并无举行听证的义务。这就是说，本案的处罚因为是"警告"、"立即停工"，因而不属于强制告知听证的情形。而在本案卷宗中，除了《行政处罚事先告知书》中载有听证事项、且在《送达回证》中写"本人自愿放弃申请听证权利"外，还有一个专门的《听证申请告知书》和《送达回证》。问题是，对于这些"轻微"的行政处罚，执法机关是否有适用听证的裁量权？从法理上看，行政机关主动课予自己该项义务并无不当，因为该义务的履行意味着赋予相对人相应的权利。但是另一方面我们也应当注意到，正当程序的理念也要求摈弃繁琐的、不必要的程序，因为这种繁琐的程序不仅浪费着行政资源，而且也影响行政效率。因此，在这种显著轻微的行政处罚中，执法机关主动告知相对人有申请听证的权利，明显属于"矫枉过正"。因为在这种情况下，若当事人据此申请听证的话，行政机关就必须组织听证程序。而这样的听证对于保护当事人合法权益而言并无多少实质意义。相反，可能造成执法迟缓和行政资源的浪费。

三、处罚法定原则与执法卷宗的内容

从广义上说，执法卷宗的内容、装订顺序等皆应遵循统一规定和要求，与案卷无关的内容一般不予入卷。在本案卷宗中，执法人员撰写了"关于某市某某5.30文物案件查办经过及思考"，并装订在卷。我们认为，这种执法的总结报告并非行政案卷"法定"内容，但执法机关的这种做法却非常有意义，尤其是该报告总结了案件的查办经过，还提出了思考，包括个别部门甚至是文物主管部门对待案件的态度令人困惑、社会对文物保护法了解甚少，甚至国家工作人员也是如此、文物执法人员缺乏操练急需培训，非常深刻，亦有很强的针对性。

二　文物行政处罚的执法主体

某禽业有限公司擅自施工毁坏古墓葬行政处罚案

【基本案情】

2008年8月27日，某区文物稽查大队接公安机关移送案件，称该区某禽业有限公司未经文物钻探，非法施工，造成古墓葬被破坏，经调查不构成文物犯罪，要求文物管理部门给予行政处罚。某区文物稽查大队当日经现场勘查后作出行政处罚告知书，依据《某省文物保护条例》第二十七条、第五十七条规定，拟给予某禽业有限公司罚款人民币 10 万元行政处罚。8 月 28 日，某禽业有限公司向稽查大队申辩称：该公司是外省某市某集团属下公司之一，经该区农业局招商引资进入该地，租用某机械化养鸡场经营（期限 20 年）。为了形成 16 万套父母代种鸡的栏和日孵 4.5 万枚种蛋的孵化能力以及年产肉鸡苗 1600 万只的生产能力，拟投资 2000 万元左右对租用的养鸡场进行固定资产改造。由于不了解当地地下文物密集的状况和文物保护的相关规定，文物保护意识不强。实际上，该养鸡场早在 20 年前就已经建成规模，我单位只是对养鸡场的部分建筑物和设备进行局部改造，因此淡化了按文物保护规定办事的意识。请求从轻给予处罚。某区文物稽查大队于 9 月 2 日作出行政处罚决定，对某禽业有限公司处以罚款 1.6 万元。9 月 4 日，行政处罚执行完毕，结案。

【案例评析】

本案案情与前述案件情节相似，所违反的法律法规内容一致。但是本案行政处罚中存在的问题是比较突出的。一是行政程序问题。在行政处罚告知书中，区文物稽查大队告知的是 10 万元的处罚，而最终的处罚仅有 1.6 万元，显然存在处罚的畸轻畸重问题，行政执法过于草率。二是行政执法主体的职权问题。该行政处罚案是由某区文物稽查大队调查并实施处罚的，文物稽查大队作为文物行政主管机关的内设机构，不具备行政主体资格，不能以自己的名义对外作出具体行政行为。因此，该案违反了职权法定的原则。

行政处罚的主体，是指依法享有行政处罚权，以自己的名义作出处罚决定并独立承担法律责任的组织。根据《行政处罚法》，行政处罚的主体主要有两种：

一是行政机关。具有行政处罚权的行政机关可以在法定职权范围内实施行政处罚。行政机关实施行政处罚应当符合以下条件：（1）依法取得行政处罚权；（2）在法定职权范围内实施行政处罚。

二是法律、法规授权的组织。法律、法规授权的具有管理公共事务职能的组织。这些组织依据法律、法规的授权管理社会公共事务，有权以自己的名义对违反行政管理事项的公用、法人或者其他组织实施行政处罚。

除此之外，依据《行政处罚法》的规定，行政机关可以依照法律、法规和规章的规定，在其权限范围内委托符合条件的组织实施行政处罚。这种委托不能随意进行，必须遵守法定的条件：（1）必须在行政机关的权限范围内委托。（2）受委托的组织必须符合法定的条件：①是依法成立的管理公共事务的组织；②有熟悉有关法律、法规、规章和业务的工作人员；③对违法行为需要进行技术检查或者技术鉴定的，应当有条件组织相应的技术检查或者技术鉴定。（3）受委托的组织必须在委托范围内以委托的行政机关的名义实施行政处罚。（4）受委托的组织不能将受委托的行政处罚权转委他人行使。（5）只能由行政机关委托。（6）委托必须依法律、法规或者规章的规定进行。（7）委托的行政机关对受委托的组织实施行政处罚行为负责监督，并承担该行为所产生的后果。从严格意义上讲，受委托实施行政处罚的组织不能算是行政处罚主体。因为它既不以自己的名义作出行政处罚决定，也不承担由此产生的后果责任，因此它只是行政处罚的具体实施机关。

三　行政机关是否为文物行政处罚适格的相对人

某市小徐庄遗址挖掘破坏案

【基本案情】

2007 年 1 月 5 日，某市文化与体育局文物执法队在对省级文保单位小徐庄遗址巡查时发现，某市棋盘镇政府、某市农业资源开发局、多管局、马陵山林场、棋盘镇水利站（棋鑫公司）等单位在未报文物主管部门同意，未依法履行工程建设开发项目审批的情况下，在遗址保护范围和建设控制地带内进行丘陵山区农业资源开发建设项目。文物保护工作人员现场责令停止施工，并通知相关施工人员等候处理。随后，文物执法队下达了书面停工通知书，并展开进一步调查。经某考古研究所现场勘察，项目施工方修筑南北路两条，东西路四条，路幅宽4米，修建蓄水池一个，开挖树坑数十万个，遗址整体风貌和本体遭到严重破坏。在调查过程中，某市文化与体育局向某市公证处申请，对小徐庄遗址摄像内容进行公证保全。根据《文物保护法》第十七条、第十八条第二款和第六十六条第一款第（一）项和第（二）项之规定，某市文化与体育局对棋盘镇人民政府处以罚款人民币22万元。

【案例评析】

小徐庄遗址为新石器时代大汶口文化早中期遗存，距今5500年，总面积3.5万平方米，1990年发现。2002年10月22日被省人民政府公布为省级文物保护单位。从2006年起，某市农业资源开发局、多管局、马陵山林场、棋盘镇政府、棋盘镇水利站（棋鑫公司）等单位在未报知文物行政主管部门和未依法履行工程建设文物保护报批程序的情况下，在小徐庄遗址保护范围和建议控制地带内进行农业开发项目建设，修筑道路，开挖水渠和树坑，修建蓄水池等，对小徐庄遗址历史风貌和遗址本体造成严重破坏。本案需要探讨的是在存在多个文物行政违法主体的情况下，应当如何处理？地方人民政府能否成为被行政处罚主体？

从本案询问笔录和某市棋盘镇丘陵山区农业综合开发高效农业基地项目设计任务书可以看出，该项目的申报单位是棋盘镇政府，项目建设规模8000亩，总投资270万元，其中财政补助220万元，自筹50万元。棋盘镇政府成立了分管镇长为组长的项目建设领导小组负责项目区建设和协调和监督，某市农业资源开发局、财政局、多管局、农林局等负责项目管理，这些单位是该项目的行政管理单位。棋盘镇水利站（棋鑫公司）、马陵山林场负责具体施工，是项目施工单位。由此可以看出，本案存在多个文物行政违法主体，应当按照违法行为及违法主体的不同情况，分别处理。首先，本案的直接违法责任主体应当是棋盘镇水利站（棋鑫公司）和马陵山林场，应当对这两个单位违法行为及其造成的后果进行相应的行政处罚，但本案中某市文化与体育局并没有对其进行处罚。其次，棋盘镇政府不能成为行政处罚的相对人。我国《行政处罚法》规定，只有公民、法人和其他组织才能成为行政机关实施行政处罚的相对人，行政机关本身不能成为行政机关实施行政处罚的相对人，这也是行政法的基本原理所决定的。本案棋盘镇政府项目管理的资金来源于政府财政资金，对其行政罚款的资金也只能来自该项目资金，这种行政罚款只是从一个政府的口袋转移到另一个口袋而已，并没有实际意义，也起不到教育帮助的目的。第三，对棋盘镇政府、市农业资源开发局、财政局、多管局、农林局等行政机关负有责任的国家工作人员应当依法给予行政处分。我国《文物保护法》第七十七条规定，"有本法第六十六条、第六十八条、第七十条、第七十一条、第七十四条、第七十五条规定所行为之一的，负有责任的主管人员和其他直接责任人员是国家工作人员的，依法给予行政处分"。《某省文物保护条例》第四十四条也规定："地方各级人民政府及有关部门不履行文物保护和管理职责的，由上级人民政府责令改正，并可以通报批评；对直接负责的主管人员和其他直接责任人员依法给予行政处分。"因此，应当按照上述规定内容，对相关国家工作人员进行行政处分。

根据《行政处罚法》第三条的规定，公民、法人或者其他组织违反行政管理秩序的行为，应当给予行政处罚。可见，文物行政处罚的相对人是公民、法人或者其他组织。但是，在文物行政执法实践中，尤其是一些特殊情况下确定行政处罚相对人有时并不容易。为此，本文就四种情况下，行政处罚相对人的确定作一些探讨。

一、对法人分支机构能否作为文物行政处罚相对人问题

首先，根据《最高人民法院关于适用〈中华人民共和国民事诉讼法〉若干问题的意见》第四十条、第四十一条的有关规定，法人依法设立并领取营业执照的分支机构属于"其他组织"的范畴，可以作为行政处罚相对人；而法人非依法设立或未领取营业执照的分支机构，应以设立该分支机构的法人作为行政处罚相对人。其次，在确定是将法人还是将法人分支机构作为行政

处罚相对人时，应依据行政效率原则进行考量，充分考虑文书送达、调查取证等执法过程的便捷和高效，作出决定。最后，如果将法人分支机构作为行政处罚相对人，应在案卷中反映出其与设立该分支机构的法人之间的关系，以便在法人分支机构无财产或财产不足以承担责任时，依据《最高人民法院关于人民法院执行工作若干问题的规定（试行）》第七十八条的规定，申请法院对设立该分支机构的法人的财产进行强制执行。

二、在公民个人合伙情况下，行政处罚相对人的确定

根据《民法通则》的规定，个人合伙是指两个以上公民按照协议，各自提供资金、实物、技术等，合伙经营，共同劳动。因此，个人合伙也是公民个体的一种特殊形式，而不是"其他组织"。当个人合伙成为文物行政处罚相对人时，不能以字号名称作为行政相对人名称，应视为共同违法。当然，如果个人合伙已注册登记为合伙企业，那么就应作为"其他组织"看待。

三、在雇佣关系情况下，文物行政处罚相对人的确定

在具有雇佣关系的情况下，被雇人按照雇主的要求所实施的行为，该行为能否得到实施一般取决于雇主，所以在这种情况下所产生的行政法律责任一般应由雇主承担，即将雇主认定为文物行政处罚相对人。但是，如果文物违法行为是被雇佣人所进行的雇佣关系以外的行为，应当认定为被雇佣人自己的行为，而不能认定为雇主的行为。

四、在委托关系情况下，文物行政处罚相对人的确定

在文物行政执法中，委托关系主要有以下几种情况：（1）委托人委托被委托人实施民事法律行为合法，被委托人超出了被代理委托的权限范围，实施了违反行政管理秩序的行为，在没有委托人追认的情况下，应当认定被委托人为行政处罚相对人，而不应当认定为委托人。（2）委托人委托被委托人的行为违反了文物保护法律法规，有证据证明被委托人确实不知道该行为违法（实践中表现为被委托人已对委托事项进行了认真的审查，由于委托人采取了欺骗、隐瞒等手段导致被委托人不知道该行为违法），该违法行为是由于委托人的委托造成的，应当认定委托人为行政处罚相对人。（3）委托人和

被委托人都知道或应当知道委托代理的行为违反文物保护法律法规，只要委托人实施了委托的行为，被委托人与委托人构成共同违法，从而成为文物行政处罚的共同相对人。

四　罚教结合原则与减轻、从轻处罚的适用

某市某石料厂违法建设案

【基本案情】

2007 年 7 月 27～29 日，某市某石料厂擅自在全国重点文物保护单位八岭山古墓群保护范围内，进行挖掘作业，造成了三座东周古墓葬不同程度遭到破坏。根据《某省实施〈中华人民共和国文物保护法〉办法》第三十条之规定和《中华人民共和国行政处罚法》第四章第二十条之规定，某市区文物民族宗教旅游局经过行政执法立案调查，收集证据和涉案文物鉴定，于 2007 年 9 月 1～5 日对该厂下达了行政处罚告知书。当事人于 2007 年 9 月 24 日向执法机关提出了从轻处罚的申请报告，经某市某区文物民族宗教旅游局案件审理委员会集体研究，决定对某石料厂处以罚款人民币 2 万元的行政处罚。

【案例评析】

从本案的卷宗来看，执法证据处理得非常规范，现场记录较细致、完整，并有原件的现场照片，每张照片均有拍摄时间、拍摄人、具体方位等。而最引人关注的是，执法机关讨论处罚方案时，承办人提出根据《文物保护法》第六十六条的规定，拟罚款 8 万元，在告知当事人陈述申辩后，相对人提出了请求给予从轻处罚的报告，行政机关本着教育从严、处罚从轻的考虑，处罚决定中改为适用《某省实施〈中华人民共和国文物保护法〉办法》处罚 2 万元。问题是，文物保护法并无酌定减轻的规定，《行政处罚法》第

五条规定的"处罚与教育相结合"的原则是否授予行政机关在法定的处罚幅度之外的裁量权，本案中执法机关的做法合法吗？

一、罚教结合原则与处罚适用的裁量

《行政处罚法》第五条规定，"实施行政处罚，纠正违法行为，应当坚持处罚与教育相结合，教育公民、法人或者其他组织自觉守法"。该规定表明，我国的行政处罚并非是最终目的，处罚的最终目的在于恢复被破坏了的社会秩序，并促使相对人以后不再违法。这就是处罚与教育相结合原则。需要注意的是，处罚与教育并不是两可选择的手段。对于相对人的违法行为，行政主体依据相应的法律规定必须给予行政处罚的，只能给予行政处罚，而不能以教育代替行政处罚。对违法行为进行处罚是法律赋予行政机关的职权，也是行政机关职责所在。在法律有处罚规定的情况，行政机关以教育代替处罚便构成行政失职，同样以教育为名而减轻处罚亦违背处罚法定原则。

从轻行政处罚是指在法定行政处罚的限度内或者可选择的行政处罚种类以内实施行政处罚，不允许在法定行政处罚限度以下或者法定行政处罚种类以外实施行政处罚。减轻处罚是指对违法行为人给予法定的处罚限度以下实施行政处罚，但是一般不能减轻到免除行政处罚。在法律、法规、规章规定的有幅度不等的行政处罚时，减轻处罚也可以是根据当事人违法行为的情节、性质在下一个幅度内给予处罚。在我国《行政处罚法》中，第二十五条从当事人的责任年龄角度作出了从轻、减轻的规定，第二十六条从当事人的精神状态角度作出了从轻、减轻的规定，第二十七条则具体规定了从轻、减轻行政处罚的情节，具体有四：（一）主动消除或者减轻违法行为危害后果的；（二）受他人胁迫有违法行为的；（三）配合行政机关查处违法行为有立功表现的；（四）其他依法从轻或者减轻行政处罚的。很明显，第四种情形实际上是一个兜底规定，是指那些没有被明确列举、但依法应当从轻或减轻处罚的情形。这里在一定程度上授予行政机关在决定是否减轻或从轻处罚的自由裁量权，但这种裁量权行使不仅要受合理性原则的限制，而且还要受到以下两个限制：一是相关情节要与主动消除或减轻违法行为后果、受他人胁迫、配合行政机关相处违法行为并且立功在逻辑上具有一致性，因为《行政处罚法》第二十七所列举情形是一个整体，兜底规定与其他三类具体情形必须一致；二是从轻或减轻必须依法进行，从轻处罚不能游离于法律规定的幅度或种类之外，减轻处罚也不能"过分"低于法定的处罚幅度。

综上，处罚与教育相对原则是行政处罚的一个基本原则，贯穿于行政处罚的设定、实施等整个过程，它反映的是行政处罚的最终目的。而从轻或减轻行政处罚只是发生在行政机关实施处罚的过程中，它要受法律、法规、规章事先设定的从轻、减轻处罚规则的限制。前者具有原则性、纲领性，而后者则是具体的行政行为规则，一旦违反，便构成行政违法或不当。

二、文物行政处罚定性规范与处罚规范的适用

《文物保护法》第六十六条规定，"有下列行为之一，尚不构成犯罪的，由县级以上人民政府文物主管部门责令改正，造成严重后果的，处五万元以上五十万元以下的罚款；情节严重的，由原发证机关吊销资质证书：（一）擅自在文物保护单位的保护范围内进行建设工程或者爆破、钻探、挖掘等作业的；……"《某省实施〈中华人民共和国文物保护法〉办法》第三十条第一款规定，"违反本办法第十五条，在工程建设、生产活动以及房屋拆迁过程中发现文物或者可能属于文物，在文物行政部门通知停工后仍强行施工、生产，或者在考古发掘结束前擅自恢复施工、生产的，由文物行政部门予以制止，责令采取补救措施；尚未造成严重后果的，由县级以上文物行政部门处以5000元以上5万元以下罚款；造成严重后果的，处以5万元以上50万元以下罚款"。第十五条第一款规定，"进行大型基本建设工程，建设单位应当事先报请省文物行政部门组织从事文物考古发掘的单位在工程范围内有可能埋藏文物的地方进行考古调查、勘探"。上述不难看出，《文物保护法》第六十六条与《某省实施〈中华人民共和国文物保护法〉办法》第三十条、第十五条规定的情形并不相同，也就是说，在"某市某石料厂违法建设案"中，并不存在对于《文物保护法》第六十六条与《某省实施〈中华人民共和国文物保护法〉办法》第三十条、第十五条选择适用的前提条件。

　　那么，本案究竟是应当适用《文物保护法》第六十六条规定，还是应当适用《某省实施〈中华人民共和国文物保护法〉办法》第三十条、第十五条规定？从案件的事实来看，当事人某市某石料厂系未经批准，擅自在全国重点文物保护单位八岭山古墓群保护范围内进行挖掘作业，并造成了三座东周古墓葬不同程度遭到破坏。该情形与《文物保护法》第六十六条第一款规定完全吻合。而《某省实施〈中华人民共和国文物保护法〉办法》第三十条、第十五条规定分别规定是在文物行政主管部门责令停工而不停工、或者未经批准而进行文物考古调查、勘探的情形，而本案的违法迥然不同，因而行政处罚决定适用《某省实施〈中华人民共和国文物保护法〉办法》已经构成适用法律错误。

　　在本案中，相对人"关于未经批准擅自动土的思想认识"中，有"错误在于没接到批复之前动工抢修，违反了《文物保护法》的规定"描述。该描述反映了当事人实施违法行为时的主观状态，即该违法行为系故意为之，不仅不符合《行政处罚法》第二十七条规定的从轻、减轻处罚的情形，甚至行政机关在"量罚"时，按照"过罚相当"的原则，对当事人这种故意违法行为，可以在法定处罚幅度或种类中给予较重的处罚。

五　公正性原则与文物处罚的目的

内蒙古某县腾达矿业公司在长城保护范围内违法采矿案

【基本案情】

　　内蒙古某县腾达矿业公司（以下简称腾达公司）取得了内蒙古国土资源厅颁发的"采矿许可证"以及该县税务部门、工商部门等颁发的税务证、营业执照等，但腾达公司在未取得文物主管部门审批手续的情况下，于2007年5月份擅自在山西省某县新平堡镇红土沟村北山梁长城遗址处违法开采铁矿，毁坏长城豁口宽约 16 米，紧邻豁口处还有近 60 米长的一段长城主体已经被彻底破坏，严重破坏了长城整体历史风貌。2007 年 6 月 12 日，县文物管理所接到当地村民举报腾达公司违法采矿事宜，展开调查，随后向市文物局报告。市文物局遂立案调查。市文物局认为，腾达公司上述行为违反了《文物保护法》第十七条、第十八条以及《长城保护管理条例》第十二条之规定，根据《文物保护法》第六十六条规定，决定给予腾达公司罚款人民币 15 万元的行政处罚。

【案例评析】

本案事实清楚，案情比较简单。某市文物局对腾达公司的行政处罚也无可责难之处。然而从该案的处理后果来看，在文物行政执法过程中，还存在执法目的不明确、甚至以罚款为唯一目的的倾向。这是需要引起高度重视的一个问题。

一、行政处罚的目的

行政处罚不是目的，而是保障行政法律规范实施的最后手段。因此，在行政执法实践中，对当事人的违法行为要不要给予罚款处罚、罚款多少，只是行政执法活动的表象，是手段，而藏在其后的是该罚款处罚能不能达到教育当事人严格遵守行政法律规范，能不能恢复并维护好法律秩序。在行政执法实践中，常常出现将行政处罚这个手段误解为目的，甚至行政机关执法活动的唯一目的。虽然，造成这种状况的原因是极其复杂的，但是行政机关工作人员的思想认识及责任意识等也是其中的一个重要因素。

二、行政处罚目的与文物行政处罚的适用

在文物行政执法过程中，偏离行政处罚目的的情形时有发生。就本案来看，至少存在以下两个方面的问题。

一是为罚款而处罚。如前所述罚款只是行政执法的手段而不是目的，行政机关在作出处罚决定前，应当责令当事人改正或限期改正违法行为，并采取有效手段监督当事人自觉履行这一行政命令。具体到本案，市文物局根据

《文物保护法》第六十六条的规定以及《行政处罚法》第二十三条规定，对腾达公司的违法采矿行为作出行政处罚的目的，是要责令其改正违法行为，换句话说就是，在取得相应文物许可手续前，当事人腾达公司应当停止上述违法采矿行为。而对其处以罚款的处罚，就是通过课予其一项特别义务，让其警醒并在今后不再重犯类似错误。从本案卷宗来看，市文物局并未向当事人作出责令改正或限期改正违法行为通知书，在行政处罚决定书中也仅给予腾达公司罚款人民币 15 万元的行政处罚，而无责令改正的内容，更不用说采取相关检查督促措施了。我们认为，市文物局上述做法是有违《行政处罚法》的立法目的和基本精神的。实践中，执法机关如果在作出行政处罚决定之前，遗漏了单独下达责令改正通知书的，在制作行政处罚决定书时必须补充责令限期改正的内容，通过明确相应的执法检查措施，以确保被损害的法律关系得以恢复。

二是未将当事人其他违法行为及时移送有关职能部门。职权法定是依法行政的最基本要求，作为文物行政执法部门只能针对当事人文物违法行为作出处罚，对于超越其职权范围的其他违法行为，文物行政执法部门不能给予处罚，但是必须移送相关的职能部门。本案中，市文物局只是"看"到了腾达公司的部分违法行为，而对于其他违法行为没有及时制止，更没有向其他行政职能部门移送。这种现象既反映了部分行政机关行政执法目的的错位，同时也是"懒政"甚至是渎职的一种表现。

本案中，腾达公司虽然取得了内蒙古国土资源厅颁发的"采矿许可证"以及该县税务部门、工商部门等颁发的税务证、营业执照等。但是本案中腾达公司违法发生地在山西省某县，根据属地管理原则，显然内蒙古国土资源厅颁发的"采矿许可证"不可能包括腾达公司上述违法行为的开采地域，因此腾达公司在山西省某县的采矿行为已超出内蒙古国土资源厅许可的范围。市文物局不仅应对腾达公司进行行政处罚，而且应向山西省有关国土资源部门移送案件有关资料，提出执法建议，由山西省有关国土资源部门依法查处。

值得关注的是，本案还涉及相关文件的效力。根据《中华人民共和国文物保护法实施条例》第八条第一款的规定，省级文物保护单位的保护范围应当由省人民政府划定公布，本案涉及的长城系省级文物保护单位，目前其保护范围系山西省文物局和山西省建设厅联合公布，该文件效力与法律规定存在一定冲突。

六　文物行政执法部门应对涉及工程建设项目的文物违法案件高度重视并审慎处理

某省某房地产开发有限公司某分公司严重损毁省级文物保护单位"某古城墙"案

【基本案情】

某省某房地产开发有限公司某分公司于 2007 年 9 月 19 日在平整"湘江花园"（商品房住宅项目）建设过程中，对省级文物保护单位"某古城墙"造成了严重损毁。某省文化厅认为，上述行为违反了《文物保护法》第十七条、第二十条的规定，属擅自在文物保护单位的保护范围内进行建设工程、擅自拆除不可移动文物。根据《文物保护法》第六十六条第一款的规定，于 2008 年 11 月 5 日决定给予当事人人民币 15 万元的罚款。

【案例评析】

本案基本事实是某省某房地产开发有限公司某分公司在商品房住宅项目建设过程中，对省级文物保护单位"某古城墙"造成严重损毁，违反了《文物保护法》第十七条、第二十条的规定。类似本案因城市工程建设造成文物损毁的现象在现实生活中屡有发生。资料反映，造成文物损毁现象的原因主要有三：一是城市建设过程中因拆迁、改造等工程建设造成的破坏；二是盲目、过度扩张的旅游资源开发造成的破坏；三是盗卖文物造成的破坏。其中方兴未艾、如火如荼的城市工程建设过程中因拆迁、改造等造成的破坏尤甚。

分析类似本案的案情，我们认为，文物行政执法部门应当对涉及城市工程建设项目的文物违法案件高度重视并审慎处理，努力提高工程建设中文物违法案件的查处质量。

第一，文物执法机构应当深刻认识"四有"（有保护范围、有保护标志、有记录档案、有保管机构）工作的重要性，与文物保护机构及时沟通，密切配合，通力合作。文物"四有"档案是文物保护的基础资料，也是依法查处涉及工程建设文物违法案件的重要依据。县级以上文保机构应当对文物保护单位的"四有"工作重新进行收集、整理和归档。特别是原文保级别已进行调整、变更的文物保护单位，要重新调整划定保护范围建设控制地带予以及时公布。同时，各级文物执法机构要进一步加强对不可移动文物的监管巡查，按时、高质、切实地建立、完善文保单位的电子文档，为依法开展文物执法工作提供参考依据。

第二，对可能涉及文物破坏的工程建设项目提前介入，防止造成文物破坏的遗憾。作为历史遗存的文物，其价值在于自身的历史性、艺术性，也在于稀有性和不可再生性。文物和其他资源不同，一旦遭到毁损，可能是致命的伤害，通常难以完全恢复，后果往往是无法挽回。而建设工程往往牵涉到土地、规划、拆迁、水利、旅游、环境等方方面面，牵一发而动全身，如果等问题显现和暴露后再行整改，则为采取补救措施需要花费的人力、物力、财力和精力将十分巨大；加上可能涉及的民生保障等问题，所付出的行政成本也很高。目前文物行政执法部门经常面临查处工程建设破坏文物的案件，现实生活中，由于种种原因，各地的文物行政执法又普遍存在不到位、不规范甚至不作为等现象，因此，文物行政执法部门应当尽力克服重重困难，努力做到未雨绸缪，事先介入，避免事后简单地以罚代管。对于违法情形要及时发现苗头，尽量将违法行为遏制在萌芽状态，以避免"木已成舟"、"法不责众"等被动局面。发现越早，越有利于减少相关损失。

第三，通力合作，及时有效地控制文物破坏局面的继续发生并防范恶化。违法行为发生后，文物行政执法人员要立即、迅速赶赴现场，首先查清楚被损害不可移动文物的类型和级别，做到心中有数；必要时还应迅速采取文物保护措施，通知相关职能部门协同处理。执法人员为了确保检查、调查取证的及时、准确、有效，有时应当会同当地文物保护机构共赴现场进行检查、勘验，以准确记述文物专业术语，并及时调取文保单位保护范围、建设控制地带的有关资料，查明施工区域究竟是否在保护范围、建设控制地带内。在文保单位保护范围内进行建设工程或爆破、钻探、挖掘作业等违法行为，是否有核定公布该文保单位的人民政府的批准，是否在批准前征得上一级人民政府文物行政部门的同意；同时要查明在文保单位建设控制地带内进行建设，其工程设计方案是否根据文保单位的级别，经相应文物行政部门同意后报城乡建设规划部门批准。如果建设单位（个人）不能提供上述批准文件，则涉嫌工程建设文物违法行为，应予以立案及时查处。《文物保护法》等法律规范明确规定，发现当事人未经批准，擅自在文保单位保护范围、建设控制地带内进行施工或改变施工方案涉嫌擅自违法施工的，文物行政机关在行政处罚前应当场发出《责令停工通知书》，责令当事方改正或限期改正违法行为，以防范更为严重的后果发生。

第四，及时、有效地收集涉及文物违法案件的证据。要严格按照法律规定并遵循行政程序收集证据。执法人员在对违法施工现场进行检查勘验时，要在认真查清被损害程度、方位等基本情况前提下做好勘验笔录，以保证收集的证据材料的质量和证明力。当场制作的现场检查勘验笔录必须如实记录违法事实，并做到重点突出、详略得当，和违法行为有关的情况要详尽记载，和案件关系不大的情况可以略写，无关内容不写。现场拍摄照片、录像的内容和数量、绘图的种类和数量等情况，都应在现场笔录中加以注明。当场制作现场示意图过程中，对于涉嫌违法标的物为建筑物的，必须按照比例制作勘查图并标明参照物，同时标注方向、画出参照物、注明违法行为地点；必要时还可制作《现场检查情况明细表》，和现场示意图互为补充。现场拍摄的照片、录像等内容必须清晰，每一幅画面要说明一个问题，多幅照片之间要有关联性，能反映违法标的物的整个内容。特别在拍摄违法标的物时，要有全景照片说明违法行为的全貌，违法行为的具体位置或方向要有若干张近照并附有参照物，同时说明违法行为的程度。现场照片必须注明违法标的物、违法行为地点、标注位置方向、拍照人、现场执法人员、拍照时间等要素，并由当事人签字确认。根据《文物行政处罚程序暂行规定》，文物行政执法人员在办案过程中，如果认为涉案文物需要鉴定的，应在保护现场受损文物的前提下进行专业鉴定，以增强权威性。

第五，文物行政执法人员要有强烈的法律意识和过硬的业务水平。文物违法案件的处理具有很强的法律性、专业性和实践性，尤其是工程建设中的文物违法案件，存在违法主体的不确定性等问题，办案人员往往取证难、处罚难、执行难，在一定程度上影响到文物行政处罚的正确性和有效性。因此，文物行政执法人员在办理文物违法案件时，首先要谙熟《文物保护法》等文物保护的法律规范，明确工程建设行为的违法种类，依法办理文物行政执法案件。比如，在文物行政执法实践中，文物行政执法人员首先要明确究竟哪些文物违法行为属于工程建设行为违法，并据此明确执法思路。根据《文物保护法》对工程建设行为违法的表述，属于工程建设行为违法种类的主要有第六十六条规定的"擅自在文物保护单位的保护范围内进行建设工程或者爆破、钻探、挖掘等作业的"；"在文物保护单位的建设控制地带内进行建设工程，其工程设计方案未经文物行政部门同意、报城乡建设规划部门批准，对文物保护单位的历史风貌造成破坏的"等。

第六，文物行政执法案件的质量要经得起行政相对人申请行政复议和提起行政诉讼的检验。当今社会，行政相对人的法治意识日益觉醒，维权意识逐步提高，实践中甚至出现有些实施违法行为的行政相对人规避法律的情形。因此，文物行政执法人员除了熟悉文物行政执法的相关法律规范，还要熟悉和把握《行政复议法》、《行政诉讼法》等法律，确保所办行政执法案件的质量经得起行政相对人申请行政救济或司法救济的检验。

第七章　文物行政处罚的证据

一　文物行政执法中的鉴定结论

某房地产开发有限公司损毁文物遗址案

【基本案情】

某市大兴区黄村地下文物埋藏区，是某市人民政府 2000 年 2 月 24 日公布的该市第三批地下文物埋藏区（《关于公布某市第三批地下文物埋藏区的通知》），该地下文物埋藏区位于大兴区黄村卫星城北，占地面积 93.5 万平方米，东界：京开路及前高米店村西小路，南界：前高米店村西水泥路，西界：新华北路，北界：宏康路。该区是一处唐、辽时期的墓葬埋藏区，在该区域内曾发现多座唐、辽时期古墓葬。其中，唐墓出土有珍贵的加蓝三彩罐；辽代张馆墓出土有瓷器、木俑、十二生肖俑及墓志。

2000 年 9 月 26 日，原大兴县人民政府批复，同意某投资有限公司按照《黄村卫星城北区控制性详细规划》，全权负责黄村卫星城北区 5.75 平方公里的土地一级开发及建设、管理。大兴新城北区 8 号地就在黄村卫星城北区 5.75 平方公里土地中，并涉及大兴区黄村地下文物埋藏区，某投资有限公司将 8 号地交由其子公司某房地产开发有限公司开发建设。2007 年 6 月 8 日，该房地产开发有限公司与某土方工程有限公司签订协议，大兴新城北区 8 号地项目场地平整工程由某土方工程有限公司承包。6月9日，某土方工程有限公司进场施工，造成地下古墓葬遭损毁。市文物局执法人员赶赴现场，向某房地产开发有限公司下达停工通知书，但该公司现场管理人员以与公司法定代表人无法联系为由，拒绝停工，仍强行施工，直至警方赶到现场制止。

根据《文物保护法》第二十九条规定，进行大型基本建设工程，建设单位应当事先报请省、自治区、直辖市人民政府文物行政部门组织从事考古发掘的单位在工程范围内有可能埋藏文物的地方进行考古调查、勘探，考古调查勘探中发现文物的，由省、自治区、直辖市人民政府文物行政部门根据文物保护的要求会同建设单位共同商定保护措施。经调查，建设单位明知地下文物埋藏区内可能埋藏有文物，但仍擅自施工，造成地下文物被破坏。经某市文物研究所鉴定，大兴黄庄地下埋藏区有两处砖室墓和一处窑址遭破坏，砖室墓经初步认定系辽金时期古墓葬，窑址经认定系唐代遗迹。为此，市文物局根据《文物保护法》第六十六条第（三）项的规定，给予了当事人某房地产开发有限公司罚款人民币10万元的行政处罚。

【案例评析】

本案中，违法行为是否造成严重后果，是文物行政执法机关给予违法当事人处以罚款的前提之一。市文物研究所出具了《关于大兴黄村地下埋藏区埋葬和窑址的认定》，该鉴定结论是本案的关键证据之一。鉴定结论，是指接受行政机关指派、聘请或当事人聘请的鉴定人，对行政程序中的专门性问题进行鉴定后所作的书面结论。下面就鉴定结论的相关问题进行讨论：

一、鉴定结论文书的制作

鉴定结论需要以鉴定报告（鉴定意见书）为载体的书面形式体现，鉴定报告（或鉴定意见书）应当规范、标准，符合一定的格式要求。鉴定报告（鉴定意见书）应当包括以下内容：

1. 鉴定委托主体。在文物行政处罚程序中，鉴定委托主体应当是实施行政处罚的文物行政执法机关。

2. 委托鉴定事项。鉴定结论属于意见证据，是鉴定人运用专门知识和技能就有关专门性问题进行检验、鉴别、判断的意见，委托鉴定事项应当系明确的专门性问题，据此才能区分鉴定结论的种类，选任适格的鉴定人。

3. 鉴定依据和鉴定过程（技术标准和鉴定程序）。鉴定依据是否充分，鉴定方法是否科学有效，是鉴定结论是否正确的关键。不记载鉴定依据和鉴定过程，或者记载简单化，让人无法对其形成正确鉴定结论作出客观判断。

4. 论证部分。论证部分是鉴定报告（鉴定意见书）的说理部分，是推判出鉴定结果的逻辑过程，也是鉴定结论证据价值的证明过程。

5. 结论部分。鉴定报告的结论部分是对委托鉴定事项的明确回答，结论部分的表述应当准确、充分，尊重科学，实事求是。

6. 鉴定人的签名和鉴定部门的盖章及日期。这是鉴定报告（鉴定意见书）生效的前提，也是鉴定人承担法律责任的承诺。

本案中，市文物研究所出具的《关于大兴黄村地下埋藏区埋葬和窑址的认定》，该鉴定结论未能明确委托鉴定事项，鉴定依据和鉴定过程也不够完整，论证部分简单，从结论部分来看，其仅认定了古墓葬和古窑址的年代，文物价值和被破坏程度未得到鉴定。

二、鉴定结论的证据价值及证据审查注意事项

作为一种法定证据表现形式，鉴定结论是对行政执法人员认识能力不足的补充。鉴定结论需要证明的是事实问题，而非法律问题，这是鉴定结论证据价值之所在。本案中，鉴定报告中表述了与鉴定结论无关的内容，如行政相对人的认定和地下文物埋藏区的认定，均系行政执法机关的职责，不宜在鉴定报告中体现。

鉴定结论是否具有证据能力，首先要审查鉴定人有无鉴定资格，无鉴定资格者作出的鉴定结论没有证据资格。例如：涉案文物认定和涉案文物估价的鉴定人截然不同，涉案文物估价的鉴定系价格类鉴定，其法定鉴定机构系价格事务所或价格认证中心，如果由文物专家估价，该鉴定结论无证据能力。

鉴定结论所依赖的经验法则是否可靠，是审查证据能力的另一重要因素。

鉴定结论的依据没有得到相关领域普遍承认的，鉴定结论同样没有证据能力。

在文物行政执法工作中，鉴定结论对确定案件性质具有重要作用。具备鉴定资格的鉴定人作出的鉴定结论的证明力一般优于其他书证、视听资料和证人证言。

三、文物鉴定制度的发展方向

由于我国尚未设立文物鉴定资质许可制度，也没有法定文物鉴定机构，建立文物鉴定制度是实践急需，势在必行。

行政执法过程中的文物鉴定属行政鉴定的范畴，我国对司法鉴定有相关规定，而行政鉴定缺少相应的规范。就鉴定业务分类而言，行政鉴定和司法鉴定并无本质区别，其鉴定主体可以高度重合，因此行政鉴定应当可以参照司法鉴定的成熟做法。就司法鉴定而言，我国对法医类鉴定、物证类鉴定、声像资料类鉴定实行登记管理制度，司法部会同最高人民法院、最高人民检察院共同确定了其他应当对鉴定人和鉴定机构实行登记管理的鉴定事项，但文物鉴定未能纳入鉴定登记管理范畴。

建立文物鉴定制度，首先要明确文物鉴定的主体。文物鉴定主体的资格是以鉴定人能力适格为中心，相对于法医类鉴定和物证类鉴定等鉴定而言，文物鉴定的业务量是有限的，与此相对应的文物专家的数量同样有限。由于文物鉴定业务量有限，成立专门的文物鉴定中介机构在现阶段不现实。另外，文物的分类繁多，以可移动文物为例，从大类上就可分为瓷器类、玉器类等，因此同一领域的专家数量就更少，特别是小类别文物鉴定领域的专家甚至奇缺。我国的文物专家主要分布省级以上博物馆、考古所以及少数科研院所，部分较大的市的博物馆、考古队也有数量不等的文物专业人才。根据文物专家的分布现状，由省级文物行政部门公布本行政区域内文物鉴定专家名册，行政案件中的文物鉴定，由文物行政部门从名册中选择为宜。

建立文物鉴定制度，其次要明确文物鉴定的委托程序。1987 年 11 月 27日，最高人民法院最高人民检察院《关于办理盗窃、盗掘、非法经营和走私文物的案件具体应用法律的若干问题的解释》对涉案文物的鉴定程序作了相应规定，办理刑事案件需要进行文物鉴定时，由省、自治区、直辖市文物主管部门或者经其指定的有条件鉴定的地区、省辖市文物主管部门组织有专门知识的人参加，鉴定人必须三名以上，由文物主管部门指派、司法机关聘请。该司法解释虽然仅适用于刑事案件，但实践中一些地区在行政案件的处理也参照执行。将行政鉴定和司法鉴定的委托程序共同标准化，也是符合法治统一的原则的。

由于我国文物行业的协会并不发达，主要通过行政命令式的行规来运行，文物鉴定采取行业管理的模式不现实，以行政指定模式为主的阶段在较长时间内会继续保持，这将是文物鉴定的特点。文物行政执法主要由市、县文物行政部门承担，由省级文物行政部门组织专家鉴定可以最大限度地实现依法回避原则，这也是现阶段确保客观、公正地开展文物鉴定的最优选择。

文物鉴定制度的建立需要得到法律的确认，立法部门应尽快将文物鉴定制度的建立提上议事日程。

二　文物行政执法中的现场检查笔录

中国人民解放军总参兵种部工程兵某管理处损毁部分文化遗存案

【基本案情】

总参工程兵某管理处老干部经济适用房项目，占地19000平方米，位于某市明代府城北面，操场城的东北，西临操场城街，南与2003年发掘的操场城北魏一号遗址仅一街之隔，地理位置十分重要，是研究汉代平城遗址、北魏平城宫城位置和平面布局的重要区域。2006年4月起，该市考古研究所对该建设用地组织了考古调查勘探（与建设单位已签订考古调查勘探协议），在该区域内发现一处夯土遗迹为汉至北魏时期遗址，该遗迹呈东西向分布，平面为长方形，东西长约40米，南北宽约30米，面积约1200平方米，夯土距地表0.3~2

米，自下而上为汉代、北魏、辽金至明清时期的文化堆积，初步认定该处是与"某操场城北魏一号遗址"相连的大型北魏建筑遗址。但因该项目拆迁工作尚未完成，考古工作无法及时完成，考古人员用彩旗将拟考古区域作了标识。2007年6月，建设单位总参工程兵某管理处管理不善，致使施工单位为赶工程进度，擅自在考古发掘区域内施工，造成约800平方米遗址遭破坏。该市文物局执法人员对现场进行了检查，并制作了检查笔录，其后对施工现场负责人和保安人员进行调查，认定当事人损毁部分文化遗存（约800平方米），根据《文物保护法》第六十六条第一款之规定，决定给予当事人罚款人民币50万元的行政处罚。

【案例评析】

本案对基本事实的认定是执法人员通过对违法现场所作现场检查笔录所获取，其现场检查笔录内容为"市考古研究所在施工院内留的一千平方米待勘探区域，用彩旗来标识（彩旗在拆迁过程中遗失），待勘探区域现场已挖掘约九百平方米"。现场检查笔录是行政执法人员对违法现场情况所作的客观记载，并由检查人员和在场人签名的一种书面文件。

一、现场检查笔录的证据属性

现场笔录是行政程序和行政诉讼程序特有的证据类型，民事诉讼程序和刑事诉讼程序无现场笔录这种形式。现场检查笔录制作的法定主体只能是行政机关现场调查人员，而不是司法机关或者行政相对人。从现场检查笔录的制作时间看，只能在对行政违法行为或者其他事件进行调查处理的现场，不能事前做好，也不能事后补记。

现场检查笔录不同于物证。现场检查笔录对案件事实发挥证明作用的内容来源于物证，但不同于物证本身。现场检查笔录是对物证的调查结果，其对案件事实发挥证明作用的是其所记录的内容，而物证是以其客观存在的特征直接发挥对案件事实的证明作用。现场检查笔录与物证的客观性要求也不同，其作为一种示意证据，与物证适用不同的证据规则。

现场检查笔录不同于书证。书证主要形成于案件事实发生前或发生过程中，一般是行政程序之外形成，并主要受最佳证据规则的约束。而现场检查笔录是特定主体为了特定目的，依照法定程序制作而成，其客观性主要体现为内容的真实性和准确性。

现场检查笔录不同于证人证言。现场检查笔录的主体是具有法定职责的行政机关执法人员，检查主体履行法定职责受严格的程序制约，现场检查笔录是检查主体在特定目的指引下对外在客观事物进行的主动性感知。而证人证言对主体无特殊要求，证人对案件事实主观上的印象产生于案件发生前或发生过程中，一般不具有目的性，系被动感知。

现场检查笔录不同于视听资料。现场检查笔录除以文字记录方式而获得的书面记录外，还包括以照相、录像、录音等方式而得到的照片、录像带和录音带，这与视听资料的外部形式和内容特征是一致的，但现场检查笔录中以照相、录像、录音等方式而得到的照片、录像带和录音带，仅是保全固定证据的方式，不能将其归类为视听资料。

二、现场检查笔录制作的一般要求

现场检查笔录的内容。制作现场检查笔录，是行政机关客观记载检查结果、固定保全证据的重要手段，检查处于核心和基础地位，这不仅是制作现场检查笔录的前提和基础，也直接决定了现场检查笔录记载的内容。现场检查笔录应当记载检查现场的地点、位置、周边的环境，详细描述现场有关情况，主要反映现场变动和变化的有关案件事实。现场检查笔录以文字记录为主，如果需要也可以拍照、绘制现场图。现场照相必须反映现场的原始状态，并注明拍摄方位、中心，照片必须影像清晰真实、主题突出，全景照片和细目照片并重。现场图必须反映现场的位置、范围，以及现场各主要印记之间的距离和关系。值得注意的是，现场检查笔录只能记载观察到的事实，不允许执法人员进行分析判断，现场检查笔录不允许有结论性的内容。总之，现场检查笔录要根据现场检查情况确定采取固定保全证据的方式，力求全面记载反映对案件事实有价值的证明信息，使未参加现场检查的人通过现场检查笔录能了解相关情况。

现场检查笔录的签章。现场检查笔录应当由执法人员和当事人签名，当事人拒绝签名或者不能签名的，应当注明原因。有其他人在场的，可由其他人签名。当事人签名或见证人签名是现场检查笔录客观真实性的重要保障，当事人在场权和见证人制度在法律程序上的确立，可以对检查主体认知上和人格上的缺陷进行制度性防范，保障现场检查笔录的客观真实。本案中，行政执法人员制作了现场检查笔录，行政相对人的现场负责人签字确认，现场检查笔录的制作程序和形式是符合要求的。

现场检查笔录的制作时间。当前，部分行政执法机关还存在不当场制作现场检查笔录的现象，许多检查笔录是事后通过回忆补充制作。检查主体以文字或其他形式将现场检查的真实情况记录下来，就是为了弥补人类记忆能力的缺陷，保障现场检查客观真实性之所在。本案中，现场检查笔录未注明现场检查时间，也未注明现场检查笔录的制作时间，这在行政执法实践中需要引起高度重视。

三、文物行政执法中现场笔录的缺陷与克服

从文物行政执法的现状来看，现场笔录存在问题主要有以下几个方面：一是内容表述过于粗疏，证据的证明作用有所不足。如有的笔录就记载执法人员"发现墓地已经被毁坏"，至于该墓葬地处何处、部分被毁还是全部被毁、墓葬道路被毁还是墓室被毁、毁坏的客观状况怎样等等，无一有所记载，导致该现场笔录的证明力大打折扣；二是现场笔录带有明显的主观倾向性，如在现场笔录中，有的就包含有"某行为已经违反了文物保护法某条的规定"等，这种带有明显倾向性的表述，严重违反了证据的客观性；三是有些现场笔录无当事人或在场的利害关系人签名。而在洛阳文物局处罚中信重型机械公司案中，现场笔录是被检查人的法定代表人以外的人签名，这里就还有一个确认其身份的问题；四是现场照片，我们认为，这实际上也是一种特殊的现场笔录，应当有拍摄时间、拍摄人、拍摄地点及角度的交代，原则上应当使用原件。

我们认为，在制作现场笔录时，要注意笔录的内容应当客观描述现场的基本情况、避免有主观倾向性或判断性的内容。在制作现场笔录时，应当重视保障当事人的在场权，并注意完善见证人制度，使现场检查笔录从形成背景上具有高度的可信度情况保障。见证人制度是当事人在场权制度的补充，即行政机关邀请两名以上与案件没有利害关系的第三人作为见证人。当事人或见证人在现场检查笔录上签章，具有保障现场检查笔录客观真实性上的意义。当事人或见证人签章程序包括以下几方面内容：

1. 了解现场检查笔录内容的权利。只有在了解现场检查笔录内容并认为其真实时，签章行为才是自己真实意愿的表示，签章行为才能真正起到证明现场检查笔录内容客观真实性的作用。

2. 对现场检查笔录提出异议的权利。这有助于防止笔录制作人由于主观能力原因在制作笔录时错误记载，也有助于防止笔录制作人故意人为虚假记载。现场检查笔录在多方参与程序中形成，能最大限度地保障内容的客观真实。

3. 保留意见、拒绝签章的权利。这是保障签章行为是其真实意愿表示而规定的防范性措施。对于欠缺当事人签章的，又没有记载合理原因的，现场检查笔录在制作上不符合法律规定，应不具有作为证据的资格。

三　相对人的自认与文物执法机关的取证义务

某市某房地产开发有限公司损坏古墓葬案

【基本案情】

2007 年 11 月 6 日，位于某市某区嵩山路与长江路交叉口东南角某房地产开发有限公司的亚星盛世家园 B 区建设土地，未经文物勘探，清理现场过深，致使基槽西南角的两处东汉时期古墓葬遭到破坏。以上调查事实有某市文物考古研究院出具的鉴定材料、询问笔录、照片等资料为据。同时，当事人也对违法事实给予认同。该行为违反了《某省文物保护法实施办法》第二十三条规定，根据《某省文物保护法实施办法》第四十三条第一款第（六）项的规定，某市文物管理局于 2007 年 11 月 27 日作出了给予当事人罚款人民币 1 万元的行政处罚决定。

【案例评析】

本案卷宗一个令人关注的问题是"当事人也对违法事实给予认同"，这实际上就是学理上所说的"自认"。从字面意思上来看，"自认"即当事人对于案件事实的主动承认或认可。在行政执法过程中，行政机关在对当事人进行调查询问时，常常出现当事人"自认"的情形。那么，当事人在执法过程中面对行政机关的作出的这种"自认"具有何种效力，行政执法机关能否因为当事人的"自认"而免除或者减轻调查取证的义务？

一、自认的适用规则

在我国，"自认"最初仅仅是民事诉讼法学上的一个范畴，指一方当事人对其他当事人所主张的对其不利的事实予以承认。最高人民法院发布的民事诉讼证据规则第八条对民事诉讼中的"自认"作为规定。2002 年的《行政诉讼证据规定》第六十五条也涉及了"自认"。该条规定，"在庭审中一方当事人或者其代理人在代理权限范围内对另一方当事人陈述的案件事实明确表示认可的，人民法院可以对该事实予以认定。但有相反证据足以推翻的除外"。非常清楚，该条规定实际上将"自认"严格限制在人民法院主导下的庭审过程中。在庭审外所作的"自认"，其效力并不能得到肯定。在起草该规则的过程中，曾有学者认为，对公民在行政程序中所作的自认，法官应当承认其拘束力，否则，公民出尔反尔，不利于行政机关的行政执法。很显然，这样的主张最终并未被采纳。事实上，即使在诉讼过程中，"自认"也不能得到当然的认定。理由为：

1. 即使是人民法院主导下的庭审过程中的自认也不具有当然的证明效力。从最高人民法院 2002 年发布的《行政诉讼证据规定》第六十五条来看，人民法院对当事人自认的事实只是"可以"认定，而不是应当认定。这表明，人民法院在认定当事人自认的事实时，还需要审查当事人自认的事实是否存在逻辑上的矛盾和证明案件事实的可能性。也就是说，如果有相反的证据可以推翻当事人自认的事实的，法院就应当不予认定。

2. 先取证后裁决是行政程序法治化的要本要求，若公民在行政程序中的自认具有拘束力，在我国现有行政法治水平和状态下，将会在很大程度上鼓励行政机关利用其优势地位采取各种违法手段迫使公民自认，从而减损行政主体在行政程序中的调查取证义务，进而背离依法行政原则的根本要求。

3. 从外国诉讼法的经验看，即使在民事诉讼中，大多数国家的自认规则也不适用于诉讼程序之外。在行政诉讼过程中，只有在人民法院的主持和监督下，作为原告的相对人与作为被告的行政机关基于对等的法律地位作出的自认，才可能是其真实意思的表达。因此，行政诉讼中的自认规则适用的范围应当更窄，不但不能适用于诉讼程序外，而且也不能适用于庭审程序外。

二、行政执法中自认的效力

由于我国现行立法所确立的自认规则具有严格的适用范围和条件，因此在义物行政执法过程中，即使当事人对于违法事实明确表示承认，执法机关也不能因此而减轻或免除调查取证的义务。实践中，如果当事人对于违法行为予以"自认"，执法机关则可以以此为线索，进行相应的证据收集和整理，或者将当事人的这种自认制作成询问笔录。并且只有当这些证据材料与其他证据形成完整的证据链时，行政机关才能据此作出裁决。

四 文物行政处罚前的行政调查

某市法士特汽车传动有限公司和某市太浩科技发展有限责任公司擅自迁移拆除不可移动文物及未进行考古调查、擅自施工行政处罚案

【基本案情】

某市法士特汽车传动有限公司齿轮研究所建设工程位于市长安区郭杜街道办事处乳家庄村西北，占地面积 300 亩，该地点属于古墓葬分布密集区。2008 年 3 月中旬，某省考古研究院持《某省文物局配合建设工程文物保护工

作函》与法士特汽车传动有限公司进行联系并送达工作函。后发现建设单位在未采取任何文物保护措施的情况下开始施工，并毁坏部分古墓葬。4月1日，市文物局派员进行现场勘验，发现位于工地东侧有大量唐代墓砖，其中部分已经破碎；工地北侧一点式基坑内发现一处墓葬，部分被挖毁，经省考古研究院初步勘测，该墓葬系古墓葬。经调查询问，该工地施工前未落实文物勘探的相关规定。5月6日，市文物局作出《行政处罚事先告知书》和《行政处罚听证告知书》，指出该公司擅自迁移、拆除不可移动文物及未进行考古调查、勘探擅自施工的行为违反了《中华人民共和国文物保护法》第二十七条和《省文物保护条例》第二十七条第一款，拟依据《文物保护法》第六十六条第三款和《某省文物保护条例》第五十七条对法士特汽车传动有限公司作出罚款人民币10万元的行政处罚。在相对人作出放弃陈述、申辩和听证的表示后，于6月2日正式作出行政处罚决定书。该处罚已经执行完毕。

2008年3月15日，有群众向某市文物局举报称：长安区水磨村一建筑工地挖出文物。市文物局立即派员赶到现场，经了解该工地是某市太浩科技发展有限责任公司开发的太阳水岸新城项目工地，现场发现有已经开挖的基坑一座，长约100米，宽约24米，深约5米，东西走向。在基坑西北角的基壁上发现一座墓葬和一些散落的墓砖和一个残缺的墓志铭。工地现场工作人员不能提供有关文物考古调查、勘探的相关手续。经进一步调查，该项目施工前没有进行考古调查、勘探，施工过程中毁坏一座唐代古墓葬，违反了《文物保护法》第二十七条和《某省文物保护条例》第二十七条。某市文物局依据《文物保护法》第六十六条第一款第（三）项，《某省文物保护条例》第五十七条，对该单位行政处罚人民币8万元。行政处罚执行完毕。

【案例评析】

《某省文物保护条例》第二十七条第一款规定："进行建设工程，建设单位应当事先报文物行政主管部门。文物行政主管部门应当组织从事考古发掘的单位在工程范围内进行考古调查、勘探。"违反该规定，未进行考古调查、勘探擅自施工的，由县级以上文物行政主管部门责令停止施工，可以并处 1 万元以上 10 万元以下罚款；造成文物损毁的，依法承担民事责任；构成犯罪的，依法追究刑事责任。法士特汽车传动有限公司、太浩科技发展有限责任公司擅自迁移、拆除不可移动文物及未进行考古调查、勘探擅自施工的行为违反了《文物保护法》和《某省文物保护条例》相关规定，某市文物局对其进行处罚合理合法。上述两案稍显瑕疵的是对相关法律法规引用条款的表述，在处罚依据中引用的是《文物保护法》第六十六条第三款，正确的表述应当是《文物保护法》第六十六条第一款第（三）项。这说明基层一些文物行政执法人员还不熟悉法律条文的表述层次。关于文物行政处罚中如何正确援引法律条文请参考《文物行政处罚决定书如何正确援用法律规范》部分。

上述两案中值得称道的是行政处罚前的文物行政调查比较充分，为行政处罚决定的作出奠定了较为坚实的基础。

行政调查是行政机关取得信息的一种技术手段，是行政机关赖以作出行政决定的行政行为。学者通常认为，"行政法上的调查是指行政主体查明案件事实、获取证据的活动。除当场作出行政行为的案件外，调查是行政程序的必经程序"①。相应地，在我们看来，文物行政调查应当是指文物行政机关为实现文物保护的行政目的，在作出文物行政决定之前，依法进行的收集资料、调取证据、查明事实的活动。

行政调查贯穿于行政活动之中，充分和合法的行政调查是行政行为合法的前提。行政调查作为一种行使行政权力、发挥特殊作用的行为，实践中存在着操作无依据、不规范，容易造成违法侵权、侵害相对人合法权益的后果，因此许多国家或地区的行政程序法都设专章或专节或专门条款对行政调查进行规范。在我国，由于缺乏行政调查的专门规范，立法滞后，行政调查实践中存在的一些突出问题：（1）行政调查主体不规范。一些不具备行政主

---

① 莫于川：《行政法与行政诉讼法》，科学出版社 2008 年版，第 187 页。

体资格、不是出于行政管理目的、没有法定授权或行政委托关系的组织也开展行政调查。这些缺乏行政主体资格的行政调查行为常常会造成行政违法侵权的后果。（2）行政调查的程序不规范，调查人员随意性大，相对人或社会公众参与程度低。（3）滥用行政调查权的救济不规范。在行政实务中，行政机关和其他具备主体资格的组织及其工作人员出于不正当的利益追求或其他考量，在合法外观形式下滥用行政调查权，往往对相对人造成伤害，而且难以给予行政救济。这些问题在文物行政调查中也会存在和出现，下文拟结合行政法治的基本要求谈谈文物执法中的行政调查制度的基本原则和程序。

一、文物行政调查的法定原则

文物行政调查的基本原则是指贯穿于文物行政调查活动始终并指导文物行政调查活动有序进行的基本原理和准则。结合行政法的基本原理，文物行政调查应当坚持调查法定原则。文物行政调查必须由相应的文物行政机关在法定权限范围内按照法定方式和程序进行。一是文物行政调查的主体要符合法律法规的规定，文物行政调查只能由具有特定资格的文物行政机关或者法律法规授权的组织来实施，受委托的组织实施文物行政调查，须经过法定程序。二是文物行政调查必须在法定的职权范围内实施，必须有明确的法律依据，按照法律授权、合法委托范围实施调查活动。三是行政机关必须严格按照法定的程序进行查证活动，必须按照法律规定的方式、时间、步骤、顺序及时限进行行政调查，遵循行政调查活动本身包含的一系列正当程序要求。严禁采用威胁、引诱、欺骗等非法手段调查和收集证据，此类证据不得作为行政行为的根据。

二、文物行政调查的方法和步骤

从目前文物行政执法实践来看，文物行政调查方法主要包括：询问当事人和证人，向有关单位或个人调取法定文件、报告、记录，专业机构出具的意见书，责令当事人提供证据，实地或书面的检查、现场勘验、登记保存、鉴定、听证等多种方法。

根据行政程序的一般要求，行政调查的主要程序包括事前告知、表明身份、说明理由、告知权利、组织调查、制作笔录等。为此，依法进行的文物行政调查须符合以下要求：（1）调查人员不少于两人。（2）出示证件，表明身份，告知依据和权利。（3）注意保护关系人的秘密和隐私等权利。文物行政机关在调查过程中，应当按照以下步骤进行：

1. 询问。行政调查中的询问，是指文物行政调查人员与案件有关人员或案件事实知情者进行谈话，依法了解案件情况的专门活动。调查人员对当事人及证人的询问应当单独进行，询问前应当告知其依法享有的权利以及作伪证应承担的法律责任。询问应当制作笔录，并交被询问人核对；笔录如有遗漏或者差错，应当允许被询问人补充或者更正。笔录经核对无误后，由被询问人签名或者盖章。被询问人拒绝签名或者盖章的，文物行政调查人员应当在笔录上注明。

2. 收集调取书证、物证等证据材料。文物行政机关可依职权向有关单位和个人收集调取书证、物证或者视听资料等证据材料。文物行政调查人员收集、调取证据应当依法客观、全面、及时。文物行政调查人员要求当事人或者证人提供相关证明材料时，应当由材料提供人在有关材料上签名或者盖章。材料提供人拒绝签名或者盖章的，文物行政调查人员应当在材料上注明。书证、物证、视听资料和电子数据、证人证言、当事人陈述、鉴定结论、勘验笔录、现场笔录等，经查证属实后才能作为认定案件事实的证据。

3. 现场检查。现场检查是文物行政机关调查案件事实和收集证据的强制性行政行为，这种行为的实施必须要有明确和严格的法律法规要求。文物行政调查人员进行现场检查，应当通知当事人到场。当事人拒绝到场或者无法到场的，应当邀请被检查人所在单位、社区组织或勘验地区组织两名以上无利害关系的证人在场；有关人员作为见证人参加。现场检查时，应当向当事人或见证人出示执法证件。现场检查，可以邀请有关检验、检测、鉴定机构的人员或者有关专业人员参加。进入私人场所检查，应征得所有人或者管理人的同意，法律另有规定的除外；强制进入住宅及其他私人场所进行检查，须由具有强制权的行政机关进行。

4. 现场勘验。勘验是指文物行政调查人员对与案件有关的场所、物品等进行观察、检验，以发现和收集证据、了解案件有关情况的活动。勘验应当制作勘验笔录，必要时，应当采取拍照、录像等方式进行记录，勘验笔录应当交当事人或者见证人核对后签名（盖章）并注明对该笔录真实性的意见。当事人或者见证人拒绝签名（盖章）的，文物行政调查人员应当在现场检查笔录中注明。

5. 证据登记保存。在证据可能灭失，或者以后难以取得的情况下，文物行政调查人员应当先行登记保存证据。文物行政部门实施先行登记保存证据，应当通知当事人到场。当事人拒绝到场的，文物行政调查人员可以邀请有关人员作为见证人参加。先行登记保存的证据应当当场清点，开列清单，由文物行政调查人员、当事人或者见证人签名、盖章。当事人或者见证人拒绝签名、盖章或者接收证据清单的，文物行政调查人员应当在清单上注明。先行登记保存证据清单一式两份，一份交当事人或者见证人，一份附卷。先行登记保存期间，不得损毁、销毁或者转移证据。

6. 指定或委托鉴定。鉴定是指具有特定专业知识的人，接受指派或委托，对行政程序中涉及需要使用特定专业知识或特殊技能加以解决的问题进行鉴别或判断的活动。案件处理过程中需要对文物进行鉴定的，办理案件的文物行政部门应当委托文物鉴定机构进行鉴定。

文物的鉴定，应当以办理案件的文物行政部门所在地省级文物鉴定机构的鉴定意见为准。国家文物鉴定机构可以根据办理案件的文物行政部门的申请，对省级文物鉴定机构的鉴定意见进行复核。

对案件处理过程中需要解决的其他专业性问题，办理案件的文物行政部门应当委托专门机构或者聘请专业人员提出意见。

7. 审理。为了查明案件事实和收集证据，文物行政机关对调查获得的材料进行的必要的审理，如听证等。

五　文物执法证据调查应客观全面

中国农业银行某县支行违法拍卖大丰仓案

【基本案情】

大丰仓系湖北省某县 2004 年公布的县级文物保护单位（注：2008 年 3 月 27 日被公布为省级文物保护单位），位于该县阳府署西，始建于明万历四十一年（1613 年），历经明、清、中华民国、中华人民共和国四个历史时期，作为官方仓储之功用延续 400 多年。大丰仓文物本体三栋三十间，面积 1129 平方米。

大丰仓系国有文物，一直由原国有企业某县食用油公司管理使用，2003 年抵押给中国农业银行某县支行。某县食用油公司破产后，农行某县支行未经文物行政部门批准，于 2007 年 5 月 18 日将其以 315 万元价格拍卖给某私营业主袁某，并办理了相关过户手续。某县文物局接举报后于 2007 年 7 月 24 日立案调查，在调取了相关拍卖预告、过户资料等证据后，某县文物局于 2007 年 8 月 17 日向农行某县支行下发了《文化行政处罚事先告知书》，拟收回国有文物保护单位大丰仓，依据《文物保护法》第六十八条第（一）项之规定，拍卖价款 315 万元作为非法所得予以没收，并处二倍罚款 630 万元。2007 年 9 月 28 日，当事人农行某县支行复函陈述申辩，称包括大丰仓在内的资产 2003 年抵押时并不是文物保护单位；当事人接受该资产时，并无人告知大丰仓系文物保护单位，2004 年公布大丰仓为文物保护单位的文件未告知当事人，拍卖预告期间也未有任何单位和个人提出异议；拍卖系当事人农行某县支行与某县食用油公司共同委托，当事人拍卖资产中仅含大丰仓 1 号仓，2、3、4 号仓仍在某县食用油公司名下，拍卖标的与收入不符等。某县文物局未采纳，未改变原决定，2008 年 4 月 1 日处罚决定书正式下达。最终，大丰仓被该县人民政府收回，交由文物行政部门管理。按照县政府后续协调会形成意见，原拍卖行为撤销，由政府对农行予以补偿，对买方袁某由其在符合城市规划前提下另行自愿选择土地置换，没收及罚款未执行。

【案例评析】

本案法律关系复杂，文物保护单位最终得到保护是一大亮点，最终行政处罚未得到执行与文物行政部门调查取证存在的瑕疵有一定关系。下面就证据的特征、类别和调查取证的基本要求进行讨论：

一、证据的基本特征

1. 客观性。即证据本身以及作为证据内容的事实是客观存在的，证据事实必须真实可靠，而非主观臆断，而且作为证据内容的事实与案件待证事实间的联系也是客观的。

2. 相关性。即证据是同案件事实有客观联系的事实，相关性规则是一项基础性证据规则，具有相关性的证据才具有证据能力，不具有相关性的证据不具有证据能力。

3. 合法性。具有客观性和相关性的事实，必须按照法定程序收集，以法定的形式表现出来，方能成为证据。获得证据的手段必须是法律所容许，不得用非法手段获得证据，否则尽管获取的证据与待证事实有联系而且是客观存在的，也不能作为证据采信。非法证据排除规则是重要的证据规则之一，物证、书证等实物证据如果是通过非法搜查、扣押等手段获得，将不具有证据能力。

二、证据的分类

1. 原始证据和传来证据。根据证据来源地不同，可将证据分为原始证据和传来证据。原始证据是直接来源于案件事实的证据，即通常所说的第一手证据。传来证据不是直接来源于案件事实，而是在信息传输过程中间环节形成的，是原始证据派生而来，即通常所说派生证据、第二手证据。原始证据的证明力一般优于传来证据，原始证据优先规则适用于所有证据。

2. 言词证据和实物证据。根据证据的表现形式，可以把证据分为言词证据和实物证据。言词证据又称"人证"，是以人的陈述形式表现证据事实的各种证据，如证人证言、当事人的陈述等，言词证据内容丰富、涵盖面大，但其客观真实性会受陈述者主客观条件的影响，需要注意以实物加以印证。实物证据是广义的"物证"，是指以客观存在的物体表现证据事实的证据，其客观性、直观性强，但其不能直接表达对案件的证明作用，系"哑巴证据"。实践中言词证据和实物证据要二者并重，具体分析。

3. 直接证据和间接证据。根据证据与案件主要事实的证明关系，可以将证据划分为直接证据和间接证据。直接证据能够独立证明案件的主要事实，如现场检查笔录。间接证据是指需要与其他证据相结合并经过推理才能证明有关案件事实的证据，如书证、物证、鉴定结论等。相比而言，直接证据的证明力强，间接证据的证明力弱，但仅靠直接证据只能查明案件主要事实，只有全案证据结合，才能查明全案事实。

4. 本证和反证。根据证据与证明责任承担者的关系，可将证据分为本证和反证。用以证明所主张事实的证据，称为本证，与本证相对称的是反证。本证和反证相辅相成，在不同场合可以互相转化。

二、调查取证的基本要求

1. 调查取证必须严格按照法定程序进行。收集证据，是否遵循法定程序，是行政执法机关依法行政的基本前提，这不仅关系到能否收集到确实、充分的证据，而且关系到公民、法人的合法权利能否得到有效保障。

2. 调查取证要力求全面、客观和充分。行政执法人员应当全面调查能够证明行政案件真实情况的所有事实，切忌主观片面，不能采取先入为主的方法，从认定行政相对人必定有违法行为的框框出发，收集为我所用的证据，这样必然导致片面收集证据，最终偏离行政处罚的目的。

3. 调查取证不要回避矛盾。对行政相对人不利的证据要收集，对行政相对人有利的证据也要收集，然后加以审查判断，去假存真。

本案中，大丰仓在办理抵押手续时还未公布为文物保护单位，因此办理抵押并不违法。大丰仓公布为县级文物保护单位后，未告知作为抵押权人的农行某县支行，且该行为对作为抵押权人的农行某县支行实现其抵押权已构成限制，理应有相应的救济途径和救济措施。但是行政执法机构仅调查了对行政相对人不利的证据，没有全面客观的调查全部案件事实，违反了调查取证的基本要求。行政相对人有过错是实施行政处罚的前提，就本案而言，相关证据不足。另从其已调查的证据来看，认定违法所得 315 万元的证据不符合证据的客观性特征，就金额而言，行政相对人已举出反证，某县食用油公司抵贷资产成交金额为 300 万元，大丰仓 1 号仓仅是该资产中的一部分，因此该证据不具有证据能力，不能作为定案证据。最终由某县人民政府以补偿方式收回作为文物保护单位的大丰仓，是本案合法和合理的选择。

六　文物行政执法中认定违法 事实的主要证据应充分

某经济开发区某项目管理公司发现文物隐匿不报案

【基本案情】

某经济开发区某项目管理公司于 2007 年 9 月 11 日在某市经济技术开发区某居委某路修建时，发现两座宋代船形砖室墓，施工方未及时停工并向文物部门上报，造成墓葬被部分破坏，文物流失。某市文物管理处认为上述行为违法，根据《文物保护法》第七十四条的规定，于 2007 年 9 月 19 日决定给予某经济开发区某项目管理公司罚款 8000 元的行政处罚。

【案例评析】

本案基本事实是某经济开发区某项目管理公司发现文物隐匿不报，违反了《文物保护法》的相关规定。从本案的基本事实及执法过程来看，有以下几个方面的问题特别是证据的认定问题值得研究：

第一，认定违法事实的主要证据不足。从寥寥数页的简易执法卷宗内容看，认定行政相对人违法的证据有二：一是《现场检查笔录》；二是《某路宋墓现场照片》（"墓室破坏现场"、"墓室前半部分已被挖毁"两幅）。其他内容则有：一是执法机关对违法行政相对人的告知（《文物行政处罚事项告知书》）、决定（《文物行政处罚决定书》）、履行（《省政府非税收入一般缴款书》——对中建六局某分公司南部工业园项目部的"罚没收入"）；二是执法机关的内部执法文书（《文物行政执法调查终结报告》、《文物行政执法立案审批表》、《结案报告》）。显然，一是从数量上看，上述两份证据（《现场检查笔录》、《云谷路宋墓现场照片》）稍显薄弱；二是从内容上分析，无论是《现场检查笔录》还是《某路宋墓现场照片》都无法准确认定违法事实。比如《现场检查笔录》表述，"我处接建设方电话后赶到现场，两座北宋砖室墓已被挖开，墓室的前半部被挖掘机挖走。墓室内淤泥被翻过一遍，西侧墓室内的铺地砖也已被翻起，随葬品被人拿走"。仅凭上述文字陈述，除了从逻辑上推定上述行为可能系施工方所为外，再也没有其他直接的证据证明了。而《某路宋墓现场照片》更是以两幅照片的形式客观地反映"墓室破坏现场"和"墓室前半部分已被挖毁"的场景，至于是何人为，何时为，如何为，则不得而知。

第二，执法卷宗中多处混淆"中建六局某分公司南部工业园项目部"与"某经济开发区某项目管理公司"两者之间的关系。（1）参照《文物行政处罚程序暂行规定》第十八条的规定，"案件承办人进行现场检查时，当事人应当在场。案件承办人应当制作现场检查笔录，当事人应当签名并注明对该笔录真实性的意见；当事人拒绝到场或者签名的，应当由案件承办人在现场笔录中注明"。也就是说，现场检查笔录应当是针对当事人制作。但本文物行政执法中，《文物行政处罚决定书》载明的当事人是"某经济开发区某项目管理公司"，而《现场检查笔录》中所列的"被检查人名称"却为"中建六局某分公司南部工业园项目部"。根据本文物行政执法中的《结案报告》

所述，某市经济技术开发区某路建设工地"工程建设方为某经济开发区某项目管理公司"，"施工方是中建六局某分公司南部工业园项目部"。本行政处罚中针对施工方"中建六局某分公司南部工业园项目部"进行现场检查，但却对建设方"某经济开发区某项目管理公司"进行处罚。如本案认定某经济开发区某项目管理公司为实施违法行为的行政相对人，则几乎无一证据直接指向该行政相对人。如认定中建六局某分公司南部工业园项目部是本案实施违法行为的行政相对人，则《文物行政处罚决定书》认定的违法行为人显然错误。（2）《文物行政处罚决定书》认定：某经济开发区某项目管理公司"在经济开发区某居委某路修建时，发现两座宋代船形砖室墓"；"施工方未能及时停工并向文物部门上报"。从其文字内容分析，"发现文物"的为某经济开发区某项目管理公司，"未能及时停工并向文物部门上报"的却是中建六局某分公司南部工业园项目部。而《文物保护法》第七十四条第（一）项规定的是"发现文物隐匿不报"，而不是将"发现文物"与"隐匿不报"加以区分认定。据此，值得研究的问题是，本案是谁实施了违法行为，行政机关应当处罚谁？我们认为，从《文物保护法》第三十二条第一款规定的内容看，"在进行建设工程或者在农业生产中，任何单位或者个人发现文物，应当保护现场，立即报告当地文物行政部门，……"由此可以推定，"发现文物"的单位承担"报告当地文物行政部门"的义务，如果其"隐匿不报"，则承担相应的法律责任。结合案情分析，作为施工方的中建六局某分公司南部工业园项目部"发现文物"在先（系施工的过程中第一时间发现），作为建设方的某经济开发区某项目管理公司则可能"发现文物"在后（如不在施工现场）或同时"发现文物"（与施工方在同一现场）；但"隐匿不报"的只是作为施工方的中建六局某分公司南部工业园项目部，而作为建设方的某经济开发区某项目管理公司则不存在"隐匿不报"，因为《现场检查笔录》已经载明，"我处接建设方电话后赶到现场，……"综上分析，本案似以中建六局某分公司南部工业园项目部作为违法行为实施人认定为宜。（3）《省政府非税收入一般缴款书》中载明，作为"罚没收入"缴款人的是中建六局某分公司南部工业园项目部，这也与本案文物行政处罚决定书认定的违法行为人系某经济开发区某项目管理公司相矛盾。

第三，本行政执法可以通过制作询问笔录的方式补强证据。《文物行政处罚程序暂行规定》第十七条第一款规定，"案件承办人可以对当事人及证明人进行询问。"本行政执法案中，如按其文物行政处罚决定书所认定的某经济开发区某项目管理公司为实施违法行为的行政相对人，则可以通过对其询问的方式制作询问笔录以补强证据。

第四，"情节严重"的证据似显不足。《文物行政处罚决定书》根据《文物保护法》第七十四条的规定对违法行为人处以 8000 元的罚款。对照案情，本案中行政相对人系因实施"发现文物隐匿不报"的违法行为被罚款。但处罚决定既缺乏《文物保护法》第七十四条第（一）项所规定的"发现文物隐匿不报"的证据，也缺乏"情节严重"的证据。

第五，《文物行政处罚事项告知书》中，将"《行政处罚法》第三十一条、第三十二条、第四十二条"误表述为"《行政处罚法》第三十一条、第三十二条的第四十二条"；且无论是根据《行政处罚法》第三十一条规定的"行政机关在作出行政处罚决定之前，应当告知当事人作出行政处罚决定的事实、理由"，还是按照《文物行政处罚事项告知书》第一条有关"本处拟作出行政处罚的事实根据"的告知事项要求，都应当将行政处罚决定认定的违法事实和主要证据告知给行政相对人。但《文物行政处罚事项告知书》却未体现这些内容。

第六，本文物行政执法缺乏《文物行政处罚事先告知书》、《文物行政处罚决定书》的送达回证。

第七，《文物行政处罚决定书》适用法律不当。一是未适用定性条款。二是适用处罚条款未具体到款项。本案可以认定行政相对人违反了《文物保护法》第三十二条第一款，并根据《文物保护法》第七十四条第（一）项的规定予以处罚。

类似本案卷证据不足的现象在文物行政执法中普遍存在，在证明环节、证明方法、证据规则、证明力审查判断以及事实与证据的逻辑关系等多方面存在欠缺。执法人员调查取证手段单一，主要事实的认定往往以询问笔录为主，给予行政处罚的违法行为没有足够证据证明。有鉴于此，文物行政执法部门应当牢固树立证据意识，做到认定违法事实的主要证据充分确凿，避免行政执法中主要证据不足的问题发生。

所谓主要证据不足，是指提供的证据不能证实具体行政行为所认定的事实。这里所说的证实，是指具体行政行为确定的有关定性和处理结果及其他有关被处理人权利义务的基本事实，均有合法有效的证据加以证明，并能够得出与具体行政行为认定的事实相同的结论。如果有关被处理人权利义务的基本事实缺乏合法有效的证据加以证实，或得不出与具体行政行为认定有关被处理人权利义务的基本事实相同结论的，即属于主要证据不足。一个具体行政行为认定多个事实的，每个事实均要有证据加以证实。如果有的事实有证据加以证实，有的没有证据或者缺乏证据证实，对证实的事实应当认定主要证据确实、充分；对没有或者缺乏证据证实的事实，应当认定主要证据不足。如果具体行政行为中有关定性和处理结果的基本事实清楚，但一些不影响定性和处理结果的事实证据不足，则不宜认定具体行政行为主要证据不足。

主要证据不足的表现形式通常是：（1）具体行政行为认定的事实不清或者没有认定事实。（2）具体行政行为认定的事实没有足够的证据证实。（3）具体行政行为认定的责任主体错误或证据不足。（4）将行政相对人的身份、责任能力认定错误或未查清，导致行政相对人承受不应承受的责任。（5）用来作为定案根据的材料在合法性上存在异议或瑕疵。（6）行政主体用来作为定案根据的证据材料与待证事实没有关联性。

文物行政执法活动中不仅应当查明事实，而且必须能证明事实，这就需要充分适当地调查取证。

第八章 文物行政处罚的程序

一 文物行政处罚中听证程序及适用

某市第二市政工程公司擅自迁移、拆除不可移动文物案

【基本案情】

2008年6月20日，某市文物局行政执法部门接到群众举报，称某市陆家寨村东一处修路工地挖出文物。经文物稽查队员现场调查，该工程为市第二市政工程公司建设的公园南路延伸线项目，施工致一处地下古墓葬被挖毁，现场收回两块墓志铭。当日，发出停工通知书，责令该工程公司停止施工。6月21日某市文物考古研究所考证，该墓葬为明代墓葬，属古墓葬系列。经过现场勘验和询问相关人员，市文物局于6月26日作出《行政处罚事先告知书》，告知第二市政工程公司其"擅自迁移、拆除不可移动文物的行为"，违反了《文物保护法》第二十七条第一款规定，依据文物保护法第六十六条第三款，拟对其5万元的行政处罚。如对该处罚建议有异议，根据行政处罚法有关规定，可以于6月30日前到市文物局进行陈述和申辩。由于被处罚单位没有在法定期限内行使陈述和申辩的权利，市文物局于7月3日作出行政处罚决定书，对该工程公司处罚5万元人民币，并告知其"如不服本处罚决定，可在接到决定书之日起60日内向某省文物局或向某市人民政府

申请行政复议，也可以在 3 个月内向某市中级人民法院提起行政诉讼。逾期不申请行政复议，也不向人民法院提起行政诉讼，又不履行该处罚决定的，我局将依法申请人民法院强制执行"。当日送达后，相对人市第二市政工程公司履行了处罚决定。某市文物局当天发出《开工通知书》，并撤销了原停工决定。

【案例评析】

本案中，第二市政工程公司挖毁古墓葬的事实清楚，文物行政执法人员查处违法行为取证及时，措施适当，适用法律正确。处罚行为得到相对人的认可，执行比较顺利。但是，本案不足之处也是明显的。《行政处罚法》第四十二规定，行政机关作出责令停产停业、吊销许可证或者执照、较大数额罚款等行政处罚决定之前，应当告知当事人有要求举行听证的权利；当事人要求听证的，行政机关应当组织听证。本案某市文物局对第二市政工程公司作出行政处罚 5 万元显然属于"较大数额罚款"，应当告知当事人有要求举行听证的权利，由于其没有履行告知程序，剥夺了当事人的程序性权利，违反了依法行政的相关要求。

根据《行政处罚法》第四十二条的规定，文物行政处罚听证应当遵循以下程序：

一、文物行政部门应当告知当事人听证权利

文物行政部门在作出责令停产停业、吊销许可证或者执照、较大数额罚款等行政处罚决定之前，应当告知当事人有要求举行听证的权利；如果当事人要求听证，文物行政部门应当组织听证。至于文物行政部门对"较大数额罚款"的标准的把握则应当依照所在地地方性法规或政府规章的具体规定执行。

二、文物行政部门应当向当事人送达听证通知书

文物行政部门对于符合听证程序条件的案件，应当在作出行政处罚决定前，向当事人送达听证通知。

三、文物行政部门组织听证的时间要求

当事人在收到听证通知后 3 日内提出听证要求的，文物行政部门应当在当事人提出听证要求之日起 3 日内确定听证人员的组成、听证时间、地点和方式，并在举行听证 7 日前通知当事人。

四、文物行政部门组织听证的原则

1. 公开原则。除涉及国家秘密、商业秘密或者个人隐私外，听证应当公开举行。

2. 回避原则。文物行政部门主管负责人应当指定本部门非本案承办人员担任听证主持人和书记员。当事人认为听证主持人和书记员与本案有利害关系的，有权申请回避。听证主持人和书记员的回避由文物行政部门主管负责人决定。

3. 申辩和质证原则。举行听证时，案件承办人应当提出当事人违法的事实、证据和行政处罚建议；当事人可以进行申辩和质证。

五、文物行政部门应当制作听证笔录

听证笔录应当载明下列事项：（1）案由；（2）听证参加人姓名或者名称、地址；（3）听证主持人、书记员姓名；（4）举行听证的时间、地点；（5）案件承办人提出的事实、证据和行政处罚建议；（6）当事人陈述、申辩和质证的内容；（7）听证参加人签名或者盖章。听证结束后，听证笔录应当交当事人和案件承办人审核无误后签名或者盖章。当事人拒绝签名或者盖章的，应当在听证笔录上注明。

六、听证结束后，文物行政部门依照相关法律法规和规章的要求，作出处罚决定

二　文物行政处罚程序中的告知

某清真牛羊肉产业集团损毁某暖泉汉墓群案、
某市投资发展有限公司擅自拆迁"大夫第"民居案、
某酒店管理有限公司违法建设案

【基本案情】

某暖泉汉墓群，为省级文物保护单位，位于某自治区某县暖泉农场北部。2008 年 6 月 3 日，某清真牛羊肉产业集团为了建立开心果苗圃基地项目，在某暖泉汉墓群区域内进行土地平整作业。由于地块高低落差大，项目负责人马某于 6 月 3 日下午 1 时许，出资 560 元，租用铲车从汉墓上取土填低洼处，作业约 2 小时，挖出坑约长 9 米、宽 2 米、深 3 米，致使汉墓遭部分破坏。6 月 17 日，市政协领导考察建城有关历史问题，发现暖泉汉墓群遭破坏事宜，当即对某清真牛羊肉产业集团进行批评教育。次日早晨市政协文史委立即向市文化广电新闻出版局通报，市文化广电新闻出版局也立即通报某自治区文化市场行政执法总队某支队（注：某自治区文化市场行政执法总队某市支队系该自治区文化市场行政执法总队派出机构）。6 月 18 日，某自治区文化市场行政执法总队某支队会同市文化广电新闻出版局赴现场进行检查。执法人员作了现场检查记录，其后又对某清真牛羊肉产业集团领导和现场负责人进行了调查询问，证实情况属实，挖开处已被当事人回填。根据《文物保护法》第六十六条第一款之规定，决定给予当事人罚款人民币五万元的行政处罚。

根据举报，某省文物保护执法大队对某市市级文物保护单位"大夫第"民居进行现场调查、核实后，初步认定：某市城市投资发展有限公司未按法定程序，擅自组织未取得文物保护工程相关资质的某市临川区城拆服务中心，于 2006 年 6 月 15 日对市级文物保护"大夫第"民居进行了拆迁。其中，主要的木构件、石构件临时存放于临川城拆服务中心店铺中，其余建筑构件、砖石等仍在拆迁现场，未妥善安置。该行为违反了《文物保护法》第二十一条的规定。2008 年 11 月 11 日，某市文化局根据《文物保护法》第六十六条之规定，决定对某市投资发展有限公司作出了罚款人民币 5 万元的行政处罚。

2007 年 10 月 15 日，某市文化文物稽查支队接到举称，某区洞庭街口的"七天酒店洞庭店"在全国重点文物保护单位"詹氏故居"的建设控制地带内施工，破坏了"故居"历史风貌。该行为违反了《文物保护法》第十七条、第十八条的规定。根据《文物保护法》第六十六之规定，某市文化局依法责令改正（在 11 月 31 日前恢复"詹氏故居"历史风貌），并给予警告的行政处罚。

【案例评析】

《行政处罚法》第三十一条规定，"行政机关在作出行政处罚决定之前，应当告知当事人作出行政处罚决定的事实、理由及依据，并告知当事人依法享有的权利。"由此可见，在行政处罚过程中，行政机关负及时告知相对人的义务，告知的内容包括拟行政处罚所依据的事实、理由及根据，以及当事人依法享有的权利。在行政处罚实践，还有一种告知当事人救济权的内容，即第三十九条规定，"行政机关依照本法第三十八条的规定给予行政处罚，应当制作行政处罚决定书。行政处罚决定书应当载明下列事项：……（五）不服行政处罚决定，申请行政复议或者提起行政诉讼的途径和期限；……"该种告知严格说来是属于行政处罚决定书的内容，与第三十一条规定处罚过程中的告知存在明显区别。

一、告知的性质和作用

行政执法机关在行政行为过程中，有形式不同、内容有别的告知义务，相关告知事项与公民、法人和其他组织的权利义务及利益有关。行政告知是法律问题而非事实问题，是行政执法机关必须履行的职责和义务，是行政程序的法定内容。

行政告知是行政行为生效的前提，即行政行为是否发生法律效力，这是行政公开原则的要求。行政告知是行政程序法律规范的要求，如果行政执法机关履行了告知义务，行政行为产生法律效力。反之，则违反法定程序，产生对行政执法机关不利的法律后果。

行政告知是保障公民、法人和其他组织权利的需要。行政告知是知情权的保障，是利害关系人享有各种实体权利的保障。不履行告知义务，利害关系人知情权被忽视，其实体权利就可能被忽略或侵犯。行政告知也是救济权利的保障，部分公民、法人和其他组织可能因不了解自己的权利，无法行使依法享有的复议、诉讼等救济权利。

行政告知对行政执法机关有监督制约作用。行政机关的告知，符合监督行政原则，只有行政公开，透明行政，监督和纠正违法与不公正行政行为才成为可能。

二、行政告知的形式和内容

行政告知分为口头告知形式和书面告知形式，采取何种形式履行告知义务，是由行政行为所涉及的事项及对象特点决定的，从行政行为的严肃性和公民、法人及其他组织权利、利益的联系上考虑，原则上应当是书面告知。书面告知多以利害关系人签收《送达回证》的方式证明行政执法机关已履行告知义务，作出行政行为的告知只能适用书面告知形式。在法律允许范围内，可以适用口头告知形式，但口头告知的缺陷在于很难证明行政执法机关已履行告知义务。实践中，有些口头告知可以用特殊方式予以证明。如本案涉及的调查询问笔录，可以设计成格式文书，在调查询问之初将告知行政执法人员身份、被询问人的权利义务进行记录，由利害关系人签章予以证明。行政告知的形式一般系特定告知，在找不到利害关系人时，可采用广而告之形式，即公告送达。

行政告知的主要内容，应当是与被告知人有利害关系的事项。主要包括以下事项：

1. 行政执法人员身份告知。这是行政执法合法性的前提，也是公民服从、配合行政执法的条件。在调查取证过程中，如果行政执法人员不告知身份，公民有权予以拒绝。

2. 行政行为内容的告知。在作出行政行为以前，应告知相对人作出行政行为的内容，如行政处罚事先告知书应告知当事人作出行政处罚的事实和理由、法律依据、处罚意见等。使其知晓欲作出之处罚的理由与根据，并对此进行陈述和申辩。在作出行政行为以后，处罚决定书必须依法书面送达，否则不能对当事人产生法律效力。

3. 利害关系人依法所享有权利的告知。在调查取证阶段，当事人有陈述申辩的权利，申请执法人员及鉴定人员回避的权利，听证的权利（在法定听证制度中）。

4. 完整告知相对人的救济权。《行政复议法》第十五条规定，"对政府工作部门依法设立的派出机构依照法律、法规或者规章规定，以自己的名义作出的具体行政行为不服的，向设立该派出机构的部门或者该部门的本级地方人民政府申请行政复议"。这就是说，包括文物执法在内的多数行政行为的复议机关通常有两个，一是作出具体的行政行为执法机关所在地同级人民政府，二是执法机关的上级机关。在某某市文化局作出的抚文稽字（2008）第001号《行政处罚决定书》中，有关相对人救济权这样表述的："如不服本决定，可在接到处罚决定书之日起60日内，向某某省文化厅或某某市人民政府申请行政复议或者依法直接向人民法院起诉。……"不难看出，该处罚决定书对复议权的告知非常规范，不仅明确了相对人申请行政复议的具体期限，而且明确告知相对人可以在两个法定的复议机关中作出选择。遗憾的是，该处罚书对于诉讼权告知又是极不完整的。由于在行政诉讼中要涉及地域管辖和级别管辖，因此对救济权的告知不仅明确提起诉讼的时效及计算时效的起点，而且还要告知受诉人民法院的具体名称，否则也是告知不全。理性地看，救济权告知不全可以归为"瑕疵"，不至于对行政行为的合法产生根本性的影响。但是从严格依法行政的角度看，对于造成这种瑕疵的工作人员是可以追究相应行政责任的。而在"武汉市七天酒店管理有限公司违法建设案"中，处罚决定书仅告知当事人收到处罚书之日起60日内"向武汉市人民政府申请行政复议"或者收到处罚决定书之日起3个月内直接向当地人民法院起诉。

三、行政告知的法律后果

行政告知是行政程序的一个环节，行政执法机关在执法过程中的各种告知活动，都会产生相应的法律后果。行政机关履行了告知义务，行政行为合法有效，没有履行告知义务，则构成程序违法。《行政诉讼法》第五十四条第（二）项规定，"违反法定程序的"，人民法院应当"判决撤销或者部分撤销，并可以判决被告重新作出具体行政行为"。

就行政处罚而言，由于涉及相对人的重大权益，因此《行政处罚法》对行政处罚的法定程序以及违反行政处罚法定的后果作出了明确规定。第三十一条规定，"告知当事人作出行政处罚决定的事实、理由及依据，并告知当事人依法享有的权利"作为行政处罚程序的重要内容，而且在第三十二条规定，"当事人有权进行陈述和申辩。行政机关必须充分听取当事人的意见，对当事人提出的事实、理由和证据，应当进行复核；当事人提出的事实、理由或者证据成立的，行政机关应当采纳"。"行政机关不得因当事人申辩而加重处罚"。而第四十一条又规定，"行政机关及其执法人员在作出行政处罚决定之前，不依照本法第三十一条、第三十二条的规定向当事人告知给予行政处罚的事实、理由和依据，或者拒绝听取当事人的陈述、申辩，行政处罚决定不能成立；当事人放弃陈述或者申辩权利的除外"。由此可见，包括文物行政处罚在内的全部行政处罚过程中，执法机关若未"告知当事人作出行政处罚决定的事实、理由及依据，并告知当事人依法享有的权利"，或者告知不全，或者告知后不听取当事人陈述申辩的，行政处罚均不能产生法律效果。而当事人依法享有法定听证权利时，如果执法机关未告知当事人该项权利或者告知后未依法举行听证，行政处罚同样不能成立。

值得注意的是，《行政处罚法》第三十七条第一款规定，"行政机关在调查或者进行检查时，执法人员不得少于两人，并应当向当事人或者有关人员出示证件。……"出示证件实际上是行政机关向当事人告知身份，虽然该法对未出示证件这种不告知身份行为的法律后果作出规定，但是基于行政法原理，严格说来这种取证行为合法性是受质疑的，而这样的证据也会因欠缺合法性而极大地影响其证明力。

三 文物行政执法文书送达

某建筑有限公司擅自拆除不可移动文物案、某实业发展有限公司违法建设案

【基本案情】

2007 年 1 月 31 日，某建筑有限责任公司在东湖高新技术开发区二妃山古墓群保护区周边，流芳大艾村西北坡地上进行场地平整工程时发现古墓，某市文化文物稽查支队四大队接报后即在现场制止了其施工依法下达了《停止施工通知书》。2 月 4 日上午，某市文化文物稽查支队在对施工现场进行检查时发现该施工单位并未停工，并拆毁墓砖墙，致使该古墓遭到严重损坏。某市文化文物稽查支队认为，当事人某建筑有限责任公司在建设工程中发现文物不按规定进行保护，擅自拆除不可移动文物，致使古墓葬遭到严重破坏，事实成立。其行为违反了《文物保护法》第三十二条、六十六条第三款的规定。考虑到当事人文物保护法律知识和文物保护意识淡薄，以及当事人在事发后能积极配合文物行政部门做好执法调查工作，配合文物考古部门做好文物抢救发掘工作，某市文化文物稽查支队遂责令某建筑有限责任公司停止在该文物保护范围内的一切建设施工行为，改正违法行为，保护文物，罚款人民币 5 万元。

某实业发展有限公司在进行该公司营住楼建设项目时，事先未经国家文物局同意和省政府批准，擅自在某省文物保护单位七世同居坊的保护范围内进行基本建设，已违反《文物保护法》第十七条。2007 年 10 月 15 日，某市文物管理局根据《文物保护法》第六十六条第一款第（一）项的规定，决定给某实业发展有限公司 10 万元的行政处罚。

【案例评析】

在"某建筑有限公司擅自拆除不可移动文物案"的卷宗中，分别有《停止侵害通知书》、《文化文物行政处罚告知书》、《听证告知书》、《文化文物行政处罚决定书》、《文化文物行政执法责令改正通知书》等法律文书。其中"停止侵害通知书"中有相对人签章栏，并且有相对人的法定代表人由某签名及签收日期的记载，《听证告知书》中有由某签名并署有"本人自愿放弃听证权利"，《文化文物行政处罚决定书》中有由某签名并签署的"无异议、服从处罚"字样及日期，另外卷宗有一份送达回证的"汇总"，分别记载有上述五个法律文书的"字号"、送达时间，并由相对人的法定代表人由某分别的签名。这里不仅将"文号"误作为"字号"，而且以列表的方式将不同时间、不同内容的法律文书统一记载的方式不符合我国送达的法律规定。而在"某实业发展有限公司违法建设案"中，《责令停工通知书》、《行政处罚决定书》均有相应的送达回证，而《行政处罚事先告知书》（含《听证告知书》）却没有相应的送达回证，但有一个电话记录："2007年10月9日下午3点半，某实业有限公司财务处的姚某给我方打电话称：总经理杜某让其向我局转达他们服从我局的处罚决定，自愿放弃听证。记录人胡某，2007年10月9日。"由于涉及较大数额的罚款，根据《行政处罚法》第四十二条的规定，行政机关应当告知当事人有要求听证的权利。显然，从上述有关送达的规定来看，这种以电话记录的方式替代送达回证的做法是值得商榷的。

一、送达的概念

行政执法中送达是行政机关按照法定程序和方式，将行政法律文书交付或呈示给相对人或者其他利害关系人的行政程序行为。行政法律文书的送达是行政执法程序中重要内容之一，也是相对人知情权和参与权的重要保障，因而是正当法律程序的重要内容。根据《行政复议法》第二十八条、《行政诉讼法》第五十四条规定，行政行为存在程序违法，复议机关或者人民法院应当依法撤销该具体行政行为。因此，在行政执法过程中，必须高度重视行政执法文书的送达。

二、送达的形式

我国尚无统一的行政程序立法，因而对于行政送达并无直接的法律规定。考虑行政行为的合法性要受法院的司法审查，我国行政执法中的送达一般是按照诉讼送达的标准来要求。具体地说，行政执法文书送达方式有以下四种：

1. 直接送达。又称交付送达，是指行政机关工作人员把行政法律文书直接交付受送达人（相对人或者其他利害关系人）的送达方式。一般而言，凡能直接送达的，都应当直接送达。直接送达原则上要直接送交受送达人。受送达人是公民的，如本人不在，可交他的同住成年家属签收，但如果同住成年家属与受送达人有利害冲突的，则不宜由其签收。受送达人是法人或者其他组织的，应当由法人的法定代表人、其他组织的主要负责人或者该法人、组织负责收件的人签收。签收日期即为送达日期。

2. 留置送达。是指在受送达人无正当理由拒收法律文书的情况下，送达人依法将需要送达的法律文书留置于送达场所的送达方式。原则上，留置送达时，送达人应当邀请有关基层组织或者所在单位的代表在场，说明情况，并在送达回证上记明拒收事由和日期，由送达人、见证人签名或者盖章。如果见证人不愿意在送达回证上签字或者盖章的，送达人应在送达回证上记明情况。留置的日期即为送达日期。

3. 邮寄送达。是指行政机关通过邮局将法律文书送达给受送达人的方式，通常适用于直接送达有困难的情况。按照司法解释的规定，邮寄送达应当附有送达回执。挂号信回执上注明的收件日期与送达回执上注明的收件日期不一致的，或者送达回执没有寄回的，挂号以挂号信回执上注明的收件日期为送达日期。实践中可能出现居民小区收发室代收挂号信的情形，虽然相关法律及解释并无规定，但是从法理上看，除非有当事人的书面委托，这种代收不能视为送达。

4. 公告送达。是指行政机关通过公告等办法将应送达的法律文书呈示给受送达人的方式，适用于受送达人下落不明或者上述方式无法送达的情况。常用的公告方式是在媒体上刊登公告或者在受送达人住所地张贴公告。公告的期限为 60 日，自公告发出之日起计算，公告期满视为送达。

前三种送达方式都应当有独立的送达回证，载明送达地点、送达方式、送达时间、收件人等，因此本案中，受送达在相关行政法律文书上作签收记载是不符合送达规定的，严格地计，都不产生送达的法律效果，而将案件中的全部法律文书合并到一个"送达回证"上作法同样也不产生送达的法律效果。而在"某市长城房屋开发集团有限公司三官庙村城中村改选建设工地未经文物勘探擅自下挖基槽案"中，送达的地点为执法机关的办公场所，这种送达方式是不规范的，实践中应当尽量避免。倘若只能在执法机关办公场所完成法律文书的送达，则受送达人是自然人的，应当由其本人签收；受送达人为法人时，签收人一般应为法人的法定代表人，若由其他人代收，应当得到法定代表人的授权，并要出具代理人的身份证明。

四　文物行政处罚中的代理

中国佛教协会擅自进行建设工程案

【基本案情】

西山八大处，系某市第一批文物保护单位，位于该市城西卢师山、翠微山和平坡山中，是长安寺、灵光寺、三山庵、大悲庵、龙王堂、香界寺、宝珠涧、证果寺八座寺庙的总称。灵光寺，又名龙泉寺，始建于唐代大历年间（766～779 年），初名龙泉寺，辽代曾扩建，金代改叫觉山寺，明成化十四年（1478 年）重修后改今名，寺中 1964 年建的八角十三层密檐式佛牙舍利塔里，供奉着原供于辽招仙塔中的佛牙（释迦牟尼牙齿）。灵光寺保护范围和建设控制地带已划定，其保护范围为灵光寺的围墙范围内。灵光寺 1983 年被国务院确定为汉族地区佛教全国重点寺院，现由中国佛教协会派僧人管理。

2007年2月，灵光寺未经批准，擅自在灵光寺迎客厅月台上搭建违章建筑。4月9日，市文物局行政执法人员检查时发现，中国佛教协会所属单位灵光寺（非法人单位）擅自在西山八大处之灵光寺的保护范围内进行建设工程，灵光寺迎客厅被改建，月台上搭建了约50平方米的木结构建筑，主体建筑已基本完工。市文物局行政执法人员制作了《现场检查笔录》，并向施工现场负责人刘某进行了调查询问，其后又下达了《违法建设停工通知书》。4月23日，中国佛教协会向市文物局出具"授权委托书"，委托"演莲居士（即刘某）具体协调办理修缮灵光寺迎客厅及护坡工程有关事宜"。经进一步调查证实，该建设工程未经任何部门批准，市文物局作出拟对违法当事人罚款5万元的行政处罚。10月9日，市文物局下达行政处罚听证告知书，当事人未提出听证申请。10月18日，市文物局作出《行政处罚决定书》，对违法当事人作出罚款5万元的行政处罚，同时下达《责令改正通知书》，责令违法当事人于11月10日前，将改建的建筑迎客厅恢复原状。中国佛教协会于2010年10月22日缴纳了罚款5万元，迎客厅月台上违建如期自行拆除，12月20日按原状恢复。

【案例评析】

本案行政处罚当事人为中国佛教协会，系团体法人，在案件处理过程中当事人授权法定代表人以外的人员代理行政处罚的相关事宜。事实上，由于文物违法行为在绝大多数情况下都与建设有关，因此行政处罚当事人为单位的情形非常普遍。这样，"授权委托书"的规范问题，包括代理人身份确认、代理权限范围、授权的方式等，就显得非常重要了。

一、代理人姓名

作为文物行政处罚当事人的代理人，一般为自然人，因此该自然人的姓名必须要明确。从日常生活的现实来看，一个人可能有多个姓名。广义的姓名既包括本名即户籍登记和公民身份证件上显示的正式姓名，还包括公民的别名、笔名、艺名、法号等；而狭义的姓名仅指本名和曾用名。从我国相关的法律法规和户籍管理制度来看，姓名权作为人格权，具有专属性，在法律上判断这种姓名专属性的基本标准，就是履行了登记手续而载于户籍表册中的正式姓名。本案"授权委托书"中，当事人中国佛教协会委托的代理人"演莲"是刘某的法号，而不是正式姓名。因此，相关"授权委托书"是否规范不无争议。

在特定情况下，法号由于长期为某人所固定使用，并在特定范围内为公众所公认，在事实上使法号具有了一定的人身专属性。因此，本案也可以补充相关证据进一步证明"演莲"与刘某之间的关系。从本案卷宗材料来看，行政执法机关向刘某调查了其法号与本名之间的关系，但是这种证据的证明力较弱。"演莲"这一法号作为一种社会识别被特定公众认知，从灵光寺调取刘某的相关登记资料更为确切可靠。

二、代理人的代理权限范围

授权委托书可分为一般授权和特别授权，代为陈述、签收法律文书等系一般授权，但涉及实体权利的处分时，需有特别授权。特别授权内容必须在授权委托书中注明，没有注明的，代理人的行为没有法律效力。特别授权通常是指全权代理，但法律上没有全权代理这个术语，只能用特别授权。从本案来看，"授权委托书"中仅授权代理人"协调办理"相关事宜，属委托的事项和权限不明，应推定为一般授权。

从行政执法实践来看，行政执法机关应当制定规范的"授权委托书"格式，供当事人选择使用。"授权委托书"应当要求载明代理人的姓名，身份证件名称、号码，并要求附代理人身份复印件，以便确认代理人身份；"授权委托书"示范文书应当要求载明委托事项和权限，其中，特别授权内容可在"授权委托书"中一一列明，供当事人选择使用；"授权委托书"备注栏应注明：授权委托书须由委托人签名或盖章，并写明委托事项和权限，如果仅写明特别授权或全权授权而没有写明授权内容的，仅视为一般授权。

三、代理权的授权方式

从行政执法的实践来看，当事人为法人或者非法人组织，其法定代表人或负责人必须由该法人或者非法人组织出具证明其身份的文件。相应地，如果该法人或者非法人组织委托法定代表人或负责人以外的代理人，也必须出具书面的授权委托书。从行政机关依法行政的角度看，先取证后裁决是行政合法性的最基本要求，在代理人持有当事人合法有效的书面授权委托书的情况下，行政机关相关的执法活动才更具有程序上的合法性。

第九章 文物行政处罚的实施

一 重建项目是否需要文物主管部门批准同意

某置业公司在文物保护单位的建设控制地带内重建案

【基本案情】

2008年7月，某置业有限公司在位于马一路东侧20米、西三马路南侧动工建设世贸服饰信息中心工程，此地处全国重点文物保护单位某省商代遗址的保护范围（外城墙）及建设控制地带内（外城墙外扩），其工程设计方案未经文物行政部门同意。该工地于2001年9月进行过文物钻探，钻探面积为1661平方米，钻探报告清楚表明该工地呈长方形，其占压商代遗址的保护范围1007.5平方米，工地西侧117平方米、东侧536.5平方米在商代遗址的建设控制地带内（外城墙外扩）。该工地2001年办理规划手续后建成六层的建筑，但因消防不达标随后被自行拆除。该建筑拆除后拟建新建筑（世贸信息中心），新建筑规划基底面积1419.33平方米，设计层数地上21层，地下2层。该工地此次已办理规划等手续，但没有办理文物审批手续，当事人在清理完老房地基后，于7月31日开工，下挖地基7~8米深。某市文物局认为，上述行为违反了《文物保护法》第十七条、第十八条第二款的规定，根据《文物保护法》第六十六条第（一）项、第（二）项的规定，决定给予当事人罚款人民币 8 万元的行政处罚。

【案例评析】

本案基本事实是当事人某置业有限公司在未获得文物行政主管部门批准同意的情况下就开挖地基，违反了《文物保护法》的相关规定。然而，本案的特殊性在于，当事人某置业的建设行为系原址拆除后的重建项目。就是说，原先的建设项目已经获得文物行政主管部门批准的情况下，拆除重建是否需要重新办理文物报批手续？由于文物报批手续是办理建设工程规划许可证的前置程序，在本案中当事人重建项目已经办妥了建设工程规划许可证，当事人能否以此为由免除或减轻处罚？

一、《文物钻探成果报告》是否具有持续效力

2001 年 9 月，某置业有限公司曾在该工地进行过文物钻探，取得《文物钻探成果报告》并经某市文物行政部门签署意见，在办理了全部规划审批手续后，建成六层建筑，然而在接下来的消防验收中因不达标并且无法整改到位，当事人自行决定拆除重建。按照相对人的说法就是，新建设"原地块没有增减，且《文物钻探成果报告》是永久生效的，改建项目的文物审批手续没有再向文物局申报"。那么该说法是否有法律依据呢？《文物保护法》第十七条规定，"文物保护单位的保护范围内不得进行其他建设工程或者爆破、钻探、挖掘等作业。但是，因特殊情况需要在文物保护单位的保护范围内进行其他建设工程或者爆破、钻探、挖掘等作业的，必须保证文物保护单位的安全，并经核定公布该文物保护单位的人民政府批准，在批准前应当征得上一级人民政府文物行政部门同意；在全国重点文物保护单位的保护范围内进行其他建设工程或者爆破、钻探、挖掘等作业的，必须经省、自治区、直辖市人民政府批准，在批准前应当征得国务院文物行政部门同意"。根据该规定，建设工程如果位于全国重点文物保护单位的保护范围内，就必须经国务院文物主管部门同意后由文物所在地的省级人民政府批准。显然，这里并未区分是新建还是重建。《文物保护法》第十八条第二款规定，"在文物保护单

位的建设控制地带内进行建设工程，不得破坏文物保护单位的历史风貌；工程设计方案应当根据文物保护单位的级别，经相应的文物行政部门同意后，报城乡建设规划部门批准"。这里强调在文物保护单位建设控制地带内的建设工程，不管是新建还是改建、扩建或者拆除重建，都必须经文物行政部门同意，这是城乡建设规划部门发放建设工程规划许可证的前置条件。据此，我们认为，尽管没有理由否认《文物钻探成果报告》具有持有效力，但是就我国《文物保护法》的现行规定来看，当事人即使在原址拆除重建，也应当依法报经文物行政主管部门的批准。当事人以《文物钻探报告》具有永久效力为由，在重建设时不向文物行政主管部门申请批准是违法的，并且应当依法予以处理的。

上述分析在法理上也有充分依据。本案中，当事人的两次建设行为虽然在同一地块进行，且建筑占地面积没有变化，但毕竟是两个相互独立的建设行为。从管制的原理看，这种与特定行为有关的行政审批均具有一次消费的性质，随着行为的终了，审批的效力也告结束。也就是说，当事人2001年办理的特定标的的建设审批手续，随着该建筑的完工，其效力便告终了。自此以后，无论是在该建筑基础上改建、扩建或者拆除重建，都必须重新办理相应的建设审批手续，而作为建设审批手续前置程序的文物勘探审批也必须重办。试想，如果因为新建设所占地块没有增减，就不必再向文物局申报改建项目审批手续的说法成立的话，那么完全可以推论，原址重建、改建也不需要重新办理建设审批手续了。这显然是不能成立的。

二、规划部门未审查前置审批能否免除或者减轻当事人行政责任

某置业有限公司在重建时，尽管没有经文物主管部门批准，但是却办理了全部规划审批手续。相对人能否以规划部门的这种行为而主张免除或减轻行政处罚？

依照《文物保护法》第十八条的规定，在文物保护单位的建设控制地带内进行建设，文物行政部门的审核同意是办理建设工程规划许可的前提条件。而案件的事实来看，虽然当事人某置业有限公司在重建世贸信息中心

时，未经文物行政部门批准，但是却办理了全部建设工程规划许可证。显然，规划行政主管部门在办理该项审批时至少存在审查不严的过错，并给相对人造成了在原址重建不需要文物行政主管部门批准的误解。试想，如果规划部门在办理建设事项审批手续时能够严格把关，在当事人没有取得文物行政主管部门批准同意的情形下，拒绝办理建设审批手续，当事人的违法建设行为也就无法实施。由此可见，本案中规划行政主管部门是存在一定过错的。根据《国家赔偿法》的规定，如果规划主管部门的该种行为造成了某置业有限公司权益损害，则其有权依法获得赔偿。根据《行政处罚法》第二十七条"当事人有下列情形之一的，应当依法从轻或者减轻行政处罚：（一）主动消除或者减轻违法行为危害后果的；（二）受他人胁迫有违法行为的；（三）配合行政机关查处违法行为有立功表现的；（四）其他依法从轻或者减轻行政处罚的"规定，结合"处罚与教育相结合原则"，我们认为，本案具备"其他依法从轻或者减轻行政处罚的"情形，文物行政主管部门在依法确立给予当事人某置业有限公司罚款数额时应当在法定幅度范围内从轻处罚。

必须要指出的是，本案建设工程部分在全国重点文物保护单位的保护范围内，部分在建设控制地带内，行政机关在确定罚款数额时是"一罚"还是"两罚"？

《文物保护法》第六十六条规定，"有下列行为之一，尚不构成犯罪的，由县级以上人民政府文物主管部门责令改正，造成严重后果的，处五万元以上五十万元以下的罚款；情节严重的，由原发证机关吊销资质证书：（一）擅自在文物保护单位的保护范围内进行建设工程或者爆破、钻探、挖掘等作业的；（二）在文物保护单位的建设控制地带内进行建设工程，其工程设计方案未经文物行政部门同意、报城乡建设规划部门批准，对文物保护单位的历史风貌造成破坏的；……"本案中，某置业有限公司的重建工程部分位于全国重点文物保护单位的保护范围内，部分位建设控制地带内，也就是说，相对人的违法行为是"有下列行为之二"，那么这里是按照《文物保护法》第六十六条第（一）、（二）项分别给予罚款处罚还是视其为一个违法行为确定罚款数额？显然，从字面意义上看，第六十六条列举每种情形都可以给予5万元以上50万元以下的罚款，因此相对人若是在文物保护单位的保护范围和建设控制地带均进行违法建设行为，那就必须分别处罚。然而本案的事实是，相对人只是实施了一个违法行为，只不过这个违法行为涉及的地域兼及文物保护单位的保护范围和建设控制地带。因此，我们不能机械地比照法律而将这一个违法行为肢解成多个违法行为，否则就背离了《行政处罚法》第四条规定的行政处罚必须"与违法行为的事实、性质、情节以及社会危害程度相当"。

二　发现文物隐匿不报案违法
主体、性质和情节的认定

某勘地基础工程总队发现文物隐匿不报案

【基本案情】

2008年2月21日，某市某勘地基础工程总队（以下简称某工程总队）接受某房产开发股份有限公司（以下简称某开发公司）的委托，负责某市宣武区广安门外大街305号住宅及配套项目的施工。2月28日晚大约7、8点左右，某中航在六号楼施工中发现古墓，但未向文物部门报告。当晚，有群众报警，后110警务人员来到现场，追回了相关文物，并及时通报该市文物局。市文物局文物执法监察队接到110警务通报，立即来到现场进行调查，并通知市文物研究所进行现场处理。2月29日，市文物研究所作出了《关于广安门外某开发公司工地古代墓葬的认定》，市文物局进行立案调查。市文物局认为，某工程总队在施工中发现古墓文物未及时向文物部门报告，并存在破坏、私分及隐匿等行为。上述行为违反了《文物保护法》第三十二条规定，并根据第七十四条第一款［注：第七十四条第（一）项］规定，决定给予某工程总队罚款人民币5000元的行政处罚。

【案例评析】

本案事实清楚，案情比较简单，市文物局立案调查、行政处罚以及卷宗装订等均比较规范。但本案尚有如下几个问题值得进一步探讨和明确：

一、如何确定违法主体

建设工程中，建设方与施工方之间的权利义务主要通过双方的建设工程承包合同约定，施工方在建设方授权范围内进行施工。本案并未提及某开发公司与某工程总队之间的工程承包合同，未解释清楚违法责任主体认定问题，但有理由推断，某工程总队施工中发现文物行为应是在某开发公司的授权范围内，但私分、隐匿甚至破坏文物则超出了授权范围。如果某工程总队施工中发现文物隐匿不报，而建设方某开发公司根本不知道，则由某工程总队作为违法主体；如果建设方某开发公司知道，但未及时制止，甚至参与其中，则由某开发公司作为违法主体。从本案案情来看，就某开发公司一方陈述，他们是在2月29日上午才知道此事，由此推断某开发公司不应当作为违法主体，是正确的。当然，这仅是某开发公司一方之词，在本案询问笔录中，施工方提及施工中发现文物时及时向单位领导汇报并停止施工，但未说清楚向施工方领导汇报时，是否还向建设方汇报，调查人员未能就建设方是否知情作进一步调查，这是本案的瑕疵之一。

本案违法主体是单位还是个人，即违法行为应认定为施工方某工程总队的单位行为，还是具体施工人员的个人行为，需作进一步分析。就本案而言，施工方某工程总队和具体工作人员之间是雇佣关系，即劳务关系。如果被雇人按照雇主的要求所实施的行为反应雇主的意愿，所产生的行政法律责任应当由雇主承担；如果被雇佣人所进行的雇佣关系以外的行为，应当认定为被雇佣人自己的行为，而不能认定为雇主的行为。因此，本案证据应作进一步调查。

二、如何认定违法主体发现文物隐匿不报

本案施工人员陈述中提及，在施工中发现文物时，立即向单位领导汇报，但未提及有无报警。如果施工方报警，就不存在发现文物隐匿不报的违法行为。即使在 110 警务人员到来之前存在私分、隐匿甚至破坏文物行为，违法情节也有所不同，可以因此而减轻违法当事人责任。从本案卷宗推断，施工方并不是报警人，但这需要有证明材料加以佐证。

三、如何认定情节严重

《文物保护法》第七十四条规定，"有下列行为之一，尚不构成犯罪的，由县级以上人民政府文物主管部门会同公安机关追缴文物；情节严重的，处五千元以上五万元以下的罚款：……"而在《行政处罚决定书》中只是提及："在 110 警务人员追缴下追回了文物"，但案卷中无追缴文物的清单，也无追缴文物的其他相关证据，也无被追缴文物去向（如：是否指定收藏）。本案件系行政执法机关接 110 警务通报后立案，且公安机关追缴了文物，但案卷中无公安机关移送材料，也无其他证据材料说明已追缴文物的级别及数量。因此，认定情节严重的证据须进一步补充。

三　文物违法行为连续性如何认定

某市某房地产开发有限公司擅自建设案

【基本案情】

某市某房地产开发有限公司在某市西工区光华路西侧建设的光华苑小区工程，该项目占地 12.5 亩，地处省级文物保护单位——东周王城遗址的建设控制地带，施工前未经省文物行政部门同意。这一行为违反了《文物保护法》第十八条之规定，依据《文物保护法》第六十六条第一款第（二）项之规定，某市文物管理局决定对某市某房地产开发有限公司作出罚款人民币 6 万元的行政处罚。

【案例评析】

　　《行政处罚法》第二十九条规定，"违法行为在二年内未被发现的，不再给予行政处罚，法律另有规定的除外"。"前款规定的期限，从违法行为发生之日起计算，违法行为有连续或者继续状态的，从行为终了之日起计算"。怎样认定违法行为有连续或者继续状态，是行政处罚实施中一个较为复杂的问题。在行政执法的过程中，行政机关普遍接受这样一种观点：即违法行为有连续或者继续状态既包括违法行为本身的连续或继续，也包括违法行为后果的连续或继续，如对于违法建设的行为，计算二年处罚时效的起点不是违法建设行为终了之日，而是违法行为人自动拆除违法建设之日。最高人民法院行政审判庭 1998 年 5 月 4 日对原国家土地管理局《关于如何计算土地违法行为时效的请示》的答复："对非法占用土地的违法行为，在未恢复原状之前，应视为具有继续状态，其行政处罚的追诉时效，应根据行政处罚法第二十九条第二款的规定，从违法行为终了之日起计算；破坏耕地的违法行为是否具有连续或继续状态，应根据案件的具体情况区别对待。"江苏省人大常委会法制工作室 1997 年 8 月 20 日给省建设委员会《关于如何确定违法用地和违法建设行为的违法行为终了之日的复函》的答复："违法用地和违法建设行为以违法用地和违法建设的形式存在，只要当事人未退出违法占用的土地，未拆除违法建设的建筑物、构筑物的，应视为违法用地和违法建设的继续状态。因此，在对违法用地和违法建设行为实施行政处罚时，应当把当事人停止违法用地和违法建设行为之日作为违法行为终了之日。"本案中，建设项目共四幢建筑，并于 2006 年办理了规划手续。2008 年 1 月 17 日，某市文物局立案查处时其中一幢基坑已经处理完毕，另三处已建至一、二层。虽然本案并不涉及追溯时效的适用，但由于相对人的违法行为本身是一个持续状态，这就为我们分析行政处罚追溯时效提供了一个很好的分析样本。

　　追溯时效实际上是一项免除违法行为人法律责任的制度，《行政处罚法》之所以规定"违法行为在二年内未被发现的，不再给予行政处罚"，一方面是为了避免社会关系的不确定状态，以稳定社会秩序，另一方面也充分体现了该法确立的"处罚与教育相结合"原则的基本要求，即行政处罚是手段不是目的，既然违法行为二年内未被发现，一定程度地说明该违法行为的社会危害性不大，并且经过两年的时间也表明违法行为人已经成为对社会无危险之人，再施以处罚，意义已经不大了。如果考虑到行政执法的成本，这样做还有助于行政机关集中精力打击现行的违法行为。而如果将违法行为连贯和延续看成是包括行为后果的连贯和延续，客观上将使行政处罚时效制度因失去"起点"没有任何意义。例如，本案中的文物违法行为的后果就是相关建筑物，只要这种建筑物持续存在，该文物违法行为的后果就不可能终了，那么追溯时效也就无法开始计算。这样问题在处理违反计划生育政策超生的违法行为中更加为"窘迫"：你可以将从超计划怀孕到该婴儿出生视为违法行为的连续过程，但若是将超生的孩子这一违法行为的后果视为违法行为本身的延续显然是不恰当的，因为这种违法行为的后果是无法终了的，或者说要终止这种违法行为的后果将构成犯罪。并且，将行政处罚追溯时效中"违法行为终了之日"解释为"行政行为后果终了之日"还与"处罚与教育相结合"原则抵触并造成行政执法资源的巨大浪费：相对人即使主动消除违法行为的后果，仍然难以免除被处罚的命运，在这种情况下，谁还愿意主动消除违法行为的后果？

从我国《行政处罚法》的相关条文来看，"违法行为"与"违法行为的后果"也是彼此区别的两个不同概念。例如，第四条第二款规定，行政处罚的设定和实施必须"与违法行为的事实、性质、情节以及社会危害程度相当"，这里的"社会危害程度"实际上就是指违法行为的后果。若违法行为本身就包括违法行为的后果，显然是没有必要作如此复杂规定的。因此，《行政处罚法》第二十九条第二款实际上针对的是那些在时间上有连续性或持续性的违法行为，意在强调对于时间上有连续或持续状态的违法行为，处罚的追溯时效应当"从行为终了之日起计算"，以示与"从行为开始之日起计算"之间的差别。

四　文物行政处罚中罚款数额如何确定

某市某重型机械公司擅自施工案、
某市长城房屋开发集团公司擅自下挖基槽案

【基本案情】

某市某重型机械公司在位于涧西区建设路 206 号的公司院内建设重型冶铸工部南水池工程，施工方是该公司下属建筑安装公司。2007 年 12 月 1 日，某市文物管理局文物监察大队接到举报后，立即赶赴现场，发现已经开挖形成一个长约 28.3 米、宽 15 米，深达 7 米的基坑，一台拖拉机挖掘机正在基坑内施工，基坑内东南部散落数个彩陶残片。在随后的调查中，执法人员了解到，在此之前的施工过程中就曾发现了马、鸡、狗和一些数目不详的彩色碎片，并由某重型机械公司保卫部带走。后经某市第二文物工作队业务人员现场勘验，被破坏的是一座唐墓，建设单位未提供相关文物审批手续。依据《某省〈文物保护法〉实施办法》（以下简称《办法》）相关规定，某市文物管理局于 2007 年 12 月 3 日向某重型机械公司下达了《停止违法施工通知书》，并于 2008 年 1 月 7 日对某重型机械公司作出了罚款人民币 10 万元的行政处罚。

2007 年 10 月 24 日，位于秦岭路和建设路交叉口向北 500 米路东的某市长城房屋开发集团有限公司三官庙城中村改选一区建设工地，未经文物勘探擅自下挖基槽 5 米深，工地现场的基槽剖面有古文化层与灰坑分布，内含陶罐、板瓦、筒瓦等残片，大部分文化层在下挖基槽的过程中遭到破坏。某市文物管理局认为，长城房屋开发集团有限公司未经文物勘探、擅自挖基槽 5 米、造成古文化遗存破坏的行为，违反了《某省文物保护法实施办法》第二十三条的规定，根据《某省文物保护法实施办法》第四十三条第一款第（六）项的规定，决定给予当事人罚款人民币 1 万元的行政处罚。

【案例评析】

上述两个案件都发生在某省，相对人的违法行为相同，执法机关适用的法律规范都是某省的《办法》，但是两个不同的市级文物管理局确定的罚款数额却存在很大差距。案卷显示，相对人对于违法事实均无异议，而某市某重型机械公司对于法定的罚款数额以及是否具有法定的减轻处罚情节存在较大争议，这种争议很大程度上与某省的《办法》有关。《办法》第二十三条规定，"在进行大中型基本建设时，建设单位必须事先会同当地文化（文物）行政管理部门，对工程项目范围内（包括起土区）进行文物调查和勘探工作，确认无文物埋藏，城乡建设规划部门方准发给施工许可证。在进行其他基本建设和生产建设时，工程范围内有可能埋藏文物的，也要进行文物调查和勘探工作。调查、勘探中发现文物，应当由文化（文物）行政管理部门和建设单位共同商定处理办法。遇有重要发现，由省文化（文物）行政管理部门及时报国家文化（文物）行政管理部门处理。"由于本案当事人某市某重型机械公司在施工时并未申请许可证，明显违反了这一规定。然而《办法》第四十三条第一款第（六）项规定，"进行基本建设的单位或个人违反文物调查和文物勘探的规定，造成文物破坏的，由文化（文物）行政管理部门责令其停工，并可处以罚款，主要责任人员由其主管部门或上级给予行政处分"，该规定并没有对上述违法行为的罚款数额作出规定，因而执法机关依据何种规范确定罚款数额就成了相对人关注的焦点。从本案的情况看，某市文物管理局酌定罚款数额的依据是上级主管部门的一个批复。2003 年 10 月 31 日，某省文物管理局根据某市文化局的请示，作出的《关于对违反文物调查和文物勘探规定擅自施工进行行政处罚有关问题的批复》称，"《某省文物保护法实施办法》第四十三条第六款规定的罚款额度，可参照《中华人民共和国文物保护法》第六十六条第一款的规定，处五万元以上五十万元以下的罚款。"这样一来，争议的焦点就变成了如何看待某省文物管理局的批复？

《文物保护法》第二十九条第一款规定："进行大型基本建设工程，建设单位应当事先报请省、自治区、直辖市文物行政部门组织从事考古发掘的单位在工程范围内有可能埋藏文物的地方进行考古调查、勘探。"该条款仅涉及大型基本建设工程,且考古调查、勘探只在"有可能埋藏文物的地方"进行,考古调查勘探的申请没有作为行政许可项目。某省作为一个有着丰富历史文化资源的省份,以地方法规的形式对《文物保护法》没有涉及的内容予以规范,即明确"在进行大中型基本建设时,建设单位必须事先会同当地文化(文物)行政管理部门,对工程项目范围内(包括起土区)进行文物调查和勘探工作",但该地方法规的罚则中并未明确罚款数额,这是立法的一个疏忽〔应当指出的是,上述某省文物局给某市文物局的批复中存在一个明显的笔误,即"第四十三条第六款规定"应为"第四十三条第一款第(六)项规定"〕。正是这样的疏忽在形式上给予执法机关巨大的裁量空间。

从积极的意义看,某省文物局作为全省文物行政执法的最高行政机关对这个罚款数额予以明确,有助于统一全省执法的尺度,避免"同案不同判"的情形发生,这是值得肯定的。然而,该批复的内容并非是一个裁量基准性质东西,而是直接明确罚款的数额,这在性质上属于设定行政处罚。根据《行政处罚法》第二章的规定,法律、法规、规章以外的其他规范性文件是无权设定行政处罚的,因此该批复不具有形式上的合法性。从实质上看,该批复将该违法行为的罚款数额确定为"五万元以上五十万元以下"严重背离了比例原则。《文物保护法》第六十六条规定的违法情形为"文物保护单位的保护范围和建设控制地带"违法行为,并且未经批准在"文物保护单位的建设控制地带内进行建设工程"必须是"对文物保护单位的历史风貌造成破坏的"并且"造成严重后果的",才适用"五万元以上五十万元以下"的罚款。而对于不在文物保护单位的保护范围或建设控制地带的建设,只是因为没有进行文物的调查或勘探,甚至不考虑该违法行为的后果,就给予"五万元以上五十万元以下"的罚款,未免有些失之过重。

值得注意的是,本案中相对人还提出了应当从轻或减轻处罚的主张。相对人某市某重型机械公司称,2007年12月1日在施工中发现挖出的土中有一些不寻常的碎片，就及时采取了有效措施进行保护，并清点和保存好发现的文物。"我公司在主观上始终保持遵章守法的态度，遵守《某省文物保护法实施办法》的有关规定，而且在客观上有'发现文物，及时上报或者上交，使文物得到保护'等重大立功表现，符合《某省文物保护法实施办法》第四十二条'有下列事迹之一的单位或个人，由各级人民政府或文化（文物）行政管理部门给予精神鼓励或物质奖励；……（四）发现文物，及时上报、上交，使文物得到保护'等条款，符合《中华人民共和国行政处罚法》第二十七条'当事人有下列情形之一，应当依法从轻或者减轻行政处罚：（一）主动消除或者减轻违法行为危害后果；……（三）配合行政机关查处违法行为有立功表现'等条款"。应该说，相对人的上述辩解和主张是有一定事实根据，而10万元的罚款数额表明行政执法机关在酌定罚款数额时并没有任何从轻或减轻的考虑，这也是值得讨论的。

五　加处罚款的计算是否包括行政诉讼期间

某县某印染有限公司违法作业案

【基本案情】

某县某印染有限公司擅自于2006年11月25日组织外来施工人员，在全国重点文物保护单位古纤道（柯华大桥—太平桥段）的保护范围内进行其他建设工程、挖掘等作业，新铺设和建造了取水管线及一个水箱等建筑设施，并对原有的水泵房和取水管线进行了改造更换。同时在建设过程中又因不当的施工和作业，造成了古纤道柯华大桥—太平桥段路面局部石板断裂、破损和坍塌等现象。某县文化广电新闻出版局认为，上述行为违反了《文物保护法》第十七条的规定，根据《文物保护法》第六十六条第一款第（一）项的规定，于2008年7月4日对某县某印染有限公司责令改正；罚款人民币10

万元。限其收到行政处罚决定书之日起 15 日内到某县农村信用合作银行缴纳罚款。逾期每日按罚款数额 3% 加处罚款。

【案例评析】

本案基本事实是某县某印染有限公司未经批准在文物保护单位古纤道的保护范围内进行其他建设工程、挖掘等作业，违反了《文物保护法》的相关规定。从类似本案中有关"逾期每日按罚款数额 3% 加处罚款"的表述，有一个问题值得我们关注，那就是，如果对类似本案的行政处罚决定提起行政诉讼，需要我们研究的是，行政处罚的加处罚款在行政诉讼期间是否应当计算。

我们认为：《行政诉讼法》第四十四条虽然规定了"诉讼期间，不停止具体行政行为的执行"的一般原则，但第六十六条规定，"公民、法人或者其他组织对具体行政行为在法定期限内不提起诉讼又不履行的，行政机关可以申请人民法院强制执行，或者依法强制执行"。第六十六的规定将不具有强制执行权的行政机关作出的具体行政行为排除在诉讼不停止执行的原则之外。按照特别规定优于一般规定的原则，在处理文物行政处罚案件中，应当适用《行政诉讼法》第六十六条的规定。即行政机关对行政相对人加处罚款，在行政诉讼期间不应计算。因为，设立行政处罚的目的是预防和减少违法行为的发生，行政诉讼法所追求的目的是保护公民、法人和其他组织的合法权益，当然包括诉讼权利。

在以往的司法实践中，经常遇到行政机关对行政相对人加处罚款在行政诉讼期间应否计算的问题。对此问题存在两种不同的观点：

一种观点认为，行政处罚的加处罚款在诉讼期间应当计算。主要理由是，根据《行政诉讼法》第四十四条、《行政处罚法》第四十四条（"行政处罚决定依法作出后，当事人应当在行政处罚决定的期限内予以履行"）、第五十一条第（一）项（"到期不缴纳罚款的，每日按罚款数额的百分之三加处罚款"）的规定，履行罚款决定，是被处罚人的义务，不履行义务产生的后果应当由其承担。在行政处罚决定所确定的期限内不履行行政处罚决定应缴纳的罚款的，"每日按罚款数额的3%加处罚款"应当全部执行，在行政诉讼期间也不能停止执行。

另一种观点认为，在行政诉讼期间，当事人不履行行政处罚决定，对逾期缴纳罚款所加处的罚款的执行应区别不同情况作不同处理。主要理由是：首先，具体行政行为不因诉讼而停止执行，是基于在有权机关作出最后决定之前，推定具体行政行为合法。但具体行政行为合法与否，应由有权机关作出判定。《行政诉讼法》第五条规定，"人民法院审理行政案件，是对具体行政行为是否合法进行审查"。当行政处罚的相对人不服行政处罚决定，向人民法院提起行政诉讼后，行政处罚决定是否合法，只有在人民法院作出生效判决之后才能得出结论。行政处罚相对人因不服行政处罚决定提起行政诉讼后，对该行政处罚司法审查的时间和结果是由人民法院的司法行为所决定，并非行政诉讼当事人所能把握。本着公平合理的原则，对行政诉讼期间相对人不履行行政处罚决定所确定的缴纳罚款义务的，不应计算加处罚款，加处罚款的时间应从行政生效判决起算。其次，《行政诉讼法》第四十四条的立法本意是制止行政处罚相对人继续实施违法行为，而非因提起行政诉讼而拒不履行罚款的行为。行政处罚决定做出后，行政相对人已停止了违法行为，其不履行行政处罚决定所确定缴纳罚款的义务并非是违法行为的继续，仅仅是对罚款有异议而提起行政诉讼以维护自己的合法权益。这与既不提起行政诉讼又不履行生效行政处罚决定，且继续实施违法行为的情况有着本质的区别。据此认为，应对行政处罚相对人在处罚决定做出后的这两种拒绝履行行为区别对待，对加处罚款有异议而提起行政诉讼的，诉讼期间应停止执行。再次，行政相对人所受处罚应当与其实施的违法行为的违法程度相当。行政处罚的目的是制裁行政相对人的违法行为，如果从行政处罚决定生效起计算，把行政诉讼期间计算在内，则对行政相对人极不公平。更何况，执行罚款本身并不是具体行政行为的内容，在行政诉讼期间停止执行也不危害社会公共利益。

产生上述分歧观点,主要是源于理解《行政诉讼法》第四十四条与第六十六条规定的不尽一致。因此,正确理解《行政诉讼法》第四十四条与第六十六条的关系至为关键。《行政诉讼法》第四十四条规定的是诉讼期间以不停止具体行政行为的执行力原则,以停止具体行政行为的执行为例外。该规定的理论基础是,行政机关的具体行政行为具有公定力,一经作出即推定其有效,除有权机关依法定程序确认其无效或者撤销外,任何人不得否认其效力。《行政诉讼法》第六十六条规定的是,没有行政强制执行权的行政机关在行政相对人有诉权的情况下,申请法院强制执行的,法院一般不予以执行。因为行政相对人对具体行政行为提起诉讼,表明其认为具体行政行为违法并侵犯其合法权益。这种情况下,应当由人民法院通过行政诉讼程序审查具体行政行为的合法性,合法的维持,违法的予以撤销或者变更。在未确定具体行政行为合法之前,法院不宜对行政相对人采取强制执行措施。《行政诉讼法》第六十六条的规定,是对《行政诉讼法》第四十四条规定的"诉讼期间,不停止具体行政行为的执行"原则所作的限制,将不具有强制执行权的行政机关作出的具体行政行为排除在"诉讼期间,不停止具体行政行为的执行"的原则之外。《行政诉讼法》第四十四条属于一般性规定,第六十六条属于特别规定,按照特别规定优于一般规定的原则,人民法院在审查行政非诉执行案件时,就应适用第六十六条的规定,而不适用第四十四条的规定。为了进一步明确《行政诉讼法》第四十四条与第六十六条之间的关系,《行政诉讼法若干解释》第九十四条规定:"在诉讼过程中,被告或者具体行政行为确定的权利人申请人民法院强制执行被诉具体行政行为,人民法院不予执行,但不及时执行可能给国家利益、公共利益或者他人合法权益造成不可弥补的损失的,人民法院可以先予执行。"该条的规定,符合《行政诉讼法》的立法目的,解决了《行政诉讼法》第四十四条与第六十六条规定中不尽一致的问题。根据《行政诉讼法若干解释》第九十四条的规定,行政机关在诉讼中申请法院强制执行,法院一般不予执行,就说明行政机关在诉讼中是没有执行权的,行政相对人也没有执行义务,所以在诉讼期间计算执行罚是不合理的。

　　上述观点的分歧，还源于是否完整把握行政处罚的立法本意，以及准确理解行政诉讼所追求的目的。行政处罚是对违法行为人的惩罚和制裁，不仅使被处罚人处于不利的法律地位并给其带来一定的损失，而且表现出社会对被处罚行为的谴责和评价。预防和减少违法行为的发生，是《行政处罚法》和相关法律规范设定行政处罚的目的。要达到该立法目的，必须做到对违法的行政相对人的行政处罚与其过错大小相一致，如果行政相对人的过错很大却给予较轻的行政处罚，就起不到法律的威慑作用；如果行政相对人的过错很小却给予很重的行政处罚，则有可能使其对社会产生报复心理，亦起不到防止、纠正违法行为的作用。行政处罚加处罚款属于执行罚的性质，《行政处罚法》规定执行罚的目的并不是罚款，而是通过缴纳一定金钱的方式，间接促使行政相对人尽快履行行政处罚决定。如果行政机关所确定的执行罚数额超过了被处罚人的承受能力，或与其应当承担的法律责任明显不相称，被处罚人不但不会及时履行行政处罚所设定的义务，还有可能采取过激的行为抵制行政处罚决定的履行，这将无法实现设立执行罚所要达到的目的，同时还会在一定程度上增加新的违法犯罪行为。行政相对人认为行政机关的行政处罚决定违法，依法向法院提起行政诉讼，在法院作出最终裁判之前，行政处罚决定的合法性处在未确定的状态。如果行政处罚的加处罚款在诉讼期间继续计算，主要会产生两种后果：一是当法院的生效裁判作出后，行政相对人有可能承担比罚款本身高数倍的加处罚款。这对行政相对人来说，其因依法起诉而承担过重的执行罚，不仅有悖设定行政处罚及执行罚的目的，也违背了《行政诉讼法》有关"保护公民、法人和其他组织的合法权益，维护和监督行政机关依法行使行政职权"的立法宗旨。二是行政诉讼审理期限较长，行政法律规范十分复杂，行政相对人很难预测其诉讼的成败。如果在行政诉讼期间也要加处罚款，势必造成行政相对人在起诉之初就要考虑诉讼的成本。如果其因担忧败诉而承担巨额滞纳金，将会对提起行政诉讼望而却步，从而使行政相对人的诉权得不到充分的保护。这显然不符合《行政诉讼法》所确立的保护行政相对人依法提起行政诉讼的目的。

最高人民法院于 2007 年 4 月 27 日作出［2005］行他字第 29 号《关于行政处罚的加处罚款在诉讼期间应否计算问题的答复》，明确指出："根据《行政诉讼法》的有关规定，对于不履行行政处罚决定所加处的罚款属于执行罚，在诉讼期间不应计算。"准确理解这一答复，应当把握以下三点：一是行政处罚决定被撤销后加处罚款决定不得予以执行。加处罚款是依附于行政处罚决定的合法性而存在，如果法院认定被诉行政处罚决定违法，则依附于行政处罚决定的加处罚款行为也是违法的，无论是行政处罚决定还是执行罚，都不应当执行。此外，行政机关申请人民法院执行其作出的具体行政行为，应当认为强制执行已经开始，故在法院受理后至采取强制执行措施前的期间亦不应计算加处罚款。二是加处罚款的执行决定亦属于合法性审查的范围。《行政诉讼法》第五条规定："人民法院审理行政案件，对具体行政行为是否合法进行审查。"因此，无论是行政诉讼案件还是行政非诉执行案件，人民法院都要坚持合法性审查的原则。另外，合法性审查是对具体行政行为合法性的全面审查，并不受行政相对人诉讼请求的限制。被诉或申请执行的具体行政行为中具有加处罚款的内容，表明加处罚款是该具体行政行为的组成部分，即使法院在确认被诉行政处罚决定合法后，也应当对加处罚款决定的合法性进行审查。如果发现加处罚款超过法律规定的标准或者要求行政相对人执行行政罚款决定的期限极不合理等问题的，法院应当判决撤销或者不予执行这部分内容，可以责令作出该具体行政行为的行政机关重新作出加处罚款的决定。三是不具有强制执行权的行政机关在特殊情况下在诉讼期间内可以申请先行执行。《行政诉讼法若干若干解释》第九十四条规定，在行政诉讼过程中，行政机关申请人民法院强制执行被诉具体行政行为的，人民法院一般不予执行。但不及时执行可能给国家利益、公共利益或者他人合法权益造成不可弥补的损失的，人民法院可以先予执行。

最后，需要特别说明的是，行政机关对行政相对人的加处罚款，除了不应计算行政诉讼期间外，同样不应计算行政复议的期间。

六　文物行政处罚的强制执行

某万达钢结构有限公司违法从事文物修缮案

【基本案情】

某万达钢结构有限公司，未取得文物保护工程资质证书，于2006年10月中旬开始，对位于某市某路58号的省级文物保护单位某某饭店进行加固修缮工程。某市园林文物局认为，上述行为违反了《文物保护法》第二十一条第三款的规定，属未取得文物保护工程资质证书擅自从事文物修缮的行为。根据《文物保护法》第六十六条第一款第（六）项的规定，于2007年3月15日决定责令某万达钢结构有限公司自收到行政处罚决定书之日起15日内改正，对当事人未取得文物保护工程资质证书擅自从事文物修缮的行为处以罚款，计人民币6万元。……某万达钢结构有限公司逾期不申请复议或者提起行政诉讼，又不履行义务的，某市园林文物局将申请人民法院强制执行或依法强制执行。

【案例评析】

本案基本事实是某万达钢结构有限公司未取得文物保护工程资质证书，对省级文物保护单位某饭店进行加固修缮工程，违反了《文物保护法》第二十一条第三款的规定。从类似本案中有关"申请人民法院强制执行或依法强制执行"的表述，有一个问题值得我们关注，那就是，如何正确理解"行政强制执行"。

一、关于行政强制执行权的分配问题

本行政处罚决定中，某市园林文物局明确告知被处罚的某万达钢结构有限公司，如其"逾期不申请复议或者提起行政诉讼，又不履行义务"，则"将申请人民法院强制执行或依法强制执行"。这里需要讨论的是，实施违法行为的行政相对人逾期不履行行政处罚决定的，作出行政处罚决定的行政机关如何实施行政强制执行？是否如本行政处罚决定所表述的可以由某市园林文物局申请人民法院强制执行或其依法强制执行？

在讨论这个问题的时候，有必要准确理解和把握"行政强制执行"的内涵和外延。首先，我们要借鉴《中华人民共和国行政强制法》（以下简称《行政强制法》）所倡导的立法精神。《行政强制法》已于2011年6月30日第十一届全国人民代表大会常务委员会第二十一次会议通过，并自2012年1月1日起施行。《行政强制法》第二条第三款规定，"行政强制执行，是指行政机关或者行政机关申请人民法院，对不履行行政决定的公民、法人或者其他组织，依法强制履行义务的行为"。第十三条规定，"行政强制执行由法律设定"。"法律没有规定行政机关强制执行的，作出行政决定的行政机关应当申请人民法院强制执行"。由上可知，《行政强制法》将我国现行的行政强制执行制度概括为"以申请人民法院强制执行为主，行政机关自己执行为辅"的制度，体现了法律保留原则在行政强制制度中的作用。其次，根据我国现行法律、法规的规定，行政强制执行既存在由行政机关实施的情况，也存在向人民法院申请实施的情况，即行政机关和法院都可以成为行政强制执行的主体。它们之间的行政强制执行权限的分配，根据我国《行政诉讼法》及有关司法解释的规定，也可以概括为"以申请人民法院强制执行为原则，以行政机关自行强制执行为例外"。而且这一行政强制执行制度是在总结各国行政强制执行制度历史经验的基础上，根据我国的实际情况形成的。因此，在目前的法律框架下，行政机关并不当然地拥有强制执行权，凡是法律未规定行政机关自行强制执行的，则行政机关不能行使行政强制执行权，需向人民法院申请强制执行。综上，行政强制执行具有以下特征：（1）行政强制执行以行政主体和法院为执行主体；（2）行政强制执行以已生效的具体行政行为所确定的义务为执行内容；（3）行政强制执行的目的在于促使行政相对人履行义务，确保行政法律秩序的实现；（4）在执行条件上，行政强制执行必须以行政相对人逾期不履行已经生效的具体行政行为所确定的义务为前提。

关于对文物行政处罚决定的行政强制执行，《文物保护法》未予规定。而《文物行政处罚程序暂行规定》第五十条则明确规定，"当事人逾期不履行行政处罚决定的，文物行政部门应当申请人民法院强制执行"。由此可见，文物行政执法的法律规范明确的是，实施违法行为的行政相对人逾期不履行行政处罚决定的，由文物行政部门申请人民法院强制执行。

文物行政部门申请人民法院强制执行的规定符合《行政诉讼法》的立法精神。《行政诉讼法》第六十六条规定，"公民、法人或者其他组织对具体行政行为在法定期限内不提起诉讼又不履行的，行政机关可以申请人民法院强制执行，或者依法强制执行"。《行政诉讼法》第六十六条所讲的"依法强制执行"，指的是文物行政执法的法律规范如果有明确规定可以由文物行政部门强制执行的，则由文物行政部门强制执行。但是《文物保护法》并未规定文物行政部门可以强制执行；《文物行政处罚程序暂行规定》第五十条则明确规定了"文物行政部门应当申请人民法院强制执行"。

文物行政部门申请人民法院强制执行的规定亦符合《行政处罚法》的立法精神。《行政处罚法》第五十一条第（三）项规定，当事人逾期不履行行政处罚决定的，作出行政处罚决定的行政机关可以"申请人民法院强制执行"。就"行政处罚"而言，《行政处罚法》较之于《文物保护法》等文物行政法律规范，属于特别法的规定。按照特别法优于一般法的规定，对行政机关所作行政处罚的决定，应当申请人民法院强制执行。

二、行政相对人拒不履行具体行政行为所确定的义务，作出具体行政行为的行政机关申请人民法院强制执行的时间从何时开始

关于这个问题，法律规范的规定不尽一致，归纳起来主要有如下几种情形：（1）单一条件。只要当事人在具体行政行为指定的期间内未履行该具体行政行为确定的义务，行政机关即可申请人民法院强制执行。如《行政处罚法》第五十一条规定，当事人逾期不履行行政处罚决定的，作出行政处罚决

定的行政机关可申请人民法院强制执行。（2）复合条件。行政机关申请人民法院强制执行其具体行政行为，须同时具备两个条件：一是当事人在指定期间内没有履行具体行政行为所确定的义务；二是当事人在法定期限内未提起诉讼。（3）多重条件。即须同时具备当事人未履行具体行政行为所确定的义务，且在法定期限内未申请复议，也未在法定期限内提起诉讼三个条件。

由于行政机关申请人民法院强制执行的规定不统一，给司法实践带来了困难。正确处理此类矛盾，主要遵循以下几个原则：（1）适用解决冲突规范的一般原则，即上位法优于下位法，后法优于先法、特别法优于一般法。（2）公共利益和相对人权益平衡原则，既要注意到对相对人合法权益的保护，同时又要考虑到行政执法的目的。（3）行政程序与司法程序分别进行原则，行政诉讼的目的就是对具体行政行为的合法性进行审查。相对人启动行政诉讼程序后，并不影响具体行政行为的执行，而具体行政行为的执行也不能阻止相对人诉讼权利的行使。

从理论上分析，行政机关作出具体行政行为后，只要具备《行政处罚法》所规定的单一条件即当事人未履行相应义务，行政机关即可申请人民法院强制执行。这主要是基于以下考虑：

1. 从行政权的性质上看，行政权具有如下特征：（1）行政机关作出具体行政行为是代表国家行使行政管理职权，虽然这种权力要接受上级行政机关和司法机关的监督，但非依法定程序撤销或变更之前，应推定具体行政行为具有公定力。（2）行政管理权具有稳定性、一贯性和连续性的特点，具体行政行为一经作出就要予以执行，无须征得当事人的同意，也不能因为当事人的某种法律行为而中断其效力。（3）行政权是因公共利益的需要而设立的，其本身就具有权威性和时效性的内在涵义。（4）行政权的实施一般是行政机关单方面的意思表示，是以国家权力作为后盾的，对当事人意志和行为的强制。行政权的上述特点表明，在当事人不履行具体行政行为的情况下，行政机关有权力也有责任申请人民法院强制执行。

2. 从法律适用原则来看，应优先适用《行政处罚法》。首先，从等级效力上来看，《行政诉讼法》和《行政处罚法》均系全国人民代表大会审议通过的基本法律。其次，从施行的时间来看，《行政诉讼法》是1990年施行的，《行政处罚法》是1996年施行的。同时，《行政处罚法》相对于《行政诉讼法》而言居于特别法的位置，它是专门规定行政处罚程序的法律，行政处罚是具体行政行为的组成部分。《行政诉讼法》则是监督全部具体行政行为的法律，具有原则性。因此，无论在施行的时间和所处的法律地位上，都应优先适用《行政处罚法》的有关规定。

3. 从不停止执行的原则来看，我国《行政处罚法》、《行政复议法》、《行政诉讼法》均规定，在复议和诉讼期间，不停止具体行政行为的执行，只有法律特别规定的情况除外。对具体行政行为的执行包括强制执行。因此，行政机关不停止向人民法院提出执行申请，人民法院不停止采取执行措施是具体行政行为不停止执行的应有之义。

4. 从实际情况来看，当事人不履行具体行政行为，允许行政机关申请人民法院强制执行十分必要。如果不及时执行会对公众利益造成更大危害，且有的案件一旦贻误时机就难以执行，使具体行政行为失去意义。

但从目前的司法实践看，《行政诉讼法若干解释》第八十八条已经明确规定，"行政机关申请人民法院强制执行其具体行政行为，应当自被执行人的法定起诉期限届满之日起180日内提出。逾期申请的，除有正当理由外，人民法院不予受理"。如此规定，主要是考虑到，行政机关依法申请人民法院强制执行其作出的具体行政行为，实质上相当于诉负有履行义务的当事人不执行行政行为；人民法院受理、审查、执行具体行政行为，从广义上说也是一种诉讼行为，因此也应当有关于时效的规定，这对于促进行政机关增强行政效能意识也是有利的。

三、行政诉讼期间应当以不予执行为原则

《行政诉讼法》第六十六条规定，"公民、法人或者其他组织对具体行政行为在法定期限内不提起诉讼又不履行的，行政机关可以申请人民法院强制执行，或者依法强制执行"。根据这一规定，行政机关申请人民法院强制执行其具体行政行为的条件是，公民、法人或者其他组织在法定期限内既不起诉也不履行。其中，"在法定期限内"、"不提起诉讼"、"不履行"这些必要的条件只有同时具备，行政机关才能申请人民法院强制执行。一旦进入诉讼程序，行政机关申请人民法院强制执行其具体行政行为的，公民、法人或者其他组织不存在"不提起诉讼"的情形，而是提起了诉讼，显然不符合上述规定的条件。因此，行政诉讼期间，行政机关不能申请人民法院执行，人民法院也不给予执行。故行政诉讼期间应当以不予执行为原则。为此，《行政诉讼法若干解释》第九十四条规定："在诉讼过程中，被告或者具体行政行为确定的权利人申请人民法院强制执行被诉具体行政行为，人民法院不予执行。"

需要说明的是，《行政诉讼法》第六十六条所体现的行政诉讼期间以不予执行为原则，与《行政诉讼法》第四十四条规定的"诉讼期间，不停止具体行政行为的执行"并不存在矛盾和冲突的问题。《行政诉讼法》第四十四条规定的是对具体行政行为在行政程序中的效力包括其执行力的一种先定确认，即在具体行政行为发生法律效力后、未被确认为违法或撤销之前，应视为其合法并具有执行力，即便该具体行政行为被申请行政复议或被提起行政诉讼，也不影响其在行政程序中的执行效力。但是，如果将具体行政行为的执行变为司法执行即申请人民法院强制执行，则必须符合《行政诉讼法》第六十六条规定的全部条件。上述两条规定是从不同程序、不同条件、不同性质上对具体行政行为执行问题所作的规定，相互间并不存在矛盾和不一致的问题，应当全面理解和准确适用。

四、行政诉讼期间可以先予执行

《行政诉讼法若干解释》第九十四条规定："在诉讼过程中，被告或者具体行政行为确定的权利人申请人民法院强制执行被诉具体行政行为，人民法院不予执行，但不及时执行可能给国家、公共利益或者他人合法权益造成不可弥补的损失的，人民法院可以先予执行。"该条司法解释所作的例外规定，是符合我国的具体情况和行政管理的实际需要的。从司法实践看，有些被诉具体行政行为的执行具有很强的时效性，能否及时得到有效的执行，对国家利益、公共利益或者他人合法权益关系重大，如果一律不予执行或者必须等到案件作出生效裁判后才能执行，可能会造成不可弥补的损失。因此，遇有这种情况，人民法院可以先予执行。

五、行政机关申请人民法院非诉强制执行应当具备的条件和要求

根据现行法律的规定，目前我国只有个别行政机关具有比较完整的强制执行权，有些行政机关具有部分强制执行权，绝大部分行政机关不具有强制执行权。因此，行政机关为了实现行政管理的职能和效率，必须以申请人民法院强制执行作为其重要途径和保障。由于许多具体行政行为需要申请人民法院强制执行，人民法院面临着大量的行政案件。人民法院能否及时、正确地办理了这类案件，对于实现行政管理效能、保障和监督行政主体依法行政，有着重要的现实意义。为此，《行政诉讼法若干解释》第八十六条第一款规定，行政机关根据《行政诉讼法》第六十六条的规定申请执行其具体行政行为，应当具备以下条件：（1）具体行政行为依法可以由人民法院执行；（2）具体行政行为已经生效并具有可执行内容；（3）申请人是作出该具体行政行为的行政机关或者法律、法规、规章授权的组织；（4）被申请人是该具体行政行为所确定的义务人；（5）被申请人在具体行政行为确定的期限内或者行政机关另行指定的期限内未履行义务；（6）申请人在法定期限内提出申请；（7）被申请执行的行政案件属于受理申请执行的人民法院管辖。

鉴于人民法院对具体行政行为的执行程序是依申请行为而发生的，申请人民法院强制执行的行为是一种要式行为，因此，申请人必须向人民法院提交有关的书面材料。为此，《行政诉讼法若干解释》第九十一条第一款规定，行政机关申请人民法院强制执行其具体行政行为，应当提交申请执行书、据以执行的行政法律文书、证明该具体行政行为合法的材料和被执行人财产状况以及其他必须提交的材料。

六、人民法院对行政非诉执行案件司法审查的内容、标准和执行

对申请执行的非诉具体行政行为的合法性审查，是人民法院的一项重要的法定职责。在行政相对人对具体行政行为不起诉也不履行的情况下，《行政诉讼法》及有关行政法律规范规定将强制执行权授予人民法院，其根本意义是建立一种司法权对行政权的监督机制。如果人民法院仅就执行程序是否合法进行审查而不问具体行政行为是否合法，就失去了法律授权的意义，也无法发挥监督制约的作用。但如果按照《行政诉讼法》第五十四条的规定的内容和标准严格审查，则没有体现诉讼审查和非诉审查的区别。因此，对非诉具体行政行为的审查，重点放在是否明显或严重影响具体行政行为合法性、是否侵犯被执行人的合法权益上。为此，《行政诉讼法若干解释》第九十三条规定，人民法院受理行政机关申请执行其具体行政行为的案件后，应当在 30 日内由行政审判庭组成合议庭对具体行政行为的合法性进行审查，并就是否准予强制执行作出裁定；第九十五条规定，被申请执行的具体行政行为明显缺乏事实根据的、明显缺乏法律依据的、其他明显违法并损害被执行人合法权益的，人民法院应当裁定不准予执行。

七　处罚及时性原则在文物行政执法中适用

某矿业有限公司在长城保护范围内违法采矿案

【基本案情】

2007 年 8 月 1 日，某市文物局接到某县文化局报告，某矿业有限公司（以下简称矿业公司）在该县谢家屯村北外长城北长城保护范围内违法开采矿石，并违法建设厂房、办公区等。2007 年 8 月 7 日，某市文物局立案调查。从案件卷宗调查资料显示，2006 年，矿业公司就开始在此开采矿石。但该公司是在 2007 年 4 月才通过某市国土资源局拍卖取得采矿许可证。根据采

矿许可证，矿业公司开采矿种是建筑用麻粒岩，但该公司后来主要开采铁矿石。经过现场勘查，矿业公司在某县谢家屯村北外长城北长城 300 米保护范围内违法开采铁矿石，违法建设厂房、办公区，挖掘大坑两个，排出矿物废渣倾倒在保护范围内，部分矿物废渣淹没了长城遗址 50 余米，违法行为时间较长，严重破坏了古长城风貌。某市文物局认为，矿业公司上述行为严重违反了《文物保护法》第十七条、十八条以及《长城保护管理条例》的相关规定，根据《文物保护法》第六十六条以及《行政处罚法》第二十三条等规定，决定给予矿业公司罚款人民币 15 万元并责令限期改正的行政处罚。

【案例评析】

本案事实清楚，案情比较简单。某市文物局对某矿业公司行政执法及行政处罚程序比较规范，包括《现场检查笔录》、照片、《询问笔录》、《先行登记保存物品审批表及通知书》、《违法建设停工通知书》、《处罚听证告知书》、《物品处理通知书》以及《责令限期改正复查记录》等。但仍有如下几个问题值得进一步研讨。

一、文物执法需主动和及时

从案件卷宗当事人陈述资料显示，2006 年，某矿业公司就开始在某县谢家屯村北外长城北长城保护范围内违法开采矿石。但直至 2007 年 8 月 1 日，某市文物局接到某县文化局报告，才开始立案调查。很显然，某市文物局不仅执法被动，而且时间严重滞后，从而给长城破坏造成难以挽回的损失，同时也加大了当事人某矿业公司不必要的违法成本。从本案卷宗材料可以看出，某市文物局相关执法材料并未明确显示某矿业公司何时开始违法采矿，文物执法部门对此应有所警示。

二、责令改正程序较为完善，效果较为明显

本案的责令改正通知书明确规定，责令某矿业公司于 2007 年 11 月 25 日前改正上述违法行为，并接受复查。该责令改正通知书具有如下两个特点：一是明确了责令改正的期限；二是明确了接受复查。从实践效果来看，某矿业公司的采矿作业已经全部停工，没有发现挖掘机及新的采矿现场；原堆放的杂物及生产废料、矿渣已经全部运走；长城保护范围内的原风貌已经进行了部分恢复。2007年12月3日，某市文物局也进行了责令整改复查验收。因此，本案的责令改正至少从程序上克服了其他类似文物执法责令改正程序不规范及缺乏后续整改环节的不足，值得文物执法部门学习和借鉴。当然，责令整改效果还有待于进一步实践检验。

三、行政罚款违反了罚缴分离原则

根据《行政处罚法》第四十六条的规定，作出罚款决定的行政机关应当与收缴罚款的机构分离。除依照本法第四十七条、四十八条的规定当场收缴的罚款外，作出行政处罚决定的行政机关及其执法人员不得自行收缴罚款。当事人应当自收到行政处罚决定书之日起15日内，到指定的银行缴纳罚款。银行应当收受罚款，并将罚款直接上缴国库。但从本案来看，田隆公司的罚款直接缴纳到某市文物局账户上，从而违背了罚缴分离原则，某矿业公司的罚款应当缴纳到某市财政局专用账户上。

本案中，行政处罚决定书下达日期为2007年8月27日，责令违法当事人履行处罚的日期为2007年9月3日，该期限少于《行政处罚法》第四十六条第三款规定的15日，这是本案另一个瑕疵。

八 应追究文物行政执法部门的责任

某市某新型建材有限公司在取土过程中致使古墓葬被毁案

【基本案情】

2007年12月3日，某市文管办来电称有人举报在开发区某行政村张家山一带有单位在取土过程中致使许多古墓葬被毁，要求某市文化局调查处理。某市文化局办案人员立即赶赴现场进行调查，经调查证实举报属实。现场发现有数十座古墓葬被毁，取土施工单位为"某新型建材有限公司"。某市文物局立即下发了停工通知书。据了解，张家山一带是当地老百姓皆知的古墓葬埋藏区，也是某市经过遥感发现、登记在册的文物控制点。2006 年在张家山东侧发现多处古墓葬，2007 年在其东北侧发掘了汉至宋代墓葬 49 座，早在 1992 年，修建高速公路时，在其北侧发掘过沈家山遗址和沈固墓。近年来，某新型建材有限公司因生产黏土砖的需要，征用张家山取土，与村民小组签订取土协议，经国土管理部门同意，取土面积近 100 亩（66666 平方米），但没有按照《某省文物保护条例》第二十条的规定申请考古调查和勘探。某博物馆经实地考古调查发现，张家山一带古墓葬密集，现场仅取土留下的断面上就发现被破坏的墓葬 40 座，而已经取土的区域被彻底毁坏的古墓葬数目难以估计。这些墓葬大多为东汉至六朝时期，也有个别时代在宋、明时期，对于研究当地当时的社会生产、生活、艺术等都具有很高的历史和考古价值。某新型建材有限公司违法施工取土导致大量墓葬遭到毁灭和破坏，国家珍贵文化遗产遭到重大损失。某市文化局经集体讨论研究，按照《某省文物保护条例》第四十一条规定，决定给予某新型建材有限公司罚款人民币 10 万元的行政处罚，并责令其立即终止该区域内的取土工程。

【案例评析】

某市是一座拥有 6000 多年文明史和 3000 多年建城史的江南文化古城，在历史上曾是春秋吴国季子封疆和南朝齐梁帝王故里，名胜古迹众多，历代名人辈出，城市文化积淀十分丰厚。因此，某市应当十分重视文物保护工作，然而本案却是一起严重损毁文物的行为，古墓葬被毁无数，损失难以计算。根据调查询问笔录，当事人某新型建材有限公司从 2005 年起就在此取土生产黏土砖，直到 2007 年底被人举报才停止取土。相关行政部门的失职失察和不作为已经到了十分严重的地步。

张家山一带是当地老百姓皆知的古墓葬埋藏区，也是某市经过遥感发现、登记在册的文物控制点。在该区域先后发现过多处古墓葬，相关部门并没有对这一古墓葬埋藏区进行相应的管理，没有按照《某省文物保护条例》第十九条的规定划定地下文物埋藏区，没有明确文物保护范围和建设控制地带，没有按照《文物保护法》第十五条、十六条的规定制定不可移动文物的具体保护措施，没有进行文物勘探调查，没有建立日常巡查机制。国土部门在批准取土申请时把关不严，没有按照《某省文物保护条例》第十九条的规定征求同级文物行政部门的意见。相关部门也没有按照《某省历史文化名城名镇保护条例》的规定将某市申报成为历史文化名城进行整体保护。由此案可以看出，当前一些文物损毁事件主要是由于政府及其有关部门没有切实履行好法律赋予的职责，文物保护意识低所造成的，应当严肃依法追究文物行政部门的责任，文物行政执法部门加强责任制建设刻不容缓。

本文拟对建立和实施文物行政执法责任制作如下探讨：

第一，建立文物行政执法责任制的目的是规范文物行政执法行为，提高文物行政执法水平，保障文物法律、法规、规章全面正确和有效实施。

第二，什么是文物行政执法责任制？所谓文物行政执法责任制是指文物行政部门根据依法行政的要求，以落实行政执法责任为核心，以文物行政执法行为合法、规范、高效为基本要求，以文物行政执法监督和过错责任追究为保障的行政执法工作制度。其内容应当包括文物行政许可、文物监督检查、文物行政强制措施及文物行政处罚等依据相关法律、法规、规章作出的行政行为。文物行政执法责任制应当根据法律规定和职能调整及时进行修订。

第三，文物行政执法责任制应当包括以下内容：

1. 明确执法范围和工作任务。

2. 划分执法责任，具体内容有：（1）明确法定职责和权限范围；（2）应当履行的法定义务；（3）执法的目标和要求；（4）应当承担的法律责任。

3. 根据文物行政执法范围和工作任务建立文物行政执法岗位责任制，分别落实到各级负责人、机关各部门（执法机构）及执法人员。

第四，为了保证文物行政执法责任制的落实，文物行政执法机关还必须建立健全以下八项配套制度：（1）重大行政处罚负责人集体讨论制度；（2）文物行政执法文书及档案管理制度；（3）罚没收缴物品处理管理制度；（4）文物监督稽查制度；（5）过错责任追究制度；（6）文物法律、法规、规章的培训制度；（7）文物监督信息统计报告制度；（8）文物行政执法考核评议和奖惩制度。

第五，文物行政执法机关实施行政许可、行政处罚、监督检查、行政强制措施等具体行政行为，必须严格依照相关法律、法规、规章规定的要求，不得失职、渎职、越权和滥用职权。应当做到：执法主体合法，执法依据明确，执法职责落实，执法程序规范，执法结果正确，执法评议考核和责任追究机制健全。

1. 执法主体合法。文物行政执法机关内设机构实施行政执法行为都应当以文物行政执法机关的名义作出，不得以内设机构名义对外执法；实施行政执法行为的人员应当具有行政执法资格，持有有效行政执法证件。

2. 执法依据明确。文物行政执法机关依据法律、法规、规章的明确规定实施文物行政执法行为，不得超越法律规定的界限；文物行政执法机关应当定期梳理执法依据，及时向社会公布。

3. 执法职责落实。文物行政执法机关应当科学、合理地将执法职权、责任和目标逐项分解至执法岗位和执法人员，避免职权交叉、重复、空缺，责任落实到位。

4. 执法程序规范。文物行政执法机关应当根据执法依据理清执法程序，遵照法律、法规、规章规定的步骤、方式、方法和期限实施行政执法行为，在作出执法决定前必须客观、全面、公正地调查收集相关证据。

5. 执法结果正确。文物行政执法机关实施行政执法行为内容明确具体，行使自由裁量权必要适当，作出执法结果合法、公正、合理。

6. 执法评议考核和责任追究机制健全。文物行政执法机关应当对执法行为加强考核评议，明确考核标准，细化考核内容，界定错案范围，落实责任追究。

第六，文物行政执法机关应当建立投诉举报受理制度，及时处理公民、法人或其他组织的投诉和举报，不得拒绝和推诿。

第七，文物行政执法人员必须严格执法，公正执法，文明执法，严格依法行政。文物行政执法人员作出的具体行政行为应符合下列要求：（1）符合管辖和职权范围；（2）事实清楚，证据充分；（3）适用法律法规正确，符合有关标准；（4）执法程序合法；（5）行政处罚合法、适当。

第八，文物行政执法考核评议。文物行政执法机关应当对本机关及所属执法机构和执法人员文物行政执法责任制的实施情况进行考核。文物行政执法评议考核应当严格遵守公开、公平、公正的原则。在评议考核中，要公正对待、客观评价文物行政执法人员的行政执法行为。文物行政执法评议考核的标准、过程和结果都要以适当方式在一定范围内公开。

第九，文物行政执法过错责任追究。文物行政执法机关行政首长为文物行政执法第一责任人，分管领导、执法机构负责人为主要责任人，执法人员根据职责分工承担相应的文物行政执法责任。过错责任追究应当坚持实事求是，客观公正。在对责任人做出处理前，应当听取当事人的意见，保障其陈述和申辩的权利。

第十，文物行政执法人员在执法活动中，因故意或重大过失有下列情形之一的，应当追究相应责任：（1）超越法定权限的；（2）认定事实不清、证据不足的；（3）适用法律、法规、规章错误的；（4）违反法定程序的；（5）处理结果显失公正的；（6）依法应当作为而不作为的；（7）滥用职权侵害公民、法人和其他组织的合法权益的；（8）文物行政执法责任制不落实，责任不清造成重大过失的；（9）其他违法行为。

第十一，文物行政执法人员有第二十条规定情形的，所在机构可以根据情节给予限期整改、通报批评、取消评比先进资格、离岗培训、调离执法岗位、取消执法资格等处理。情节严重，造成严重后果的，依法给予行政处分；涉嫌犯罪的，移送司法机关处理。

九　文物保护中的国家褒奖制度

刘某发现文物隐匿不报案

【基本案情】

2008 年 3 月 25 日，某市文化局接到群众举报，反映南洋尚城小区建设工地施工人员涉嫌破坏古墓葬，出土的 13 件文物被当事人刘某藏匿于家中不报。某市文化局和公安局通过联合执法追回了 13 件出土文物。经考古人员勘查鉴定，建设工地被毁古墓葬有 3 座，其中 1 座为汉代墓葬，2 座为明代砖室墓。汉墓中出土的 13 件文件均为汉代一般文物，具有一定的历史、科学和艺术价值。某市文化局根据《文物保护法》第三十二条第二款和第七十四条第（一）项的规定，对刘某作出了罚款人民币 5000 元的行政处罚。由于当事人刘某家庭贫困，无法一次缴纳 5000 元罚款，提出分期缴纳申请，经办案人员调查核实，文化局集体研究后同意当事人分期缴纳的申请。本案于 7 月 18 日结案。

【案例评析】

本案文物行政执法人员与公安机关密切配合，通过教育与处罚相结合的形式使当事人刘某主动交出藏匿的 13 件文物，为国家挽回了损失。本案所不足的是对施工单位毁坏古墓葬的行为并没有处罚，只惩罚了拣到文物并拿回家的人，放纵大的而惩罚小的，不符合处罚公平原则。但本案需要探讨的是，针对社会公众如何提高文物普法的实际效果，从而有效形成保护文物的社会氛围。

在某市案卷材料中有一段案情简介，提出在基层文物执法时要克服一些难度：一是基层文物执法调查取证的难度。基层群众特别是农村群众对文物法规不了解，缺乏对文物违法行为的认识。同时对当事人的同情心以及一些思想顾虑使得他们不配合调查，或替当事人隐瞒违法事实，影响案件的查办。二是对基层文物违法行为的处罚有一定难度。文物违法行为影响恶劣，处罚标准高，当违法行为当事人是普通农民的情况下，经济承受能力低。三是基层文物行政处罚的执行有一定难度。该案当事人是一个典型的农村妇女，家里有老人需要赡养，还有两个孩子读书，夫妻双方没有固定工作，靠打工的微薄收入生活，无法在规定的期限内缴纳罚款。案情简介中的这段话，比较清楚地反映了基层群众对文物法律法规的漠视态度。这种现象不仅在农村群众中存在，在工地施工人员中，在建设工程的管理人员中，甚至在相当一部分干部中也是存在的，这是当前文物保护的巨大障碍。这给当前正在开展的文物普法提出了更高的更严肃的课题，如何提高全社会文物保护的法律意识和实际效果？必须让普通群众在保护文物的实际过程中获得实惠，必须建立起能够让群众自发保护文物的奖励制度，并实际发挥作用。《文物保护法》第十二条规定："有下列事迹的单位或者个人，由国家给予精神鼓励或者物质奖励：（一）认真执行文物保护法律、法规，保护文物成绩显著的；（二）为保护文物与违法犯罪行为作坚决斗争的；（三）将个人收藏的重要文物捐献给国家或者为文物保护事业作出捐赠的；（四）发现文物及时上报或者上交，使文物得到保护的；（五）在考古发掘工作中作出重大贡献的；（六）在文物保护科学技术方面有重要发明创造或者其他重要贡献的；（七）在文物面临破坏危险时，抢救文物有功的；（八）长期从事文物工作，作出显著成绩的。"如果政府和文物保护部门能够从国家和人民利益的高度出发，制定切实有效的国家褒奖机制，一定会极大地调动群众参与文物保护的积极性，更好地保护好祖国灿烂的历史文化遗产。

要对社会大众加强法制宣传教育工作，让他们比较全面地宣传历史文化遗产的概念、价值和意义，要着力宣传文物保护的先进理念、国家法律法规的规定和对文物保护有特殊贡献的先进人物和事迹。要把历史文化遗产保护的宣传教育纳入中小学教育之中，纳入全民法制宣传教育规划之中，纳入干部特别是领导干部的培训规划之中，纳入各级党校、行政学院的培训课程之中；纳入各级党委政府的政绩考核之中。通过长期的普及宣传，逐渐形成全社会保护文物、保护历史文化遗产的良好法制环境。

十　文物行政执法中应保护开发
建设企业的合法权益

某市财富广场工地明城墙遗址被毁坏案、
某房地产公司破坏汉代古墓葬案

【基本案情】

某市财富广场工地在 2006 年 11 月考古发掘中发现明代城墙遗址，残存长度约 45 米。2007 年 2 月 26 日，经文物保护专家鉴定，该城墙为明代整修包砌砖墙，内为夯筑土城墙，是一处省内较为少见的不可移动文物，具有十分重要的历史与科研价值，建议报政府公布为文物保护单位。2007 年 6 月 1 日，某市政府办公会议决定，采取部分迁移性保护，部分就地保护措施。某市规划部门作出了保护规划，市文化局划定了保护区域，并于 8 月 10 日向开发建设单位下达了城墙保护安全责任书。然而，开发建设单位某房地产开发有限责任公司拒不执行保护措施，多次毁坏城墙遗址，2007 年 10 月 16 日，利用夜间施工对城墙进行破坏，使就地保护的城墙被严重毁坏，造成了不可弥补的损失。当事人的行为违反了《文物保护法》第二十条第一款的规定，市文化局依据《文物保护法》第六十六条一款第（三）项的规定，决定对某房地产开发有限公司处以人民币 50 万元罚款。处罚已经履行完毕。

铁刹山汉墓群位于某市某区铁刹山南坡，该处为某房地产开发公司"日成奥运城"工地。2005 年某市博物院考古人员曾在此抢救性发掘汉墓 10 座。2008 年 6 月 6 日上午，考古人员在某房地产公司奥运城项目铁刹山工地上发现东西走向两座汉墓，当即进行抢救性发掘。但施工人员仍然动用大型机械，强行将东边 1 座汉墓破坏掩埋。考古人员立即报警并请求市文化局执法人员进行现场检查。市文化局现场检查后向某房地产公司下达了停工通知书，110 民警也向施工人员提出不准再继续施工的要求。但第二天上午发现，该墓葬已经被施工人员在夜间用挖土机彻底破坏，考古人员在现场检到铜鼎足及其他珍贵文物碎片，该墓被破坏程度达 70%，部分文物遗失。某房地产开发公司的行为违反了《文物保护法》第二十九条、第三十二条和《某省文物保护条例》第二十条、第二十一条的规定。8 月 25 日，市文化局依据上述规定，经集体讨论研究后，拟决定给予某房地产开发公司人民币 10 万元罚款，并发出行政处罚听证告知书。当事人逾期未提出听证要求。11 月 17 日，该行政处罚执法到位。

【案例评析】

上述两案都是建设施工单位无视文物保护法律法规的规定，故意破坏文物的行为，文物行政管理部门适用有关法律法规对其进行行政处罚，并无不当。两案值得我们思考的是，在地方政府、文物行政管理机关已经采取措施的情况下，为什么还会出现文物被严重破坏的行为？

固然，开发建设企业缺乏文物保护意识甚至以工期紧任务重为理由故意损毁文物是一个重要因素，但行政管理部门没有依法履行职责，采取有效措施对文物加强保护，也是一个十分重要的原因。《文物保护法》第三十二条规定："在进行建设工程或者在农业生产中，任何单位或者个人发现文物，应当保护现场，……文物行政部门可以报请当地人民政府通知公安机关协助保护现场。"《某省文物保护条例》第二十一条也规定："任何单位和个人在建设工程或者生产活动中，发现地下文物，应当立即停止施工，并及时向文物行政部门报告……当地公安机关应当协助做好现场的安全保卫工作。"从上述两案的基本案情看，文物行政部门既没有报请当地人民政府通知公安机关协助保护现场，当地公安机关也没有"协助做好"现场的安全保卫工作。

类似因行政机关工作人员未依法履行职责导致文物被损情况的现象在文物保护工作中屡见不鲜。因此应当依照《文物保护法》第七十六条、第七十七条、第七十八条和《江苏省文物保护条例》第四十四条的规定追究相关国家工作人员的法律责任。此外，一些诸如规划、建设、国土、财政等行政管理部门在各自的职能中没有认真落实文物保护的法律要求，失职渎职甚至违法招标投标、违法审批行政许可事项，致使文物被破坏现象十分普遍。应当在上述行政机关中加强文物保护的协调机制建设，从源头上将文物保护的任务落到实处。

开发建设单位的合法权益没有得到有效维护，也是文物保护不力的重要因素。《文物保护法》第二十条第五款规定，对文物保护单位的原址保护、迁移、拆除所需费用，由建设单位列入建设工程预算。第三十一条规定，凡因进行基本建设和生产建设需要的考古调查、勘探、发掘，所需费用由建设单位列入建设工程预算。《某省文物保护条例》第二十三条规定："因进行基本建设和生产建设需要进行考古调查、勘探、发掘的，所需经费应当列入建设工程预算，并由建设单位支付。具体办法按照国家有关规定执行。"但是，对这些由建设单位支付的建设工程预算如何解决，相关法律法规并没有规定。此外，开发建设单位的工期损失、材料损失和违约损失都不能得到有效弥补，相反却要承担应当由国家承担的文物保护职能，这是需要在制度上予以解决的。个别建设单位就认为文物考古发掘既是对人财物的浪费，又延迟了工期，对文物保护产生抵触情绪，反而造成发现文物少报不报的现象，这给地下文物安全带来隐患，加大了文物行政执法工作的难度，势必造成文物保护意识的淡化。

第十章　文物行政处罚法律规范的适用

一　文物行政处罚中的责令改正

张氏故居管理所行政处罚案、
中国煤炭矿业集团某建设公司行政处罚案

【基本案情】

当事人张氏故居管理所在某市新区机场镇邓三村第九组（闻居路50号），未按照《文物系统博物馆风险等级和安全防护级别的规定 GA27—2002》4.2.3.1 一级风险单位 C 的规定，对全国重点文物保护单位张氏故居配备防火、防盗设施等。2008 年 7 月 22 日，某市文化市场行政执法总队依据《文物保护法》第四十七条、《文物保护法》第七十条第（一）项的规定，决定对当事人罚款人民币 5000 元的行政处罚。

中国煤炭矿业集团某建设公司在进行"梅苑"小区建设工程中未经文物部门对有可能埋藏文物的区域考古勘探。后经群众举报该公司在建设中发现有大量唐、宋时期的瓷片出土，经文物部门考证该建设地应属隋唐大运河遗址范围内。该工程主体工程已基本竣工，未对遗址进行更大的破坏，依据《文物保护法》第二十九条、第三十条及《某省建设工程文物保护规定》之规定，对公司处以人民币 3 万元罚款。

【案例评析】

责令改正是行政处罚实践中必须高度重视的一个问题，也贯彻执行"处罚与教育结合"原则的内在要求。从《文物保护法》相关规定来看，该法设定的行政处罚所针对的违法行为性质不完全相同，如"擅自在文物保护单位的保护范围内进行建设工程或者爆破、钻探、挖掘等作业的"，带有预防性质，而"擅自修缮不可移动文物，明显改变文物原状的"，则具有明显的事后惩戒性。针对不同的违法行为，实践中的改正方式也应该存在明显差异。考虑文物保护具有专业性、技术性等特点，文物行政执法机关在责令改正的同时，是否具有教示义务，这对于保护相对人能不能按期、按质完成改正任务，都会有一定程度的影响。在"张氏故居管理所行政处罚案"中，对当事人违法行为的处罚就带有明显的预防性质，而在"中国煤炭矿业集团某建设公司行政处罚案"中，行政处罚更多则是具有事后惩戒功能。显然，对于侧重点不同的行政处罚，行政机关责令改正的义务或责任应当是有所区别的。

一、责令改正与行政处罚的关系

责令改正与行政处罚是何种关系，认识上存在一定的分歧。例如，有人不认为，责令改正是行政处罚的一种形式。然而从学理及我国《行政处罚法》的规定来看，两者的区别显而易见。

从学理上来看，行政处罚是对是行政主体对违反行政管理秩序的行为，依法定程序给予相对人的一种法律制裁，从而达到对违法者予以惩戒，促使其以后不再违法的目的；而责令改正或者限期改正违法行为是行政主体实施行政处罚的过程中对违法行为人发出的一种作为命令，以制止和纠正违法行为，恢复原状，维持法定的秩序或者状态。从后果来看，由于行政处罚是一种惩戒，因而表现为对违法行为人的人身自由、财产权利的限制或者剥夺，即对违法行为人的精神、声誉或者物质利益造成某种程度的损害；而责令改正或者限期改正违法行为，其本身并不是制裁，只是要求违法行为人履行法定义务，停止违法行为，消除其不良后果，即被其侵害的社会关系恢复到原初状态。从我国《行政处罚法》及其他单行法律、法规和规章的规定来看，凡是被违法行为所分割的社会关系有可能恢复，立法在设定行政处罚的同时均会规定责任改正或限期改正违法行为。因而，责令改正是行政处罚中一种具有普遍性的行政命令，也是"处罚与教育相结合"原则的具体体现。

从文物保护法律规定来看，在文物行政处罚中，责令改正与行政处罚的关系有三种具体形态：一是单独适用。《文物保护法》第六十六条规定，"有下列行为之一，尚不构成犯罪的，由县级以上人民政府文物主管部门责令改正，造成严重后果的，处五万元以上五十万元以下的罚款；情节严重的，由原发证机关吊销资质证书：……"该规定意味着，对于第六十六条所列举的情形，只要没有造成严重后果就可以适用"责令改正"而不需要给予罚款或吊销资质证书等处罚。这一规定也是《行政处罚法》"维护公共利益和社会秩序"立法目的的具体体现。二是作为行政处罚实施的前置程序。《文物保护法实施条例》第五十五条规定，"违反本条例规定，未取得相应等级的文物保护工程资质证书，擅自承担文物保护单位的修缮、迁移、重建工程的，由文物行政主管部门责令限期改正；逾期不改正，或者造成严重后果的，处5万元以上50万元以下的罚款；构成犯罪的，依法追究刑事责任"。上述规定表明，责令改正违法行为同样也可以单独适用，只要改正了违法行为，行政机关维护公益的目的也就实现了，因而也就不再给予行政处罚了。三是与行政处罚并行适用。《文物保护法》第六十八条规定，"有下列行为之一的，由县级以上人民政府文物主管部门责令改正，没收违法所得，违法所得一万元以上的，并处违法所得二倍以上五倍以下的罚款；违法所得不足一万元的，并处五千元以上二万元以下的罚款：……"该形态是行政处罚立法中的一种常态。

以上可见，在前两种情形下，虽然存在当事人的违法行为，行政机关只是作出责令改正的行政命令而不予处罚，而后一种情况下，行政机关在作出处罚决定的同时必然要作出责令改正的行政命令。这就告诉我们，在文物行政执法过程中，行政机关可以只是对相对人作出责令改正的行政命令而不予处罚，但是只要作出行政处罚决定的，就必须要责令相对人改正违法行为（已无法改正的除外）。

二、责令改正的适用

作为一项行政程序制度，行政机关的教示义务一般发生在行政程序过程中，如对依申请行政行为，行政机关应当提供申请格式文本、应当提交的申请材料等；行政机关作出影响相对人权益的行政处理决定后，应依法告知当事人享有的救济权利；依法告知其他事项，例如告知听证的时间和地点，申诉的期限和接受申诉的机关等。教示的方式可以采取书面方式也可以采取口头方式；在被教示的对象众多或者不确定时，可以采取公告的方式。那么，在责令相对人改正违法行为时，行政机关是否有教示义务呢？

《行政处罚法》第二十三条规定，"行政机关实施行政处罚时，应当责令当事人改正或者限期改正违法行为"。这表明，立法并未课予行政机关负担教示相对人如何改正违法行为的义务。从现代法治的基本原理来看，公民、法人或其他组织是知道或者应当知道国家文物保护法律，同时在日常行为过程中也是要严格遵守这些规定的，因而立法也就不存在规定行政机关教示相对人如何改正违法行为的必要。然而，现实恰恰相反，在多数情况下，尤其是涉及一些专业性、技术性知识时，相对人的知识和能力往往非常匮乏。因此从服务行政的角度看，行政机关完全可以明示改正的基本方式和具体要求，甚至这还应当成为行政机关一项义务。在"中国煤炭矿业集团某建设公司行政处罚案"中，《责令限期改正通知书》明确"确需工程建设，必须退让保护范围南 30 米外进行建设"，而在"某轨道交通某线发展有限公司行政处罚案"中，执法的机关《责令改正通知书》中亦明确要求相对人"在接到本通知 2 日内履行相关报批手续，并按文物行政管理部门的批复意见作进一步整改"。从实际效果来看，《责令改正通知书》中的这些内容都可归为行政机关在教示违法行为人如何进行改正。

在作出责令改正的行政命令后，行政机关是否还存在"督促、检查"相对人是否按规定进行改正的"后续义务"？我们认为，消除违法行为的后果并教育相对人是行政处罚的目的所在，正是基于这一目的，《行政处罚法》才强调作出行政处罚时，"应当责令当事人改正或者限期改正违法行为。"就此而言，若当事人不能改正违法行为，那么即使行政机关实施了处罚，行政执法的目的也没有实现。因此，行政机关有权力也有责任保障责令改正违法行为这一行政命令得到切实履行。从行政处罚实践来看，行政机关一般均能遵守处罚同时责令改正，并在相对人不履行行政处罚决定规定义务的情况下，采取强制执行的措施，例如"某市东域城村村民委员会违法建设居民楼行政案"中，相对人不履行行政处罚决定书确定的罚款义务，某市文物事业管理局于2008年9月18日向人民法院申请强制执行。然而，对于责令改正后，执法机关对于当事人是否履行及如何履行不加关注，这是不符合行政处罚立法目的和要求的。值得注意的是，在"张氏故居管理所行政处罚案"中的执法机关某市文化市场行政执法总队对于相对人是否改正及如何改正违法行为进行及时跟踪了解，形成了"关于张氏故居安全整改的情况报告"，该报告对于存在的消防安全隐患作了必要的整改，对于一时没有整改到位的，提出了整改的方案及具体的时间表，并提出具体的改造方案，包括安全技术防范系统改造方案、消防警整改施工方案。

二　应正确处理好责令改正、警告与罚款并处的关系

某市交通局毁坏明长城风貌案

【基本案情】

2008年3月15日，某市交通局未经报批，擅自穿越长城兴修黑山村公路，并在长城保护范围内及控制地带挖掘取土，造成长城风貌严重受损。某文化市场行政执法总队某市支队认为上述毁坏明长城风貌的行为违法，根据《长城保护条例》第二十八条的规定，于2008年4月30日决定对某市交通局罚款1万元；一个月内制作永久性长城保护标志碑6块，指示牌40个，竖立于指定位置。

【案例评析】

本案基本事实是某市交通局未经报批，擅自穿越长城兴修公路，并在长城保护范围内及控制地带挖掘取土，毁坏明长城风貌，违反了《长城保护条例》的相关规定。单就本案的法律适用进行分析，有几个方面的问题值得研究：

一、未适用定性条款

本处罚决定适用了《长城保护条例》第二十八条的规定进行处罚，但是从本处罚决定所认定的违法事实看，可能包含两种违法行为，一是《长城保护条例》第二十五条第（二）、（三）项规定的"在长城的保护范围或者建设控制地带内进行工程建设，未依法报批的"、"因工程建设穿越长城的"；二是《长城保护条例》第二十八条第（一）项规定的"在长城上取土的"。严格来讲，上述违法行为的性质属于违反《长城保护条例》第十二条、第十八条第（一）项的禁止性规定。《长城保护条例》第十二条第一款规定，"任何单位或者个人不得在长城保护总体规划禁止工程建设的保护范围内进行工程建设。在建设控制地带或者长城保护总体规划未禁止工程建设的保护范围内进行工程建设，应当遵守文物保护法第十七条、第十八条的规定。"第十二条第二款规定，"进行工程建设应当绕过长城。无法绕过的，应当采取挖掘地下通道的方式通过长城；无法挖掘地下通道的，应当采取架设桥梁的方式通过长城。任何单位或者个人进行工程建设，不得拆除、穿越、迁移长城。"第十八条第（一）项规定，禁止在长城上从事取土、取砖（石）或者种植作物。如果本案中某市交通局的违法行为确属违反上述规定，则行政处罚决定在选择定性条款时，应以违反《长城保护条例》第十二条、第十八条第（一）项认定其违法事实为宜，在此基础上，分别适用《长城保护条例》第二十五条第（二）、（三）项及第二十八条第（一）项的规定予以处罚。

二、"责令改正"、"警告"与"罚款"未予并处

如果应当适用《长城保护条例》第二十五条第（二）项、第（三）项

及第二十八条第（一）项的规定处罚，则本行政处罚决定存在着"责令改正"与"罚款"未予并处的问题。即便是按照本处罚决定书所援引的《长城保护条例》第二十八条的规定处罚，也存在"责令改正"、"警告"与"罚款"未予并处的问题。《长城保护条例》第二十八条规定，"在长城上取土、取砖（石）或者种植作物的"，"由县级人民政府文物主管部门责令改正，给予警告；情节严重的，……对单位并处 1 万元以上 5 万元以下的罚款"。本行政处罚决定中，某文化市场行政执法总队某市支队虽然曾于 2008 年 3 月 28 日对某市交通局作出某文行总（某支）物字〔2008〕第 2 号《停止侵害通知书》、《违法建设停工通知书》，分别责令其"立即停止侵害行为"、"立即停止施工"，但上述责令"立即停止侵害行为"、"立即停止施工"，只是行政主体责令违法行为人停止违法行为，欠缺纠正违法行为以恢复原状的内容，因此，责令"立即停止侵害行为"、"立即停止施工"性质上并不属于"责令改正"。故某文化市场行政执法总队某市支队在未对实施违法行为的行政相对人给予"责令改正"和"警告"的情况下，径行"罚款"，应属不妥。

所谓"责令改正或者限期改正违法行为"，是指行政主体责令违法行为人停止和纠正违法行为，以恢复原状，维持法定的秩序或者状态，具有事后救济性。责令改正一般具有四个基本特征：作出责令改正的行政主体是行政机关或法律、法规授权的组织；责令改正的对象是即违法的公民、法人或其他组织；责令改正的作出以行政相对人违法为前提；责令改正是行政主体依据法律、法规、规章作出或者依职权作出。责令改正或者限期改正违法行为，既可以单独适用，亦可以和行政处罚合并适用。《行政处罚法》第二十三条规定："行政机关实施行政处罚时，应当责令当事人改正或者限期改正违法行为。"该条规定了"行政处罚"与"责令当事人改正或者限期改正违法行为"并行适用。这一规定实际上是为行政处罚机关设置了一种作为义务，即针对违法行为，不能仅实施行政处罚了事，而应当责令改正违法行为。改正违法行为，包括停止违法行为，积极主动地协助行政处罚实施机关调查取证；消除违法行为造成的不良后果，恢复违法行为实施之前的状态；

对其违法行为造成的损害，依法承担法律责任。区别于行政处罚，责令改正具有以下特点：其一，责令改正是行政主体实施行政处罚的过程中对违法行为人发出的一种作为命令，以制止和纠正违法行为，恢复原状，维持法定的秩序或者状态；其二，责令改正本身不是制裁，不具有惩罚性，也不具有直接强制性，只是要求违法行为人履行法定义务，停止违法行为，消除其不良后果；其三，责令改正因各种具体的违法行为的不同而表现为不同的形式；其四，责令改正是命令违法行为人履行既有的法定义务。

所谓"警告"，是《行政处罚法》规定的处罚种类，属于行政处罚中的申诫罚。"警告"必须遵循"法无明文规定不可为"原则，即无法律明文规定不可作出警告的行政处罚。责令改正与警告都有警示的功能。

综上，行政处罚是行政主体对行政相对人违反行政法规定的强制性义务、破坏行政管理秩序的行为的一种行政惩戒措施。行政处罚只是保证法律实施的一种手段，不是目的。对违法行为给予处罚，目的在于维护社会秩序。因此，在对违法行为人给予行政处罚的时候，应当同时责令行为人改正违法行为，不能以罚了事，让违法行为继续下去。只予以行政处罚，不足以恢复正常的行政管理秩序；仅责令改正，不足以惩戒违法者。只有两者同步进行，才能够最终达到行政目的。

三、罚款的数额失当

如果将本行政处罚决定所认定的违法行为之一性质定性为《长城保护条例》第二十五条第（二）项、第（三）项规定的"在长城的保护范围或者建设控制地带内进行工程建设，未依法报批"、"因工程建设穿越长城"，则本行政处罚案还存在罚款数额失当的问题。因为按照《长城保护条例》第二十五条的规定，对"在长城的保护范围或者建设控制地带内进行工程建设，未依法报批"、"因工程建设穿越长城"的违法行为，应当"依照文物保护法第六十六条的规定责令改正，造成严重后果的，处5万元以上50万元以下的罚款；……"而本行政处罚决定仅罚款1万，有失公允。

四、"一个月内制作永久性长城保护标志碑6块，指示牌40个，竖立于

指定位置"应不属于行政处罚

本行政处罚决定中，"（处罚决定）"栏明确载明"（1）罚款1万元；（2）一个月内制作永久性长城保护标志碑6块，指示牌40个，竖立于指定位置。"该处罚决定的第（一）项内容"罚款"属行政处罚无疑，但第（二）项内容显然不属于行政处罚。因为行政处罚是指行政机关或其他行政主体依法定职权和程序对违反行政法规尚未构成犯罪的相对人给予行政制裁的具体行政行为。显然，上述第（二）项内容不具有"行政制裁"的性质。

三　罚款与没收是否应并用

某公司大楼外墙立面设置商业广告案

【基本案情】

某市文化市场行政执法总队查明，当事人某宾馆有限公司于2006年10月24日案发前，在南京东路627号未经某市文物行政管理部门批准，擅自提供某市文物保护单位某公司大楼外墙立面设置商业广告，改变文物保护单位用途并收取占地费20万元人民币，其设置的广告牌等附着物及其支架，严重破坏了文物建筑的外立面原状并对文物建筑外墙造成了破坏。事发后，当事人按照执法机关责令改正通知书的要求，拆除了某公司大楼建筑外墙立面的商业广告、对大楼建筑外墙进行了修饰、恢复大楼外墙北立面的风貌情况下，某市文化市场行政执法总队依据《文物保护法》第六十八条第（三）项的规定，决定对某宾馆有限公司作出了没收违法所得人民币20万元的行政处罚。

【案例评析】

本案的基本事实为当事人未经批准在某市文物保护单位设置商业广告，该行为违反了《文物保护法》第六十八条第（三）项规定。按照该条罚则的规定，该类违法行为的处罚涉及没收违法所得与罚款等两种处罚方式。在本案中，执法机关对当事人作出了没收违法所得的行政处罚，并且认定违法所得额为人民币 20 万元。那么，《文物保护法》第六十八条规定没收违法所得与罚款是并罚还是选择处罚，在没收违法所得时，如何认定违法所得的范围等，应该引起我们的关注和讨论。

一、文物行政处罚中没收违法所得与罚款的关系

从《行政处罚法》及相关立法来看，行政处罚的种类非常多，根据有关学者的统计，行政处罚种类多达几百种，因此对于同一种违法法行为并用两种或两种以上的行政处罚也是一种常态。因此，从法理来看，我国《文物保护法》若对同一种违法行为规定给予两种或两种以上的行政处罚也完全符合法理。

《文物保护法》第六十八条规定，"有下列行为之一的，由县级以上人民政府文物主管部门责令改正，没收违法所得，违法所得一万元以上的，并处违法所得二倍以上五倍以下的罚款；违法所得不足一万元的，并处五千元以上二万元以下的罚款：（一）转让或者抵押国有不可移动文物，或者将国有不可移动文物作为企业资产经营的；（二）将非国有不可移动文物转让或者抵押给外国人的；（三）擅自改变国有文物保护单位的用途的"。从该条规定来看，对于上述三类违法行为实行没收违法所得和罚款两罚的处罚，而罚款的数额区分为两种情况：对于违法所得一万元以上的违法行为，处违法所得二倍以上五倍以下的罚款；对于违法所得不足一万元的，并处五千元以上二万元以下的罚款。具体到本案，既然执法机关明确执法的依据为该第六十八条第（三）项，那么就应当适用两罚的原则。也就是说，既然已经作出没收20万元非法所得的处罚，就应当同时决定处以不低于 40 万元的罚款处罚。而某市文化市场行政执法总队在本案中仅对某宾馆有限公司作出了没收违法所得，行政处罚存在着明显的执法不严情形。

从《文物保护法》第六十八条第（三）项的规定来看，其适用对象是"国有文物保护单位"。换句话说就是，非国有文物保护单位是不适用该条的。然而在该案的执法卷宗中，我们无法确定本案的标的物某新永安公司大楼

是否为国有文物保护单位，执法机关也没有对此予以调查或作出说明。就此而言，本案尚未形成一个完整的证据链条，亦即没有达到证据确凿充分的程度。一旦当事人申请行政复议或提起行政诉讼，行政机关是存在较大败诉风险的。

二、文物行政处罚中违法所得的认定

或许，行政机关在本案中未作罚款处罚是出于"过罚相当"的考虑，即若在没收 20 万元违法所得的基础上，再给予当事人 40～100 万元的罚款，可能明显超出了当事人违法行为的严重程度。从实践来看，这样的担心不是没有道理，因此在适用《文物保护法》第六十八条时，如何正确认定违法所得不仅关乎法律规则的有效执行，同时对相对人的合法权益也存在着直接影响。

从本案的卷宗来看，涉案的广告牌共有 4 块，根据执法机关对某宾馆有限公司原办公室主任刘某的询问笔录显示（有法定代表人委托），有两块是公益性的，另外两块即"移动信息专家"和"长三角五粮液"是收费的，其中"移动信息专家"的广告收费"从 2003 年 4 月 22 日～2006 年 4 月 21 日"是 30 万元。但在 2006 年 11 月 15 日执法机关对"移动信息专家"广告的发布者某国际广告有限公司委托的代表人张某的询问笔录则称，从"2005 年 5 月 1 日～2006 年 4 月 30 日支付给某宾馆有限公司的广告费是 60 万元，并有发票凭证"。不过在 2007 年 8 月 8 日执法机关对张某作的有关广告费的询问笔录中，其又改称广告费为 20 万元，并同样称有发票凭证，且已经带来，但在卷宗中并无该发票的复印件。特别要注意的是，后一次的调查并无法定代表人的委托。2007 年 7 月 9 日，执法机关对某宾馆办公室主任周某的调查笔录中，称"从 2006 年 5 月 1 日起至 2007 年 4 月 30 日止共收到该项广告费为 40 万元"。同年 8 月 7 日，在执法机关就广告费对周某作的询问笔录中，其又改称协议书中的广告费是 40 万元，但财务部门收到的是 20 万元，并提供了发票。由此可见，有关本案的违法所得有多个"版本"，既有合同约定的价款，也有实际收到的价款，而不同的被询问对象，对其中的具体数额也说法不一。显然，执法机关最后采纳的是有发票支撑的当事人实际收到的价款而非合同约定的数额。

我们认为，违法所得具体数额的确定关键在于"得"字，即通过违法行为已经得到的款项才是违法所得，仅有合同约定、而未实现的，不能视为违法所得。就此而言，本案以当事人实际收到的数额确定违法所得是正确的。尽管如此，本案对违法所得的认定还存在以下两个疑问：一是20万元的违法所得只是被调查人张某、周某两种说法中的一个说法，并且其他被调查人员也提供不同的说法，尤其是相对人的这种违法所得来源于广告费，而广告费又是一个随着时间推移而逐步增加的变量，而被调查人张某所称的广告费20万元与周某所说的20万元发生的时段是不同的。在这种情况下，执法机关认定违法所得为20万元的证据是有问题，更不要说"证据确凿、充分"了。二是在调查取证的过程中，执法机关将对违法所得的调查均指向"移动信息专家"广告，忽略了另一块广告牌，即长三角五粮液广告。从现有证据来看，该广告牌也是收费的，但执法机关并未就此展开调查。换句话说就是，即使发布"移动信息专家"广告的违法所得为20万元，但当事人的违法广告收入则肯定不止20万元。因为在同一个违法行为中，如果当事人的违法所得有多个来源的，则应当以各种违法所得相加计算而不是择其一最高者计算违法所得。

四　民事合同义务主体与行政违法主体关联性辨析

某公园管理处在文物保护单位保护范围内擅自翻改建案

【基本案情】

某公园系全国重点文物保护单位。2006年9月29日，该公园管理处（以下简称公园管理处）与某室内装修设计施工有限公司（以下简称某装修公司）签订了租赁合同，将该公园东花房出租给某装修公司使用，使用用途限于餐馆及展览展示，使用期限5年。2007年2月，某装修公司将公园东花房翻改建成餐厅，并于当年6月开始营业。2007年12月3日，某市文物局文物监察执法队接到群众举报，进行立案调查，发现公园管理处未经文物主管部门及某市政府批准，擅自将该文物保护单位保护范围内的东花房出租给某装修公司翻改建为餐厅，公园管理处收取租金。某市文物局认为，上述行为违反了《文物保护法》第十七条规定，根据《文物保护法》第六十六条第一款第（一）项的规定，责令该公园管理进行改正，并给予其处罚款人民币 5 万元的行政处罚。

【案例评析】

本案事实清楚，案情比较简单。某市文物局行政执法及行政处罚程序比较规范，也履行了相应的听证告知程序。但本案尚有如下几个问题值得进一步研讨。

一、如何确定违法主体？某装修公司能否作为违法主体

公园管理处未经某市政府批准，擅自将全国重点文物保护单位保护范围内的东花房出租给某装修公司翻改建为餐厅使用，违反了《文物保护法》第十七条规定，应当成为违法主体。但对于某装修公司而言，将承租的东花房苗圃花洞翻改建为餐厅经营，是否也违反了《文物保护法》第十七条规定？是否和公园管理处一并作为违法主体？

就本案而言，义务主体即违法主体。从已调取证据来看，东花房使用用途的改变由出租方公园管理处负责报批，并进行翻改建，出租方有义务保证租赁物东花房及翻改建工程的合法性，承租方某装修公司没有此项义务。从租赁合同来看，明确规定将公园东花房用于餐饮等，某装修公司是在租赁合同所规定的使用范围内对东花房使用，故某装修公司不构成违法，不能成为违法主体。如果当初租赁合同未规定餐饮用途，而某装修公司擅自将东花房翻改建为餐馆经营，则某装修公司不仅违反了《文物保护法》，要与公园管理处一并成为违法主体，而且还违反了租赁合同，向公园管理处承担违约责任。

二、如何保证"责令改正"落到实处

某市文物局对公园管理处除了作出 5 万元罚款的行政处罚外，还责令公园管理处进行改正，但并未规定责令改正的限期，也未明确如何保证责令改

正落到实处。其实，早在行政处罚之前，某市文物局就给公园管理处发出整改通知书，公园管理处于 2008 年 2 月 5 日也向某市文物局提交了《（某公园管理处）关于东花房现状调整方案的报告》。但从报告中并未明确整改措施，而是采取了模棱两可的说法。因此，某市文物局行政处罚决定书中虽然涉及"责令改正"，但无法保证该"责令改正"能落到实处，这是诸多行政处罚中涉及"责令改正"面临的困境。为此，建议应当明确责令改正的具体期限，以及保障责令改正的具体措施及其相应的执法监督检查程序。

三、政府相关部门审批某装修公司经营餐馆项目中的法律责任认定

某装修公司经营餐馆办理了营业执照、卫生许可证等手续，既然将某公园东花房翻改建为餐馆违法，那么规划、建设、工商、卫生等有关部门是否也存在失职等违法行为？某装修公司将某公园东花房翻改建作餐馆用途，该翻改建工程未经任何部门批准，且未办理房产登记手续，规划、建设主管部门是否应当在职责范围内依法查处？翻改建后的东花房未办理房产证明，工商、卫生颁发营业执照、卫生许可证时是否对经营地址进行过核实？如果这些部门在审批过程中严格审查，或直接向文物行政部门移送案件线索，或许能尽快避免此类问题的发生。

五　地方立法与《文物保护法》的衔接

某房地产开发有限公司、某建材有限公司未进行考古调查勘探擅自施工行政处罚案

【基本案情】

2008 年 5 月 6 日某市文物稽查队在锦业二路巡查中发现一处工地正在进行土方挖掘，检查发现该施工工地动工前没有办理文物勘探手续，遂下达了

《某市文物局停工通知书》。询问发现，该工地为某房地产开发有限公司的开发项目，于当年4月28日开始施工，占地35亩，现已经开挖5000平方米、深4米的基坑一座，施工前未进行考古调查勘探，违反了《某省文物保护条例》第二十七条的规定。因此，根据《某省文物保护条例》第五十七条规定，某市文物局对某房地产开发有限公司作出了罚款人民币1万元的行政处罚。被处罚单位对行政处罚决定无异议，行政处罚执行完毕。被处罚单位已经按文物保护相关规定与文物考古部门联系对工地进行考古勘探。

2008年4月某建材有限公司在市长安区东大街道东大村建设某省外国语培训学校楼宇工程，在工程建设前未依法申请文物行政部门组织进行考古调查勘探，擅自从事施工建设。经长安区文物稽查人员调查发现，该建设工程占地3300平方米，其中主体楼一栋，已经建成一层；公寓楼二栋，基层已好，并继续施工。该建设行为违反了《某省文物保护条例》第二十七条规定，长安区文物局依据《某省文物保护条例》第五十七条对某建设有限公司作出罚款2万元人民币的行政处罚。

【案例评析】

上述两案分别是某市文物局依据《某省文物保护条例》对某房地产开发有限公司未事先办理考古调查勘探手续进行工程建设行为的行政处罚案件和某市长安区文物局对某建材有限公司违法施工建设某省外国语培训学校楼宇工程案。目前，工程建设过程中损毁文物的现象十分普遍，由于体制机制的原因，多数违法行为不能得到有效查处和遏制。虽然我国《文物保护法》第二十九条至第三十二条，对建设工程中的文物调查、勘探进行了规定，但并没有对违反该规定的行为规定相应法律责任。为此，一些地方文物保护条例作出了有益的探索，如《某省文物保护条例》第二十七条和第五十七条的规定。《某省文物保护条例》第二十条至第二十三条对此也进行了规定，在法律责任中明确规定："未经考古调查、勘探进行工程建设的，由文物行政部门责任改正，造成严重后果的，处以五万元以上五十万元以下的罚款。"这些规定对于一般工程建设中的违法行为具有一定的威慑作用。然而，近年来，一些重大的工程建设项目，由于工期紧、资金投入大等因素影响，在建设工程中发现文物的，往往会置上述法律法规于不顾，甚至明目张胆地违反。由此可见，要遏制建设工程中毁坏文物的现象还需要在体制机制方面作出更加有效的探索，加强文物保护的地方立法就是一个有效的措施。这里重点探讨一下文物保护地方立法与宪法、法律和行政法规的关系。

制定地方性法规，是宪法和地方组织法赋予省、自治区、直辖市、省或自治区人民政府所在地的市，以及经国务院批准的较大的市（以下简称省级和较大的市）的人大及其常委会的一项重要职权。我国是单一制的社会主义国家、宪法规定中央和地方的国家机构职权的划分，遵循在中央统一领导下，充分发挥地方的主动性、积极性的原则。根据宪法有关规定：全国人大有权修改宪法，制定和修改刑事、民事、国家机构和其他法律；全国人大常委会有权制定和修改除应由全国人大制定的法律以外的其他法律；国务院制定行政法规；省、自治区、直辖市的人大及其常委会，在不同宪法、法律、行政法规相抵触的前提下，可以制定地方性法规。1986 年地方组织法除重申以上规定外，进一步扩大了地方立法权限，规定省、自治区、直辖市的人民代表大会及其常务委员会根据本行政区域的具体情况和实际需要，在不同宪法、法律、行政法规相抵触的前提下，可以制定和颁布地方性法规；省、自治区的人民政府所在地的市和经国务院批准的较大的市的人民代表大会及其常务委员会根据本市的具体情况和实际需要，在不同宪法、法律、行政法规和本省、自治区的地方性法规相抵触的前提下，可以制定地方性法规，报请批准后施行。地方性法规虽然在效力等级上低于宪法、法律和行政法规，但仍属于"法"的范畴。因此，处理地方立法和中央立法关系应遵守的主要原则如下：

一、文物保护地方立法的主要职能是保证宪法、法律和行政法规在本行政区域内的具体实施

根据《宪法》第九十九条、《地方组织法》第八条、第三十九条的规定，保证宪法、法律、行政法规在本行政区域内的遵守和执行，是县级以上地方

人大及其常委会的首要职权。而制定相应的地方性法规，使宪法、法律、行政法规的有关规定在本行政区域内具体实施，是行使这一职权的重要体现。制定这类执行性的地方性法规，实践中通常有两种情况：一是国家某项法律明文规定地方人大常委会可以制定该法律的实施细则或办法。目前，这类明文规定的授权范围仅限于省、自治区、直辖市的人大常委会。二是某项法律虽未明文规定，地方人大常委会根据当地具体情况和实际需要也制定了实施细则或办法。一种是省、自治区、直辖市人大常委会制定的实施细则或办法，其依据是地方人大常委会有保证宪法、法律、行政法规在本行政区域内遵守与执行的职权；另一种是省会市和经国务院批准的较大的市的人大常委会制定的实施细则或办法。根据全国人大常委会法工委的有关答复，这种实施细则或办法的制定依据，也应是基于以上职权。制定实施细则或办法的目的是保证中央立法在本行政区域内的具体实施，是为了具体执行中央立法。在中央立法修改、补充或废止时，这类地方性法规也应相应修改、补充或废止。

二、文物保护地方立法不得与宪法、法律、行政法规相抵触

地方立法的总前提就是不得与宪法、法律、行政法规相抵触。所谓"相抵触"是指地方性法规全部或部分违反或超越宪法、法律、行政法规，与其基本原则或具体规定不一致的情形。主要有几种情况：一是地方性法规超越立法权限，规定了本应由国家立法规定的事项；二是违反了宪法、法律和行政法规的基本原则、指导思想和立法宗旨；三是违反宪法、法律和行政法规的具体条文和规范。以上几种，不论是直接抵触或是间接抵触，都是不允许的，这是宪法和地方组织法的一贯规定。

三、文物保护地方立法应当根据本行政区域的具体情况和实际需要

这是地方组织法规定的制定地方性法规的原则之一。地方立法机关立足于地方的具体情况和实际需要，避免照搬照抄中央立法。这样有利于充分发挥地方立法机关的积极性，从实际出发，使制定出来的地方性法规有较强的针对性、适用性和可操作性，更具地方特色。

四、文物保护地方立法不能超越宪法、法律规定的职权范围

宪法和地方组织法没有划分中央立法和地方立法的界限范围，而是采取纲要式的原则限制和间接列举的方式。原则限制，即不得与宪法、法律、行政法规相抵触；间接列举，即《地方组织法》第八条和第三十九条列举的县级以上地方人大及其常委会的具体职权，可以视为对省级和较大的市人大及其常委会立法范围的间接规定。《宪法》第六十二条、第六十七条列举的关于全国人大及其常委会职权范围内的事项，也可视为对地方立法的间接限制。另外，宪法中使用的"由法律规定"，"以法律规定"、"依照法律规定"等字样的内容，地方立法一般不宜规定，或只宜在法律范围内加以规定。

六　《文物保护法》与地方法规的竞合及适用

某建设发展有限公司施工造成古城墙破坏案、某置业发展有限公司发现地下古墓葬继续施工隐匿不报致使古墓葬被毁案

【基本案情】

2006 年 6 ~ 7 月，当事人某建设发展有限公司为实施百花洲续建商品房住宅项目，在胥江水厂旧址北段地区进行前期垃圾清理过程中，由于保护措施不当，致使一段城墙受到一定程度影响。当事人在施工中发现古城墙后，未及时停止施工，使古城墙遭到破坏。垃圾清理结束后，也未向文物行政部门报告。案件经媒体报道后，受到社会的高度关注。某市文物鉴定专业委员会受某文物局委托进行现场评估鉴定后出具的《鉴定意见》认为城墙"下层基础及核心部分为宋代构筑，上层局部为明代整修包砌砖墙，以后历代损坏、修补。城墙原应为斜坡状，现状坡面被损，局部因挖掘而呈垂直剖面"。"城墙受损部位长约 52 米，最高处约 4.5 米，其中城墙下层约 3.5 米厚的夯

筑层受到一定的损坏。上层明代砖筑墙面（5米×4米）约有三分之一部分受到损坏。城墙夯土层面留有较明显的挖痕"。由于某建设有限公司案发后能主动配合文物部门调查，并愿意承担胥江水厂旧址和古城墙保护的专题项目，某市文物局根据《某省历史文化名城名镇保护条例》第四十条第二款之规定，决定给予罚款人民币3万元。

2008年7月4日某市公安分局江阳派出所民警在巡逻时发现某置业发展有限公司所建设施工的江阳商贸城31号楼工地地下有古墓葬，但已经被人为毁坏。7月6日，某市文物局执法人员接案后，进行现场检查，初步认定31号楼工地基坑内有三座古墓葬，均已经被机械严重毁坏。执法人员要求施工方停止破坏行为，并委托考古研究所进行抢救性发掘。7月7日，执法人员向某置业发展有限公司下达了《停工通知书》。某市文物考古研究所对被毁的三个墓葬进行了清理和发掘，发现三个墓葬均是西汉埋藏墓葬，其中2号和3号墓葬已经被彻底毁坏，1号墓葬严重受损。经过清理，1号墓葬内出土了大量的釉陶及灰陶器碎片，器形有釉附后盒、釉陶鼎、釉陶壶、釉陶瓿及灰陶灶等，还清理出椁墙板及椁底板各一块，均不完整，有明显的抓土机撕裂、折断痕迹。调查发现，该江阳商贸城建设项目施工发包方为某置业发展有限公司，施工承包方为开发区建安公司。挖土机驾驶员为开发区建安公司雇用人员徐某，当徐某挖到古墓葬时，施工承包方项目经理唐某也在现场，但唐某没有向文物部门报告，向发包方现场负责人询问是否要买些纸线烧一下，得到同意后，唐某要求徐某继续挖掘，由此造成三座古墓葬被毁坏。7月18日，某市文物局对某置业发展有限公司建设过程中发现地下文物，没有立即停止施工并向文物行政管理部门，致使地下古墓葬被毁坏的行为，按照《某省历史文化名城名镇保护条例》第二十四条第三款和第四十条第二款的规定，决定给予罚款人民币1万元的行政处罚。该行政处罚于当天履行完毕。

【案例评析】

当事人某建设发展有限公司在施工中发现古城墙后，未及时停止施工，保护措施不当，致使古城墙受到一定程度的损坏，违反了文物保护法律的相关规定。本案需要探讨的是：适用《某省历史文化名城名镇保护条例》对此种行为进行行政处罚是否正确？

《某省历史文化名城名镇保护条例》第二十四条第三款规定："施工单位在施工过程中发现地上、地下文物时，应当立即停止施工，保护现场，并及时向文物行政主管部门报告。"第四十条第二款规定："如果在施工中发现地上、地下文物时仍进行施工，不保护现场的，由文物行政主管部门予以制止，责令停止破坏行为，限期采取补救措施，并可处以五千元以上五万元以下的罚款。造成文物损坏的，依照《中华人民共和国文物保护法》的规定予以处罚。"本案当事人因没有采取有效保护措施，事后也未向文物行政部门及时报告，已经造成文物损坏，按照上述规定应当依照《文物保护法》进行处罚。但《文物保护法》第六十六条规定，此种情况只有在擅自迁移、拆除不可移动文物时，由文物主管部门责令改正，造成严重后果的，处五万元以上五十万元以下的罚款。由于本案当事人的行为并不属于擅自迁移、拆除不可移动文物，而是保护措施不当造成古城墙受到一定程序损坏，故难以适用。但《文物保护法》第六十五条规定，"违反本法规定，造成文物灭失、损毁的，依法承担民事责任。"某建设发展有限公司已经承诺并实际负担了胥江水厂旧址和古城墙保护的专题项目，应当视为民事责任的承担。故某某市文物局适用《某省历史文化名城名镇保护条例》第四十条第二款的规定，对某建设发展有限公司处以 3 万元罚款并无不当。

然而，在某置业发展有限公司发现地下古墓葬继续施工、隐匿不报致使古墓葬被毁案中，文物行政管理部门适用对当事人进行行政处罚并不符合法律规定。该案当事人在发现古墓葬后，非但不采取保护措施，不向文物行政部门报告，反而继续施工挖掘，造成三座古墓葬被毁坏的严重后果，按照《某省历史文化名城名镇保护条例》第四十条第二款的规定应当依照中华人民共和国文物保护法进行处罚。但文物保护法第六十六条规定，此种情况只有在擅自迁移、拆除不可移动文物时，由文物主管部门责令改正，造成严重后果的，处五万元以上五十万元以下的罚款。因此本案文物行政机关应当按照《中华人民共和国文物保护法》第六十六条第一款第（三）项的规定进行处罚。

七　《文物保护法》第六十六条第一款的适用

某交通工程集团有限公司未经批准在全国重点文物保护单位建设控制地带内违法建设案、某置业有限公司在文物保护单位"某古城墙遗址"建设控制地带内违法建设案

【基本案情】

2007 年 8 月 20 日，某区文化局接到群众举报，称在某全国重点文物保护单位东北 100 多米处，一单位在建造厂房。接到举报，文化局执法人员当天下午赶到现场调查。经调查，该厂房系某交通工程集团有限公司某标段项目经理部租用土地所建，位于全国重点文物保护单位——陈武帝陈霸先万安陵石刻建设控制地带内，工程设计方案未经相应文物行政部门同意，也没有报城乡建设规划部门批准，违反了《文物保护法》第十八条第二款的规定，破坏了文物保护单位的历史风貌。8 月 21 日，区文化局发出了《违法建设停工通知书》，9 月 25 日，局长办公会议研究决定责令违法单位限期拆除违法厂房，恢复原貌，罚款人民币 10 万元。9 月 26 日，文化局向某交通工程集团公司下发了《行政处罚告知书》和《行政处罚听证告知书》，该公司在规定期限内没有提出陈述、申辩和听证要求。10 月 8 日，文化局根据《中华人民共和国文物保护法》第六十六条第一款第（二）项规定，决定责令该公司限期拆除全国重点文物保护单位建设控制地带范围内的违法建设，恢复原貌，并处罚款 10 万元人民币。被处罚单位在规定日期内执行了该行政处罚决定，案件执行完毕。

2008 年 7 月 21 日某市文化局接到群众举报，反映该市东长街南段鸿福

家园小区建设工程涉嫌破坏市级文物保护单位"古城墙遗址"的历史风貌。文化局行政执法人员以及区文物管理委员会办公室人员经现场勘察，发现该建设工程位于"古城墙遗址"建设控制地带内，对"古城墙遗址"的历史风貌造成一定影响。当场下达《违法建设停工通知书》。进一步调查发现，该建设工程用地是某置业有限公司 2007 年 2 月通过投标获得。2008 年 2 月 27日取得某市规划局批准的《建设工程规划许可证》。2008 年 5 月 20 日开工建设，至 7 月 21 日其在建 1 号楼已部分建第二层，2 号楼已建成一层。在调查处理期间，该项建设单位未经文物主管部门同意，于 7 月 23 日擅自继续进行违法施工。文化局行政执法人员当即进行现场执法检查，宣传文物保护法律法规，迫使工程全部停工。8 月 2 日，文体局经集体研究后决定根据《文物保护法》第六十六条第一款第（二）项规定，责令某置业有限公司改正违法行为，补办审批手续，并给予 5 万元罚款的行政处罚。8 月 9 日，建设单位向文体局上报建设工程设计方案，补办审批手续。8 月 13 日文体局报市文物局批准后同意了该建设工程设计方案。

【案例评析】

某交通工程集团有限公司项目经理部在全国重点文物保护单位建设控制地带内进行的建设工程，工程设计方案未经相应文物行政部门同意，也没有报城乡建设规划部门批准。区文化局认为该违法建设工程违反了《文物保护法》第十八条第二款的规定，破坏了文物保护单位的历史风貌，因而对其作出了较重的行政处罚。某置业有限公司在文物保护单位"某古城墙遗址"建设控制地带内违法建设案中，鸿福家园小区建设工程设计方案未经文物行政部门同意，违反了《文物保护法》第十八条第二款的规定，文体局根据《文物保护法》第六十六条第一款第（二）项规定，责令某置业有限公司改正违法行为，补办审批手续，并给予 5 万元罚款的行政处罚。上述两案，文物行政部门按照《文物保护法》第六十六条第一款第（二）项所作的罚款是否正确？

通过分析两案，可以发现文物行政部门在作出行政处罚时，适用的法律依据有重大瑕疵。《文物保护法》第十八条第二款规定："在文物保护单位的建设控制地带内进行建设工程，不得破坏文物保护单位的历史风貌；工程设计方案应当根据文物保护单位的级别，经相应的文物行政部门同意后，报城乡建设规划部门批准。"如果建设单位违反这一规定，则应当根据本法第六十六条相关内容进行处罚。《文物保护法》第六十六条规定："有下列行为之一，尚不构成犯罪的，由县级以上人民政府文物主管部门责令改正，造成严重后果的，处五万元以上五十万元以下的罚款；情节严重的，由原发证机关吊销资质证书；（二）在文物保护单位的建设控制地带内进行建设工程，其工程设计方案未经文物行政部门同意、报城乡建设规划部门批准，对文物保护单位的历史风貌造成破坏的；……"根据上述规定，相对人行为只有同时符合以下三个要件，文物行政机关才能给予行政处罚：一是相对人的建设工程设计方案未经文物行政部门同意、报城乡建设规划部门批准；二是对文物保护单位的历史风貌造成破坏；三是对文物保护单位的历史风貌所造成的破坏达到"后果严重"的程度。纵观两案，相对人只具备了第一个要件，即其建设工程设计方案未经文物行政部门同意、报城乡建设规划部门批准，这只能说明相对人的建设工程批准手续不健全而已。而文物行政管理部门并没有证据表明该建设行为对文物保护的历史风貌造成了破坏，而按照六十六条的规定，即使对文物保护的历史风貌造成了破坏，依法也只是给予"责令改正"的处罚，只有对历史风貌造成的破坏达到"情节严重"的地步，才能给予"五万元以上五十万元以下的罚款"。两案中并没有证据证明当事人的行为造成严重后果。第二案中，某文物管理委员会办公室出具的《鉴定意见》表明："该工程对文物的历史风貌有部分影响"，并不具有"造成严重后果"的处罚要件。当事人 8 月 9 日补报并经文物行政部门 8 月 13 日同意的工程设计方案与当初提交给规划部门的设计方案并无不同，这表明按照该设计方案施工的工程也不会给文物造成"严重后果"的影响。因此，按照文物保护法第六十六条第一款第（二）项进行行政罚款是错误的，文物行政部门只能责令当事人改正，补办工程设计方案的审批手续即可。

八　非法买卖文物的行政责任与刑事责任

左某发现文物隐匿不报、非法买卖国有文物案

【基本案情】

某市村民左某在虾塘取土过程中，挖出一件青铜钟，隐匿后未上交国家，私自以 18000 元价格卖给专门从事古玩收购的邻县钮某；钮某拟在价格合适时将文物转手出卖。某市文物局接到举报后，执法人员追踪调查，查实了左某、钮某违反《文物保护法》、《刑法》的行为，及时追回西周时期的青铜钟，经鉴定为二级文物并将此案移送司法部门处理。公安机关立案侦查后，将二人刑事拘留，检察院经审查以倒卖文物罪将钮建富起诉到法院，将左某隐匿不报、买卖文物案退回侦查机关。法院以倒卖文物罪判处钮建富一年六个月徒刑，缓刑两年，并处罚金人民币 2 万元。某市文物局对左某处以罚款人民币 5000 元行政处罚。

【案例评析】

本案是一起文物行政机关移交司法机关查处的私下买卖文物的刑事案件，此案对私下买卖文物违法行为性质的认定，在讨论中形成了四种不同意见：（一）当事人左某发现文物不报告，并私自将文物卖给钮某，违反了《文物保护法》的有关规定，应给予行政处罚。而钮某作为文物贩子以牟利为目的倒卖国家禁止经营的文物，犯了倒卖文物罪，应追究刑事责任。（二）当事人左某发现地下文物非但不报，上交文物，还以牟利为目的，将国有文物卖给钮某，构成了倒卖文物犯罪，应追究刑事责任。而当事人钮某非法购买文物，但没有转手倒卖，尚未构成犯罪，应给予行政处罚。（三）当事人"买卖"而不是"倒卖"国家禁止买卖的文物，情节不严重，应以《文物保

护法》第七十一条进行行政处罚，不适用《刑法》第三百二十六条进行刑事处罚。（四）当事人左某和钮某非法买卖国家禁止经营的文物，情节严重，涉嫌犯罪，根据《文物保护法》第六十四条和《刑法》第三百二十六条规定，应当追究刑事责任。根据本案事实，如何区分本案当事人文物违法行为的罪与非罪？

《文物保护法》第六十四条规定，以牟利为目的倒卖国家禁止经营的文物，构成犯罪的，依法追究刑事责任。《刑法》第三百二十六条规定，以牟利为目的，倒卖国家禁止经营的文物，情节严重的，处五年以下有期徒刑或者拘役，并处罚金；情节特别严重的，处五年以上十年以下有期徒刑，并处罚金。这表明只有"倒卖"国家禁止经营的文物，而且情节严重的才是犯罪行为。而《文物保护法》第七十一条则规定，买卖国家禁止买卖的文物，尚不构成犯罪的，给予行政处罚。这说明，"买卖"国家禁止买卖的文物，并不一定构成犯罪。由此可见，"倒卖"和"买卖"是有区别的，只有"倒卖"国家禁止经营的文物，且达到情节严重时，才能构成犯罪。所谓"倒卖文物"，应当是指：以营利为目的，以贩卖文物为职业，通过倒来倒去和投机倒把的手段，经常性地转手贩卖文物的行为。本案中，左某并没有倒卖文物的行为，不能构成倒卖文物犯罪。而钮某是专门从事古玩收购的经营者，其收购该青铜钟后，打算在价格合适的时候转手卖出，但由于某市公安和文物行政部门及时将该二级文物追回，其卖出的意愿未能实现。因此，钮某的行为构成倒卖文物犯罪，只是由于其意志以外的原因，倒卖的目的未能实现，应当视为犯罪未遂。法院以倒卖文物犯罪罪，判处其有期徒刑一年六个月，缓刑两年，并无不当。本案中办案机关将左某和钮某二人同时移送司法机关处理，公安机关立案侦查后，将二人刑事拘留。这里涉及文物行政执法与刑事司法衔接工作机制问题，文物执法中如何做好这一衔接工作？结合有关规定，本文试探讨如下：

第一，文物行政执法机关在文物行政执法检查过程中，如果发现文物违法行为涉及的金额、情节、违法行为造成的后果等，根据刑法关于破坏社会主义市场经济秩序罪、妨害社会管理秩序罪等罪的规定和最高人民法院、最高人民检察院关于破坏社会主义市场经济秩序罪、妨害社会管理秩序罪等罪的司法解释以及最高人民检察院、公安部关于经济犯罪案件的追诉标准等规定，涉嫌构成犯罪，依法需要追究刑事责任的，必须及时通报当地公安机关。公安机关接到通报后，必须立即派员调查，在调查的基础上作出立案或不予立案的决定。

第二，文物行政执法机关对应当向公安机关移送的涉嫌犯罪案件，必须指定两名或者两名以上行政执法人员组成专案组专门负责，核实情况后提出移送涉嫌犯罪案件的书面报告，报经本机关正职负责人或者主持工作的负责人审批。行政执法机关正职负责人或者主持工作的负责人应当自接到报告之日起 3 日内作出批准移送或者不批准移送的决定。决定批准的，应当在 24 小时内向同级公安机关移送；决定不批准的，应当将不予批准的理由记录在案。

第三，公安机关立案后，根据案情需要，提请文物行政执法机关协助进行检验、鉴定、认定的，文物行政执法机关必须予以协助。

第四，文物行政执法机关应当如何移交案件？

1. 文物行政执法机关向公安机关移送涉嫌犯罪案件的，应当移送该案件的全部材料，便于公安机关熟悉和掌握案件的全部情况，从而作出立案或不予立案的决定。移送材料应当包括下列内容：（1）涉嫌犯罪案件移送书；（2）涉嫌犯罪案件情况的调查报告；（3）涉案物品清单；（4）有关检验报告或者鉴定结论；（5）其他有关涉嫌犯罪的材料。

2. 为了便于发挥检察机关履行法律监督的职能，文物行政执法机关在向公安机关移送案件时，应当将案件移送书和有关材料目录抄送检察机关。

3. 文物行政执法机关在移送案件前已经作出文物行政处罚决定的，应当将处罚决定书一并抄送公安机关和检察机关；如果没有作出处罚决定的，则应当在公安机关决定不予立案或者撤销案件、检察机关作出不予起诉决定、审判机关作出无罪判决或者免予刑事处罚之后，再决定是否给予文物行政处罚。

第五，公安机关对文物行政执法机关移送的涉嫌犯罪案件，应当以书面形式受理，并在涉嫌犯罪案件移送书的回执上签字。

第六，公安机关受理后认为不属于本机关管辖的，应当在24小时内转送有管辖权的机关，并书面告知移送案件的行政执法机关，同时抄送检察机关。公安机关应当自受理移送的涉嫌犯罪案件之日起3日内，依照刑法、刑事诉讼法以及最高人民法院、最高人民检察院关于立案标准和公安部关于公安机关办理刑事案件程序的规定，对所移送的案件进行审查。认为有犯罪事实，需要追究刑事责任，依法决定立案的，应当书面通知移送案件的行政执法机关，同时抄送检察机关；认为没有犯罪事实，或者犯罪事实显著轻微，不需要追究刑事责任，依法不予立案或者立案后撤销案件的，应当说明理由，并书面通知移送案件的文物行政执法机关，相应退回案卷材料，同时抄送检察机关。

第七，文物行政执法机关在查处违法行为，以及公安机关在审查、侦查行政执法机关移送的涉嫌犯罪案件过程中，发现国家工作人员涉嫌贪污贿赂、渎职侵权等违纪违法线索的，应当根据案件的性质，及时向监察机关或者检察机关移送。监察机关、检察机关应当对文物行政执法机关、公安机关移送的案件线索及时认真审查，依纪依法处理，并将处理结果及时书面告知文物行政执法机关。文物行政执法机关在查处违法行为过程中，发现危害国家安全犯罪线索，依法应当向国家安全机关移送案件。

第八，文物行政执法机关不移送涉嫌犯罪案件或者逾期未移送的，本级人民政府或者实行垂直管理的上级行政机关应当责令移送；情节严重的，应当对负有责任的主管人员和其他直接责任人员给予处分；构成犯罪的，依法追究刑事责任。检察机关发现文物行政执法机关不移送或者逾期未移送的，应当向行政机关提出意见，建议其移送，文物行政执法机关应当立即移送，并将有关材料及时抄送检察机关；文物行政机关仍然不移送的，检察机关应当通知公安机关，公安机关应当主动向文物行政执法机关查询案件情况，必要时直接立案侦查。

第九，公安机关不受理文物行政执法机关移送的案件，或者逾期作出立案或不予立案决定的，文物行政执法机关可以建议检察机关进行立案监督。文物行政执法机关对公安机关作出的不予立案决定有异议的，可以向作出决定的公安机关提请复议，也可以建议检察机关进行立案监督；对公安机关不予立案的复议决定仍然有异议的，可以建议检察机关进行立案监督。文物行政执法机关对公安机关立案后作出撤销案件的决定有异议的，可以建议检察机关进行立案监督。

九　城市文物保护中的法律机制问题

某建设集团有限公司幕府西路施工毁坏地下古墓葬行政处罚案

【基本案情】

某建设集团有限公司某分公司于 2007 年 5 月 30 日前在幕府西路中低价商品房建设施工中发现大量古墓葬砖石散落在地面，未采取保护措施也未报当地文物管理部门。在现场看到施工的周边已进行过机械平整，原地貌已经改变，施工处水泥基础旁暴露出一座规模较大的砖室墓，墓葬的石门、墓砖等散落地表、墓葬已遭较大破坏。另外，在该墓的北边和南边各 15 米处，地表可见两处墓砖散落堆积，可能另有两座墓葬被严重破坏，仅剩少量墓砖。经某市博物馆考古发现，此次施工中发现的古墓应属南朝时期，距今约 1500 年。该墓葬规格较高，如未遭破坏，应具有较高的文物考古价值。该工地施工前文物行政部门已经组织某市博物馆进行了考古调查、勘探，并作出报告。根据某市博物馆考古调查、勘探报告，某市文物局以文件形式作出了《关于幕府西路中低价商品房建设项目一、二期的意见》。《意见》称：幕府西路中低价商品房建设项目所在地区是六朝时期贵族墓葬分布的核心地区之一，项目建设用地超过 10 万平方米，经某市博物馆考古勘探，该工地文化层较为简单，地层堆积基本相同。虽然未发现重要的古代遗物或遗迹，但鉴于此处曾发掘过大量的六朝墓葬，加之该地块地理位置的特殊性，望施工单位在今后建设过程中，一旦发现古墓葬或古遗迹等，及时通报文物行政部门，便于做好文物保护工作。某市某区文化局对施工现场勘察以及对施工单位、建设单位调查取证和考古部门鉴定后，确认当事人在发现有古墓葬砖石暴露的情况下，为抢工期继续施工，致使数座古墓葬被毁坏，文物损毁严重。2007 年 6 月 8 日，某市某区文化局作出行政处罚告知书，指出当事人行为违反了《文物保护法》第三十二条、《某市地下文物保护管理规定》第九条的规定，根据《某市地下文物保护管理规定》第十八条第（二）项规定，拟处以 8000 元罚款。2007 年，当事人某建设集团某分公司项目部作出申辩书，请求从轻处罚。鉴于当事人认识态度较好，且积极配合考古清理工作，经区文化局领导集体讨论研究决定给予从轻处罚。2007 年 9 月 11 日，某市某区文化局根据《某市地下文物保护管理规定》第十八条第（二）项规定，决定对该单位给予人民币 4000 元的行政处罚。被处罚单位已经于规定日期上交罚款，案件执行完毕。

【案例评析】

某建设集团有限公司某分公司在幕府西路中低价商品房建设施工中发现大量古墓葬砖石散落在地面，未采取保护措施也未报当地文物管理部门。经某市博物馆考古发现，施工中发现的古墓应属南朝时期，距今约 1500 年。该墓葬规格较高，如未遭破坏，应具有较高的文物考古价值。然而，该工地施工前文物行政部门组织某市博物馆进行了考古调查、勘探，并未发现重要的古代遗物或遗迹。幕府西路中低价商品房建设项目所在地区是六朝时期贵族墓葬分布的核心地区之一，曾发掘过大量的六朝墓葬，该地理位置非常特殊，不能因为考古发掘中未发现重要古代遗物或遗迹，就可以对文物保护掉以轻心，某市文物局特别提醒施工单位在建设过程中发现古墓葬划古遗迹要及时通报文物行政部门。《某市地下文物保护管理规定》第九条规定："任何单位和个人在建设工程施工中发现地下文物，应当立即停止施工，采取临时性措施保护好现场，并在四小时内报告建设单位和文物行政主管部门；建设单位在接到报告后十二小时内，应当将保护措施报告文物行政主管部门；文物行政主管部门在接到建设单位或者施工单位的报告后二十四小时内，应当提出处理意见并通知建设、施工单位。"本案中，某市文物局虽然提醒施工单位在建设过程中发现古墓葬划古遗迹要及时通报文物行政部门，但并未引起施工和建设单位的重视，最终导致古墓葬被毁坏的严重后果。这表明当前城市建设过程中，城市发展和文物保护的矛盾还比较突出，社会保护文物的意识比较弱，认识不到位，法律保护的体制机制还不完善。

一、我国城市文物保护中的问题

落后的城市发展理念和发展模式。长期以来，由于人口的增长，城市住房和基础设施不能满足现代生活需要的矛盾日益突出。加上城市发展理念落后，发展模式单一，城市发展大都以古城为中心，先改造古城，然后向四周展开，城市的历史文化遗产大面积消失。一些城市用于文物保护和古城区的基础设施建设资金乏力，一些开发商出于对商业利益的疯狂追求，根本不考虑对文物的保护。我国城市文物保护正面临着空前严峻的困境。一些人认为对文物的保护是沉重的历史包袱，束缚了城市的发展，增加了政府的负担，限制了居民改善生活条件的努力，影响了经济的发展；也有人认为我国历史文物资源十分丰富，一些普通文物并不需要特别珍惜，只要保护好已公布的文物保护单位就可以了，甚至认为历史文化遗产是"台"而经济建设才是"唱戏"，文化遗产的保护应当为经济发展"让路"。

文物保护法律法规责任机制的缺失，使得地方政府不能切实承担起保护城市文物的任务。我国文物保护法律体系很不完备，一些重要的法律法规还没有出台，有关博物馆管理、地下文物保护、民间文物保护、文物商业活动管理方面的法律法规都是空白。在责任机制的构建上，现行法律法规对文物保护实行属地管理原则，地方政府是文物保护的主体，有关地方文物保护单位、历史文化保护区和历史文化名城的认定、核准和保护，甚至对文物违法行为的处理，都由地方政府决定。但现行法律法规对地方政府的行为并没有规定有效的制约和监督措施，尤其是来自于外部的制约监督措施。这导致两方面问题：一是在地方政府对文物保护工作不作为时，法律法规没有有效办法监督；二是当地方政府因政绩或大规模建设需要，妨碍甚至破坏文物保护时，法律法规也没有比较有效的办法予以制止，导致了城市文物保护法律法规形同虚设。

由建设单位承担文物保护费用的规定不尽合理。我国文物保护法规定，建设工程中对文保单位原址保护、迁移、拆除所需费用，以及凡因进行基本建设和生产建设需要的考古调查、勘探、发掘所需的费用，由建设单位列入建设工程预算。这些规定，对于国家大型基本建设项目可能有一些效果，但在非国家大型基本建设项目的情况下，由于建设主体的多元化，这一规定便显得有失公平、很不合理并且难以操作，直接导致在一些情况下发现文物隐匿不报现象。

二、完善文物保护法律法规体系

积极推进文物保护立法的体系化，要加快制定博物馆管理方面行政法规，严格规范国有馆藏文物的管理，建立文物博物馆从业人员执业资格制度，鼓励建立非国有博物馆，引导其规范有序地运作。加强对民间文物流通的管理，有效打击非法文物经营活动，更好地保护合法的文物经营和流通活动。制定非国有文物保护单位保护、管理、维修及产权置换办法等专门法规、规章。对现行法律中的有关条文进行修改或补充，突出可操作性，使文物保护的各个方面都有切实可行的法律、法规、规章。

三、切实增强地方政府保护文物的职责，加大监督检查力度

一是强化国家和省级文物、规划行政管理部门对基层文物、规划部门的指导与协调力度。建立文物保护与规划专家监督与巡视员制度，定期向国家或省级行政管理部门报告。二是对省级以下文物管理部门或其执法机构实行垂直管理的体制，保证省级以下文物保护工作不受地方政府牵制，下级文物

部门全面、真实地向省级以上文物主管部门报告工作，提供资料、信息。三是加快省级以下尤其是基层文物保护机构建设，改善工作环境，提供必要的工作条件。充分发挥各地文物管理委员会的作用，主动、超前介入当地城市建设，协调处理文物保护中出现的问题。加强基层文博人员职业道德教育和业务素质培训，大幅度提高基层文博工作人员的素质。四是加快城市历史文化遗产的调查、研究及保护规划的编制，提高编制质量，强化规划权威，使之成为城市总体规划的重要内容。五是完善考核机制，力争把城市文物保护工作列入对地方政府及其领导人考核的范畴。

第十一章　文物行政处罚决定书的规范化

一　规范的行政处罚决定是依法
行政水平的重要载体

某县某镇某庙未经批准擅自在省级文保单位
保护范围内进行建设工程案

【基本案情】

（为了讨论和研究行政处罚决定书如何规范制作及研究执法案卷质量的需
要，本着客观真实地反映行政执法文书的现状，特将某县某镇某庙未经批准擅
自在省级文保单位保护范围内进行建设工程案行政处罚决定书予以公布。）

行政处罚决定书

某文广新罚〔2008〕第 030 号

当事人：某县某镇某庙

负责人：周某　　地址：某县某镇某村

　　本机关查实：省级文物保护单位某县某镇某庙在未报经省人民
政府批准的情况下，于 2008 年 4 月 20 日始擅自在某县某镇某庙文
物保护范围（某庙围墙向四周延伸 20 米）内搭建新戏台后幢看台，

至 2008 年 5 月 13 日文物行政执法人员现场检查时，该看台尚未内装修。主要证据有：《文物现场执法检查（勘查）记录》《文物行政执法现场检查（勘查）平面图》《责令限期整改通知书》、现场拍摄照片、现场摄像、某政发〔1991〕90 号通知、某政发〔1997〕160 号通知、某政发〔1998〕185 号批复、某文物发〔2007〕36 号文件、某庙负责人周某和证人施某询问（调查）笔录及摄像等。

本机关认为，某县某镇某庙的上述行为违反了《文物保护法》第十七条规定，已构成"擅自在文物保护单位的保护范围内进行建设工程"的违法行为，并对文物保护单位的保护造成严重后果。现依据《文物保护法》第六十六条第一款第（一）项规定，本机关决定对当事人作出如下行政处罚：处 5 万元罚款。

当事人应在收到本处罚决定书之日起 15 日内持本决定书到某县建设银行交纳罚款，逾期每日按罚款数额 3% 加处罚款。

当事人如对本行政处罚决定不服，可在收到本决定书之日起 60 日内向某县人民政府或某市文化广电新闻出版局申请行政复议，也可在收到本决定书之日起 3 个月内直接向某县人民法院提起行政诉讼。行政复议和行政诉讼期间本处罚决定不停止执行。逾期不申请行政复议，也不提起行政诉讼，又不履行行政处罚决定义务的，本局将依法申请某县人民法院强制执行。

某县文化广电新闻出版局

2008 年 8 月 1 日

文物行政部门地址：某镇某大厦某层某室

联系人：方某　电话：×××××××

【案例评析】

这是一篇参加第二届全国文物行政处罚案卷评比获得优秀奖的行政处罚

决定书。总体来说，无论是行政处罚决定书的制作还是案卷执法材料的装订都比较规范，体现了某县文化广电新闻出版局较高的行政处罚文书制作水平和上乘的文物行政执法质量。

一、行政处罚文书制作水平较高

1. 违法行为相对人的基本情况简洁明了。包含了"名称、法定代表人（或负责人）、住所地"等基本要素。

2. 认定事实清楚。本行政处罚决定案认定的事实是："省级文物保护单位某镇某庙在未报经省人民政府批准的情况下，于2008年4月20日始擅自在某镇某庙文物保护范围（某庙围墙向四周延伸20米）内搭建新戏台后幢看台，至2008年5月13日文物行政执法人员现场检查时，该看台尚未内装修。"寥寥数语概括地说明了实施违法行为的相对人（某镇某庙）、实施违法行为的时间（于2008年4月20日始，至2008年5月13日文物行政执法人员现场检查时）、实施的违法行为（未报经省人民政府批准、擅自在某镇某庙文物保护范围内搭建新戏台后幢看台）、违法行为侵犯的客体（省级文物保护单位）等。

3. 认定事实的主要证据充分。本行政处罚决定书认定事实的主要证据包括勘验笔录（如《文物现场执法检查（勘查）记录》、《文物行政执法现场检查（勘查）平面图》）、视听资料（如现场拍摄照片、现场摄像）、当事人的陈述（如对某庙负责人周某询问笔录）、证人证言（如证人施某询问笔录）、书证（如《责令限期整改通知书》、某政发〔1991〕90号通知、某政发〔1997〕160号通知、某政发〔1998〕185号批复、某文物发〔2007〕36号文件）等，证据的种类齐全，内容翔实，基本符合证据的形式要求，较为充分地认定了行政相对人的违法事实。

4. 适用定性条款正确。根据行政相对人实施的违法事实，某县文化广电新闻出版局认定某县某镇某庙违反了《文物保护法》第十七条的规定，构成"擅自在文物保护单位的保护范围内进行建设工程"的违法行为，并对文物保护单位的保护造成严重后果。

5. 适用处罚条款妥当。根据行政相对人的违法行为的性质，某县文化广电新闻出版局对某县某镇某庙的违法行为适用《文物保护法》第六十六条第一款第（一）项规定予以罚款，条款项表达准确，处罚条款与定性条款密切关联。且根据《文物保护法》第六十六条第一款第（一）项有关在罚款前首先应当由政府文物主管部门对违法行为相对人责令改正的规定，某县文化广电新闻出版局在作出行政处罚决定前，已先期通过制作某文物责改字〔2008〕第04号《责令限期整改通知书》，责令某县某镇某庙立即停止对新戏台后幢看台的施工建设，于2008年5月20日前将违法现场清理干净，恢复原状并接受复查或采取补救措施，补办相关手续。如此行政执法，避免了常见的行政机关单纯以罚款了事而疏忽"责令改正"的不当的行政执法方式。

6. 告知行政相对人履行行政处罚决定的期限、方式、逾期后果明确。

7. 告知行政相对人的行政救济和司法救济途径、申请行政复议的期限和提起行政诉讼的期限、逾期的法律后果等权利事项清楚无误。

二、文物行政执法质量上乘

1. 卷宗目录内容详尽，一目了然。主要包括：《行政处罚决定书及送达回证》、《立案呈批表》、《文物行政执法现场检查（勘查）记录》、《文物行政执法现场检查（勘查）平面图》、《责令限期整改通知书及送达回证》、《接受调查通知书》、《文物行政执法询问（调查）笔录》、《证据材料提取单（一）（二）（三）（四）（五）（六）（七）》、《关于公布某县第三批县级重点文物保护单位及其保护区域的通知》、《关于公布第四批省级文物保护单位及其调整部分省级文物保护单位的通知》、《关于划定某塔等123处文物保护单位保护范围及建设控制地带批复》、《关于省级文物保护单位某镇某庙建设控制地带内新建戏台的批复》、《关于省级文物保护单位某庙确定保护范围的说明》、《现场勘查照片（1~10）》、《现场检查（勘查）和询问（调查）摄像记录》、《接受调查通知书》、《文化行政执法询问（调查）笔录》、《案件调查报告》、《行政处罚事先告知书及送达回证》、《案件集体讨论记录》、《案件处理审批表》、《关于要求延期缴纳罚款的报告》、《延期（分批）缴纳罚款呈批书》、《行政处罚结案报告》。

2. 卷宗装订整齐清洁，反映了执法人员较强的工作责任心和细致的工作态度。但是，值得商榷的有二：一是行政执法的卷宗是否要参照法院卷宗的装订，区分正副卷。以本行政处罚卷宗为例，如果行政相对人对本案所作行政处罚提起诉讼，根据《行政诉讼法》第三十二条的规定，"被告对作出的具体行政行为负有举证责任，应当提供作出该具体行政行为的证据和所依据的规范性文件"。也就是说，作为被告的某县文化广电新闻出版局应当将其执法卷宗呈送法院以备审查。而《行政诉讼法》第三十条规定，"代理诉讼的律师，可以依照规定查阅本案有关材料，……"，"经人民法院许可，当事人和其他诉讼代理人可以查阅本案庭审材料，……"因此，行政执法卷宗中有关《案件集体讨论记录》、《案件处理审批表》等作为行政机关内部讨论或审批记录、不宜对当事人公开的材料就有可能为当事人获悉，从而既造成行政机关工作机密泄露，甚至有可能成为当事人对执法人员或参与案件讨论处理的人员泄愤的缘由。因此，建议文物行政执法机关参照法院卷宗区分正、副卷的装订规则，规范文物行政机关执法卷宗的装订。二是作为正卷的相关内容，一般按照执法时间的先后顺序形成的材料装订，或者按照证据的不同种类装订。如本行政处罚卷宗中，不宜将《行政处罚决定书》及《送达回证》放在卷宗目录的开头部分。

3. 执法的证据种类齐全，内容翔实。从证据的种类看，本行政执法卷宗中，涉及的证据有书证、视听资料、证人证言、当事人的陈述、勘验笔录、现场笔录等。从证据的内容看，如《文物行政执法现场检查（勘查）平面图》载明了绘图时间、执法人员及执法证号、被处罚的行政相对人的负责人、见证人等内容，且所绘平面图明确了行政相对人所实施的违法行为的地理方位、面积大小，内容详尽，客观真实。

4. 执法程序规范，公开透明。从外部程序看，《立案呈批表》、《责令限期整改通知书》、《接受调查通知书》、《行政处罚事先告知书》等及各项执法文书的送达回证井然有序；从内部程序看，《立案呈批表》、《案件调查报告》、《案件集体讨论记录》、《案件处理审批表》、《延期（分批）缴纳罚款呈批书》也是一目了然。如实并充分反映了某县文化广电新闻出版局强烈的程序意识，以及严格依法行政的水平和能力。

综上，本行政处罚决定虽然存在卷宗需要改进和完善的地方，但瑕不掩瑜，不失为一起严格依法行政的代表之作，获得第二届全国文物行政处罚案卷评比优秀奖也是名副其实。

二　规范制作行政处罚决定，努力提高文物执法质量

某肿瘤医院发现文物隐匿不报案

【基本案情】

（为了讨论和研究规范制作行政处罚决定、努力提高文物执法质量的需要，本着客观真实地反映行政执法文书的现状，特将某市文物管理处对某肿瘤医院的行政处罚决定书予以公布。）

文物行政处罚决定书

文物罚字〔2008〕第 1 号

某肿瘤医院：

违法事实、法律依据和处罚决定：2008 年 3 月 20 日，你单位在某肿瘤医院一期土方工程施工时，发现一处南北朝时期的砖室墓。施工方未能及时停工并向文物部门汇报，造成墓葬大部分被破坏。依据《文物保护法》第七十四条等规定，给予你单位罚款 1 万元的行政处罚。

你（单位）应当接到本决定书之日起 15 日内到交行营业部（账号 34130100001014 9042357）缴纳罚款。

如不服本行政处罚决定，自收到本决定书之日起，可以在 60 日内依法向某省文物事业管理局申请行政复议，也可以在 3 个月内向人民法院起诉。逾期不缴纳按罚款数额的 3% 加处罚款。对本处罚决定逾期不申请行政复议也不向人民法院起诉、又不履行的，本机关将依法申请人民法院强制执行。

某市文物管理处（文物行政机关印章）

2008 年 4 月 28 日

【案例评析】

一、本文物行政处罚决定书及对应的文物行政执法值得探讨和研究的问题类似于"某经济开发区某项目管理公司发现文物隐匿不报案"，不再赘述

二、当前文物行政执法的现状

曾在《第三届全国文物行政处罚案卷评比感言》一文中看到专家对第三届全国文物行政处罚案卷评比的评审意见，文中就参评案卷存在的主要问题，从案件事实、证据、程序、适用法律及文书制作规范方面进行了归类。主要表现为：

1. 违法事实不清。少数案卷没有载明违法事实，缺少当事人的违法情节和违法表现形式，从现有案卷材料无法确认真正违法当事人，或者无法确认违法后果是否系多个当事人的共同违法所致。从已查明的事实，不能得出应当给予违法当事人相应行政处罚的必然结果。

2. 证据不足。文物行政执法活动中不仅应当查明事实，而且必须能证明事实，这就需要充分适当地调查取证。参评案卷证据不足的现象普遍存在，在证明环节、证明方法、证据规则、证明力审查判断以及事实与证据的逻辑关系等多方面存在明显欠缺。执法人员调查取证手段单一，主要事实的认定以询问笔录为主，给予行政处罚的违法行为没有足够证据证明。即使相对优秀的案卷，也存在取证不充分，证据证明力不足等瑕疵。

3. 不符合法定程序。案件内部流程不规范，存在不按规定及时立案现象，部分立案审批表明显系整理案卷时事后补办；相当多的参评案卷中反映出文物行政执法人员发现违法行为制止不力，未及时下达责令整改通知；部分现场检查笔录系事后补办；询问笔录未告知当事人权利；部分案件讨论记录过于简单，案件讨论流于形式。在保障行政相对人、利害关系人的知情权和救济权等方面不同程度地存在问题。

4. 适用法律不当。有些案卷对违法行为定性错误，适用法律也错误；部分案件处罚决定书适用的法律条款没有具体到条、款、项，或者条、款、项引用错误；个别案件定性处罚应当适用文物保护法律法规，但却适用了地方文物行政部门的规范性文件。

5. 文书制作不规范。从参评案卷来看，文书格式不规范的问题最具普遍性。参评案卷基本上是一地一格式、一地一标准。从案卷的封面、格式文书的使用，甚至文书的要素等也各自不同。此外，案由不准确，送达主体错误，内部流程审批表负责人批示空项，现场检查笔录检查情况不清，询问笔录签章不规范，修改处没有按规定加盖指印等问题也时常发生。

《第三届全国文物行政处罚案卷评比感言》一文的评审意见，虽然是就第三届全国文物行政处罚案卷评比而言，但评审意见所概括的参评案卷存在的主要问题，在第二届全国文物行政处罚案卷中同样存在，有的甚至更为突出。

第二届全国文物行政处罚案卷中除存在上述第三届全国文物行政处罚案卷普遍存在的问题外，还存在以下问题：

1. 超越行政职权的问题。行政职权法定原则是依法行政的基本原则。对于行政机关而言，法无授权不得为。行政机关的法定职权主要包括部门管辖权、层级管辖权、地域管辖权、法定事务管辖权等。行政机关在行使职权时，超出任何一个方面的职权，均构成超越职权。其中，超越层级管辖权的主要表现形式包括：（1）下级行政机关行使上级行政机关的职权——下级行政机关行使了法律、法规授权上级行政机关行使的职权；行政机关的内部机构和派出机构行使该机关的职权；下级行政机关否定上级行政机关的决定。

（2）上级行政机关行使下级行政机关的职权。在第二届全国文物行政处罚案卷中，某市交通局毁坏明长城风貌案的行政职权依据值得商榷。按照该行政处罚决定所援引的《长城保护条例》第二十八条的规定，应当是由"县级人民政府文物主管部门"实施行政处罚。但按资料记载，某市是 2003 年 12 月 31 日经国务院批准、2004 年 4 月 28 日挂牌成立的地级市。据此理解，某文化市场行政执法总队某市支队似属市级人民政府文物行政主管部门，是否享有该案的行政处罚职权尚需进一步研讨。因为，处罚法定原则是行政合法性原则在行政处罚行为中的集中体现，"实施处罚的职权法定"是其主要内容之一。行政处罚必须由享有法定权限的行政机关或法律、法规授权的组织实施。在我国，只有法律、法规规定享有行政处罚权的行政机关和法律、法规授权行使行政处罚权的组织才是行政处罚的主体。

2. 不同种类证据的规范问题。不同行政管理领域的行政执法对行政相对人违法事实认定的证据有不同的规定和要求，比如《文物行政处罚程序暂行规定》第四章规定了文物行政处罚执法的"调查取证"的具体内容，但有些内容还是很原则。考虑到人民法院的行政诉讼是对行政机关所作具体行政行为的合法性审查，因此，对行政执法中有关证据要求的规定，可以参照《行政诉讼法》及最高人民法院相关司法解释规定的有关内容理解和把握。《行政诉讼法》第三十一条规定，证据有书证、物证、视听资料、证人证言、当事人的陈述、鉴定结论、勘验笔录、现场笔录等。《行政诉讼证据规定》从第十条至第十五条对提供上述主要证据的要求作了明确规定。因此，凡是法律、法规、规章和司法解释对证据形式有特别要求的，必须要查清该证据是否符合法定形式要求，不符合法定形式要求的证据，一般不能作为定案的根据。

三、文物行政执法现状的成因分析

上述参评案卷存在的主要问题，产生的原因可能比较复杂。究其主要原因，正如《第三届全国文物行政处罚案卷评比感言》一文中所述，不外乎是：

1. 现有文物行政执法的法律规范与形势的发展不相适应，或滞后，或缺失，对行政程序的规定也较模糊，致使文物行政执法人员对有些违法案件的处理无所适从。

2. 全国文物行政执法仍处于起步阶段，文物行政执法人员经验不足。

3. 个别文物行政部门依法行政意识不强，不注重依法收集证据和制作法律文书。

4. 部分文物行政执法人员素质不高，致使一些案件事实不清、证据不足、程序不当、适用法律错误。

5. 各地文物行政部门自行制作文书格式，致使执法文书不够规范和统一。

四、认真制作行政处罚决定，努力提高文物执法质量

行政处罚决定书，是行政机关作出行政处罚决定的合法表现形式，是行政机关行使自由裁量权的最终载体，也是检验行政机关依法行政工作成效的重要标准。一份案件事实叙述充分翔实、证据推理合乎逻辑、行政相对人合法权益受到充分尊重的行政处罚决定书，是行政机关向社会展示其依法行政水平的重要载体。因此，制作高质量的行政处罚决定书有利于提高文物行政执法机关依法行政的水平。

依照《行政诉讼法》第五十四条第（二）项的规定，一个合法的行政行为，主要由事实与证据、法律适用、法定程序、行政职权等要素构成。《文物行政处罚程序暂行规定》第三十四条第一款也规定，"行政处罚决定书应当载明下列事项：（一）当事人的姓名或者名称、地址；（二）违反法律、法规或者规章的事实和证据；（三）行政处罚的种类和依据；（四）行政处罚的履行方式和期限；（五）不服行政处罚决定，申请行政复议或者提起行政诉讼的途径和期限；（六）作出行政处罚决定的文物行政部门名称和作出决定的日期"。对照上述法律规范的规定，无论是行政执法活动还是行政处罚决定书的制作，事实与证据、法律适用、法定程序都是其极其重要的组成部分。

1. 违法事实的认定应当清楚。（1）违法主体基本情况的叙述。违法主体为公民的，要表述其性别、出生年月日、职业、住址等基本情况。要认真核对其公民身份号码以及身份证上的姓名，不能使用同音字；违法主体为法人或者其他组织的，要表述其住所地、法定代表人（负责人）及其职务。单位

名称应与营业执照以及公章上的名称保持一致，单位法定代表人（负责人）应与营业执照上的名字一致。认真核对违法主体的基本情况，既确保行政处罚决定的真实性、严肃性，也便于日后发生强制执行情形时法院具有可操作性。（2）分别叙述违法行为的发生时间与行政执法的立案时间。对超出行政处罚规定期限的，按照《行政处罚法》第二十九条第一款"违法行为在二年内未被发现的，不再给予行政处罚"的规定执行。对连续或者继续状态的违法行为，按照《行政处罚法》第二十九条第二款"违法行为有连续或者继续状态的，从行为终了之日起计算"的规定执行。（3）对违法事实的表述要清楚，对违法行为的情节、违法后果及其造成的社会影响，以及违法行为人的主观态度、悔过表现，是否符合从轻、从重、减轻或者免除处罚的法定条件等等，都要加以充分说明。

2. 认定违法事实的主要证据应当充分。认定事实清楚，需要充分的证据支撑。缺乏充分的证据，就无法认定违法事实，也无法对违法行为作出准确的定性。证据材料，既包括对违法行为定性的证据，也包括行政机关行使自由裁量权的证据。主要证据充分是相对于主要证据不足而言的。所谓主要证据不足，是指提供的证据不能证实具体行政行为所认定的事实。一个具体行政行为认定多个事实的，每个事实均要有证据加以证实。如果有的事实有证据加以证实，有的没有证据或者缺乏证据证实，对证实的事实应当认定主要证据确实、充分；对没有或者缺乏证据证实的事实，应当认定主要证据不足。如果具体行政行为中有关定性和处理结果的基本事实清楚，但一些不影响定性和处理结果的事实证据不足，则不能确定具体行政行为主要证据不足。主要证据不足的表现形式主要有：（1）具体行政行为认定的事实没有足够的证据证实。（2）具体行政行为认定的责任主体错误或证据不足。被诉具体行政行为将非责任主体认定为责任主体，未将责任主体作为责任主体认定，或认定的责任主体缺少有关证据加以证明。（3）将行政相对人的身份、责任能力认定错误或未查清，导致行政相对人承受不应承受的责任。执法活动中，应当特别重视下列证据材料的收集：（1）违法主体身份的证明材料。

被处罚对象是公民个人的，应附有其身份证明；被处罚对象是法人或其他组织的，应附有证明其主体资格的材料，如企业营业执照、相关资质证明等。（2）违法事实情况的证明材料。包括案发时间、地点、经过、手段、情节、违法行为造成的危害后果或程度、违法主体主观过错、悔过态度、整改情况等。（3）行政主体行使自由裁量权的证据材料。如《行政处罚法》第二十五条、第二十六条、第二十七条规定的各种适用不予行政处罚、从轻、减轻行政处罚的情况证明。

3. 适用法律规范应当正确。行政执法实践中，最为常见的适用法律规范错误主要有：（1）适用法律、法规的具体条文错误。分为两种：①适用定性条款错误，是指具体行政行为适用认定被处理行为或者事项性质的法律、法规的条款错误。②适用处理性条款错误，是指具体行政行为适用定性的条款没有错误，但适用有关处理的条款错误。（2）未适用应当适用的法条。即具体行政行为未适用有关对被处理行为或者事项定性或处理的法律、法规及规章的条文。包括三种情况：①具体行政行为根本没有引用任何法律、法规、规章，或者只引用了法律、法规、规章的名称而没有引用具体条文。②具体行政行为只引用了有关定性或定性和处理的原则条文，没有引用应该适用的有关处理规定条文。③具体行政行为只适用有关处理的条款，但定性不清。（3）没有适用法条中必须适用的内容。具体行政行为引用的法律、法规的条文正确，但没有适用该条规定中必须适用的内容，而适用了不应适用或者选择适用的内容。

4. 行政程序应当合法。（1）方式应当合法。包括：①内在形式合法。根据我国现行法律规范的规定，主要分为简易程序、一般程序和听证程序三种。行政机关作出具体行政行为绝大多数应当适用一般程序。例如《行政处罚法》第五章中明确规定了行政机关作出什么样的行政处罚应当采用简易程序、一般程序、听证程序。如果行政机关未按照《行政处罚法》的规定，对应采取一般程序作出处罚决定，而采取简易程序作出处罚决定的，即属于违反法定程序。②外在形式合法。根据我国法律规范的规定，行政机关作出具体行政行为应当采取要式行为，而不能采取非要式行为。例如，《行政处罚法》中明确规定，行政机关对行政相对人作出行政处罚必须是书面形式，不能采取口头形式。（2）步骤应当合法。"步骤"是指法律规范规定行政机关在作出具体行政行为时必须进行的并影响到决定的正确性的过程。如《行政处罚法》规定，按照一般程序作出的行政处罚决定，一是先进行调查取证，二是听取当事人的陈述和申辩；三是由行政机关负责人对调查结果进行审查，并作出决定。如果缺少其中任何一个步骤，即属违法。行政机关工作人员未按法律规范的要求如检查中未出示证件等，不可能影响到公正处理的，原则上不应认定为违反法定程序。但应当在今后的工作中加以改正和规范。（3）顺序应当合法。①先取证后裁决。②先告知陈述和申辩的权利后裁决。③先裁决后申请执行。（4）时限应当合法。任何一个行政程序都必须在一定时间内完成，关于行政机关对行政程序的时间限制，我国许多法律规范都作出了明确的规定。如果法律规范没有明确规定的，无制定规章权的行政机关制定的规范性文件中所确定的期限，可视为法定期限。如果无制定规章权的行政机关也没有规定的，原则上可以参照行政复议的期限。（5）回避应当合法。行政机关的执法人员在应当回避而没有回避的情况下作出的具体行政行为，有可能造成行政处理不公正的问题。为防止不公正问题的发生，我国的许多法律规范都明确规定这种情况属于违法行为。

三 文物行政处罚决定书如何正确援用法律规范

某集团林业开发公司毁坏明长城案

【基本案情】

2008年3月26日，某文化市场行政执法总队某市支队会同某市文物管理所在对位于怀新村北侧的明长城遗址进行巡查时，发现某集团林业开发公司对某工业园区东部的长城挖开一个深约 2 米、宽约 5 米的豁口，并已在豁口部位埋设了排水管道，且在沿长城北侧连通豁口挖掘深约 2 米多的排水沟一条，长约 50 米均在长城保护范围之内。某文化市场行政执法总队某市支队认为，某集团林业开发公司修建排水沟的行为未经文物管理部门批准，造成长城风貌严重受损。根据《文物保护法》第十七条、第十八条、第六十六条；《长城保护条例》第十二条、第十八条、第二十五条的规定，于 2008 年 4 月 24 日决定对某集团林业开发公司罚款 5000 元。

【案例评析】

本案基本事实是行政相对人某集团林业开发公司未经文物管理部门批准修建排水沟，毁坏了明长城，违反了《文物保护法》、《长城保护条例》的相关规定。从本案的基本事实及执法过程来看，有几个方面的问题值得商榷：

一、未正确区分定性条款与处理性条款

定性条款，是指具体行政行为适用认定被处理行为或者事项性质的法律、法规的条款，法律规范通常是以禁止性的规定予以表述。处理性条款，是指具体行政行为适用有关处理的条款。行政执法中，行政机关通常是根据相关证据认定行政相对人的违法事实，据此认定行政相对人违法行为的性质，在准确定性的基础上，正确适用处理性条款予以法律制裁。定性条款的确定，直接决定着处理性条款的选择适用。本处罚决定所援引的法条中，《文物保护法》第十七条、第十八条和《长城保护条例》第十二条、第十八条属定性条款，《文物保护法》第六十六条和《长城保护条例》第二十五条属处理性条款。但本处罚决定未正确区分定性条款与处理性条款，只是按照法律、法规的顺序简单地罗列条款。

二、未正确适用法条的款和项

本处罚决定书适用的法律条款中，除了《文物保护法》第十七条不涉及款和项外，《文物保护法》第十八条、第六十六条以及《长城保护条例》第十二条、第十八条、第二十五条或只涉及款，或只涉及项，或既涉及款也涉及项，但本处罚决定书所援引法条却没有具体到款和项（文后附短文《应正确理解法律规范的结构》供文物行政执法人员领会。）

三、未妥善处理"责令改正"与"罚款"并处的关系

《文物保护法》第六十六条规定，"……由县级以上人民政府文物主管部门责令改正，造成严重后果的，处五万元以上五十万元以下的罚款；……"《长城保护条例》第二十五条规定，"……依照文物保护法第六十六条的规定责令改正，造成严重后果的，处 5 万元以上 50 万元以下的罚款；……"正确解读上述规定，应当理解为，违法行为造成严重后果的，县级以上人民政府文物主管部门应当首先"责令改正"，在此基础上"处 5 万元以上 50 万元以下的罚款"。但本处罚决定书只是单一地适用了"罚款"的处罚。

四、罚款不当

无论是《文物保护法》第六十六条还是《长城保护条例》第二十五条，均规定"罚款"的处罚幅度为"五万元以上五十万元以下"，而本处罚决定书只是给予5000 元的罚款，显属不当。从执法卷宗看，第一次集体讨论时拟决定给予某集团林业开发公司罚款30 万，但第二次集体讨论时，却基于某集团林业开发公司"已经认识到了长城保护的重要性"、"市领导已经进行了协调"等因素，将罚款确定为 5000 元。显然，本行政处罚决定把法律、法规规定了不应当考虑的因素或者常理不应当考虑的因素作为处理问题的依据，从而作出了不合法的具体行政行为。我们认为，即便应当考虑某集团林业开发公司"已经认识到了长城保护的重要性"等因素，也只能将原来决定的罚款30 万降为法律法规规定的罚款的最低限 5 万元。

附：应正确理解法律规范的结构

在制作行政执法文书时，需要引用法律条文。实践中，一般对"条"的援引不存在太大的问题，但涉及"款"、"项"、"目"的引用则时常出

现混乱，往往使人误解，从而影响了法律适用的准确性。甚至少数执法人员在制作执法文书时，由于其对法律规范的"条"、"款"、"项"、"目"等概念理解不清，使用混乱，甚至错误，常常形成无效文书。因此，适用法律规范正确的执法文书，才是贯彻执行法律的有效工具。只有正确理解"条"、"款"、"项"、"目"的层次性，科学严谨的制作文书，做到适用法律规范准确，才能真正做到"以法律为准绳"，在行政复议和行政诉讼中立于不败之地。

为规范文物行政处罚文书的制作，下面以示例的方式介绍法律规范的结构。

一般来讲，法律规范的结构可分为"编"、"章"、"节"、"条"、"款"、"项"、"目"几个层次。"编"、"章"、"节"是对法条的归类，所以，在适用法律规范时只需引用"条"、"款"、"项"、"目"即可，无需指出该条所在的"编"、"章"、"节"。因此，弄懂法律规范中"编"、"章"、"节"、"条"、"款"、"项"、"目"的含义，在执法活动中正确适用法律规范的"条"、"款"、"项"、"目"，对于规范执法行为，提高执法质量不无裨益。

"编"主要是用于法典中几个相对独立部分的划分。

"章"是法律规范中比较常见的划分方法，一般的法律规范都以"章"为第一个层次的划分，"章"主要用于该法律规范中几个相互联系的部分的划分，"章"与"章"之间有一定的逻辑关系，或者是并列关系、程序先后关系、时间先后关系等等。

"节"是"章"的下一个层次的划分，并不是每个"章"都要有"节"，而是在某些"章"里，有多个层次的内容需要"节"区分表述。

上述关于"编"、"章"、"节"的体例，参阅《中华人民共和国刑法》的目录可以一目了然。

在日常的行政执法文书中，通常只会用到"条"、"款"、"项"、"目"几个层次。

法律规范的"条"，又称"法条"，是组成法律规范的基本单位。一部法律，都是由若干"法条"组成的。法律规范的"条"，是法律规范对某一个具体法律问题的完整规定。一般来讲，"条"的数目的书写应使用中文。执法活动中，对一个涉法问题作出决定时，可能要适用多个"法条"。

"款"是"条"的组成部分。在一般情况下，每一款都是一个独立的内容或是对其前一款内容的补充表述。"款"的表现形式为条中的自然段，每个自然段为一款。"款"前不冠以数字以排列其顺序。即款前均无数字，有数字排列的不称为款。款的数目的书写一般应当使用中文，不用阿拉伯数字。款一般可以独立适用，一个法条有两款或者两款以上的，应当适用到款。一个法条只有一款的，应当直接适用该法条，不应称作该条第一款。参照《最高人民法院关于引用法律、法令等所列条、款、项、目顺序的通知》，如果某一条下面没有分款而直接分列几项的，就不要加"第一款"。

"项"是以列举的形式对前段文字的说明。含有项的法条，其前段文字中一般都有"下列"二字或相应的文字表述。"项"前冠以数字以对列举的内容进行排列，项的数目的书写一般应当使用中文加括号，不用阿拉伯数字。对含有项的法条，适用时应当适用到项；适用到项，是对具体违法行为性质和情节的一种界定。如果不适用到项，就无法确定是多项违法行为之中的哪一种，有适用法律不准确之嫌。根据立法技术的不同需要，项可以依附于条，也可以依附于款。即条中可以有项，款中也可以有项。

"目"隶属于项，是法律规范中最小的单位。"目"的特性和作用与"项"相似，不同的是，"项"是对条或款的列举式说明，而"目"是对项的列举式说明。"项"的前面冠以中文数字加括号，而"目"的前面则冠以阿拉伯数字，并在阿拉伯数字后加点（在具体引用法条的"目"时，只注明阿拉伯数字，无须加点）。如果某个法条或款的内容有"项"，而"项"下还有"目"的，在适用法律时就应当适用到"目"。

综上，法律规范中的"条"很明确，一般为"第×条"，并用粗体表示；"条"中有"款"，"款"在"条"中以自然段划分，无序号；"款"中含"项"，一般用（一）、（二）……序号表示；"项"再细分为"目"，

用1.2.……序号表示。"条"中仅一"款"含"项"，可用"第×条第
（×）项"表述，两"款"或两"款"以上含"项"，应用"第×条第×款
第（×）项"表述。下面试以《行政复议法》第二十八条为例，供文物行
政执法人员学习领会。

行政复议法

第二十八条　行政复议机关负责法制工作的机构应当对被申请
人作出的具体行政行为进行审查，提出意见，经行政复议机关的负
责人同意或者集体讨论通过后，按照下列规定作出行政复议决定：

（一）具体行政行为认定事实清楚，证据确凿，适用依据正确，
程序合法，内容适当的，决定维持；

（二）被申请人不履行法定职责的，决定其在一定期限内履行；

（三）具体行政行为有下列情形之一的，决定撤销、变更或者
确认该具体行政行为违法；决定撤销或者确认该具体行政行为违法
的，可以责令被申请人在一定期限内重新作出具体行政行为：

1. 主要事实不清、证据不足的；

2. 适用依据错误的；

3. 违反法定程序的；

4. 超越或者滥用职权的；

5. 具体行政行为明显不当的。

（四）被申请人不按照本法第二十三条的规定提出书面答复、
提交当初作出具体行政行为的证据、依据和其他有关材料的，视为
该具体行政行为没有证据、依据，决定撤销该具体行政行为。

行政复议机关责令被申请人重新作出具体行政行为的，被申请
人不得以同一的事实和理由作出与原具体行政行为相同或者基本相
同的具体行政行为。

四　行政处罚决定书的制作应规范（一）

某市诚住房地产开发有限公司未经得文物部门的同意损毁天主教堂的局部附属设施案

【基本案情】

（为了讨论和研究行政处罚决定书如何规范制作的需要，本着客观真实地反映行政执法文书的现状，特将某市文化体育局对某市诚住房地产开发有限公司的行政处罚决定书予以公布。）

行政处罚决定书

某文体罚决字〔2008〕第（1）号

当事人：朱某　法定代表人：朱某　性别：男　年龄：60

工作单位：某市诚住房地产开发有限公司　电话：×××××××

住址：某镇西环路　邮编：××××××

　　本机关于2008年3月25日对破坏文物保护单位在保护范围、控制地带内损毁天主教堂附属设施一案立案调查。经查，你（单位）某市诚住房地产开发有限公司违法事实：未经得文物部门的同意，损毁天主教堂的局部附属设施。

　　上述违法行为事实清楚，证据确凿。依照《文物保护法》第六十六条规定，决定：罚款30万元人民币。

　　行政处罚履行方式和期限：一个月内

　　本决定自送达当事人时发生法律效力。

　　你（单位）如不服本处罚决定，可在接到本处罚决定书之日起60日内向市文体局申请行政复议，或者3个月内向某市人民法院起诉。逾期无合法依据，又不履行行政处罚决定的，我文体局将依法强制执行或者申请人民法院强制执行。

某市文化体育局（章）

2008 年 3 月 26 日

【案例评析】

仅从行政处罚决定书的制作来分析，某市文化体育局对某市诚住房地产开发有限公司的行政处罚决定书存在以下几个方面的问题值得商榷：

一、当事人的表述

本行政处罚决定书在当事人的表述上存在两个较为明显的问题：一是结合案卷及该行政处罚决定书可知，被处罚的行政相对人实际名称应是"某市成信房地产开发有限公司"，但在行政处罚决定书的首部"工作单位"却错误地表述为"某市诚住房地产开发有限公司"，即将"成信"二字误为"诚住"；二是本案被处罚的行政相对人实际应是"某市成信房地产开发有限公司"，这可以从案卷中《行政处罚先行告知书》、《听证告知书》等执法文书中得以印证，事实上，实施损毁天主教堂附属设施违法行为的也确实是"某市成信房地产开发有限公司"。但是，本行政处罚决定书首部所列"当事人"却误填为"朱某"。更为离谱的是，本行政处罚决定书在将"朱某"列为"当事人"后，还将"当事人"的"法定代表人"再次列为"朱某"。如此表述错误，在行政执法文书中确属罕见。通常的表述方法是，在确定"某市成信房地产开发有限公司"为"当事人"后，应当注明其住所地，然后另起一行载明"法定代表人"的姓名和职务。因此，该行政处罚决定书首部中有关"性别"、"年龄"、"电话"、"邮编"均属多余。

二、违法事实的认定

从本案的行政处罚决定来看，明显存在认定不清，缺乏当事人的违法时间、违法手段、违法情节等。如在本案天主教堂局部设施被毁案中，何时、何人、采取何手段、损毁何局部设施等等均无体现。

三、认定的违法事实无证据证明

仅以"上述违法行为事实清楚，证据确凿"一笔带过。这种证据不足的现象在本届参评案卷中屡见不鲜，很多案卷，在证明环节、证明方法、证据规则、证明力审查判断以及事实与证据的逻辑关系等多方面存在明显欠缺。由于执法人员调查取证手段单一，主要事实的认定主要体现为询问笔录，给予行政处罚的违法行为往往没有其他的足够证据证明。即使相对优秀的案卷，也存在取证不充分，证据证明力不足等瑕疵。文物行政执法活动中不仅应当查明事实，而且必须能证明事实，这就需要充分适当地调查取证。这也是文物执法活动中亟须重视和规范的问题。

四、适用法律不当

本行政处罚决定书中，在适用法律方面似有三处不当：一是未适用有关定性条款，即《文物保护法》第十八条第二款的规定；二是处罚条款未适用款和项，即未明确表述为"依据《文物保护法》第六十六条第一款第（二）项的规定"；三是"责令改正"与"并处罚款"的关系处理不当。较为妥当的表述应当是，"当事人的事实违反了《文物保护法》第十八条第二款的规定，属未经文物行政部门的同意，对文物保护单位的历史风貌造成破坏的行为。依据《文物保护法》第六十六条第一款第（二）项的规定，决定：责令改正，并处三十万元罚款"。

五、告知行政救济途径不完整

本行政处罚决定书中，在告知行政相对人申请行政复议的权利时，仅告知其向"市文体局"申请行政复议，正确的表述应当是，"可在接到本处罚决定书之日起60日内向某市人民政府或某市文化局申请行政复议"。

六、本行政处罚决定书中，有关"我文体局将依法强制执行"的表述不当

在《文物保护法》没有明确规定文物主管部门具有行政强制执行权的情况下，应当根据《行政处罚法》第五十一第（三）项的规定，告知被处罚人"逾期不申请行政复议，也不提起行政诉讼的，我局将依法申请某市人民法院强制执行"。

五　行政处罚决定书的制作应规范（二）

某装潢公司擅自在文物保护单位的保护范围和建设控制地带进行施工案

【基本案情】

（为了讨论和研究行政处罚决定书如何规范制作的需要，本着客观真实地反映行政执法文书的现状，特将某市文化市场行政执法支队对某装潢公司的行政处罚决定书予以公布。）

行政处罚决定书

某市文物罚决字〔2007〕第（01）号

当事人：某装潢公司　法定代表人：李某　性别：男　年龄：＿
工作单位：某集团某装潢公司　电话：×××××××
住址：某市某区　　　　　　　邮编：××××××

本机关于2007年5月17日对某装潢公司擅自在小青堆子墓的保护范围和建设控制地带进行施工一案立案调查。经查，你（单位）于2007年5月17日未经文物行政部门批准

违法事实：擅自在国家级文物保护单位小青堆子墓的保护范围和建设控制地带内进行施工建设，违反了《文物保护法》第十七条、第十八条的规定。

上述违法行为事实清楚，证据确凿。依照《文物保护法》第六十六条第二款第（一）、（二）项的规定，决定：

给予罚款5万元的行政处罚。

行政处罚履行方式和期限：

本决定自送达当事人时发生法律效力。

你（单位）如不服本处罚决定，可在接到本处罚决定书之日起60日内向市政府申请行政复议，或者3个月内向所在地人民法院起诉。逾期无合法依据，又不履行行政处罚决定的，我局将依法强制执行或者申请人民法院强制执行。

某市文化市场行政执法支队（公章）

2007年6月20日

【案例评析】

仅从行政处罚决定书的制作来分析，某市文化市场行政执法支队对某装潢公司的行政处罚决定书存在以下几个方面的问题值得商榷：

一、首部当事人的名称及基本状况需要规范

从本处罚决定书表述的"当事人：某装潢公司"与"工作单位：某集团某装潢公司"看，貌似同一企业法人。通常情况下，如果被处罚人是企业法人，一般是在"当事人：某装潢公司"后表述"住所地×××"，"法定代表人×××，××（职务）"；如果被处罚人是公民个人，通常在"当事人：×××"后表述"×（性别），××××（出生年月日），××（职业），××（住址）"等。

二、行政相对人违法事实的表述不完整

从规范的角度看，宜表述为"违法事实：某装潢公司于2007年5月17日未经文物行政部门批准，擅自在国家级文物保护单位小青堆子墓的保护范围和建设控制地带内进行施工建设，违反了《文物保护法》第十七条、第十八条的规定。"

三、行政处罚决定书的"证据"不明确

本行政处罚决定书仅以区区"证据确凿"四字认定"上述违法行为事实清楚"，显得苍白无力。即使从卷宗看，也只是一份《询问笔录》和5张

"施工现场照片"，略显单薄。

四、适用法律条款表述有误

本处罚决定书应当"依照《文物保护法》第六十六条第一款第（一）项、第（二）项的规定"处罚，却错误地表述为"依照《文物保护法》第六十六条第二款第（一）项、第（二）项的规定"处罚。

五、处罚决定有误

按照《文物保护法》第六十六条的规定，对本案的违法行为，应当"由县级以上人民政府文物主管部门责令改正，造成严重后果的，处五万元以上五十万元以下的罚款；……"而本处罚决定书只是给予罚款而未予"责令改正"，应属不当。

六、告知救济途径不准确

一是告知申请行政复议的权利时，除可以向"市政府"（当然，明确为"某市人民政府"更为准确）申请行政复议外，还可以向某省文物主管部门申请行政复议。二是告知提起行政诉讼权利时，不应简单地表述为"所在地人民法院"，而是应当明确告知"某市文化市场行政执法支队"所在地的"某市某区人民法院"。

七、"逾期无合法依据"的表述欠妥

根据《行政处罚法》第四十五条的规定，结合文物行政执法的实践，以"逾期不申请行政复议，也不提起行政诉讼，又不履行行政处罚决定的"表述为宜。

八、"我局将依法强制执行"的表述不当

《行政诉讼法》第六十六条规定，"公民、法人或者其他组织对具体行政行为在法定期限内不提起诉讼又不履行的，行政机关可以申请人民法院强制执行，或者依法强制执行。"据此，在《文物保护法》未明确规定人民政府文物主管部门享有强制执行权的情况下，应当根据《行政处罚法》第五十一条第（三）项的规定，"申请人民法院强制执行"。